AF501975

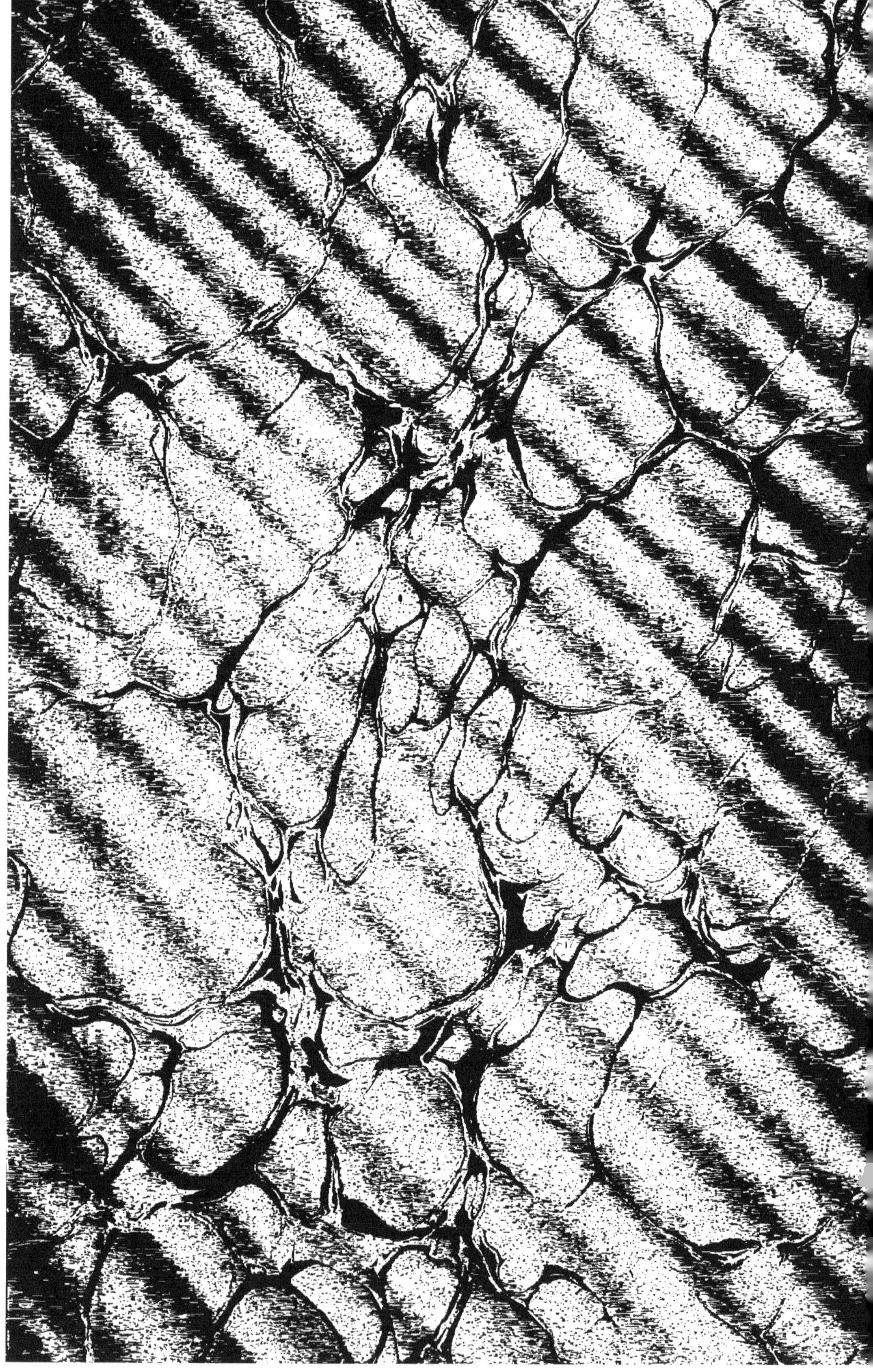

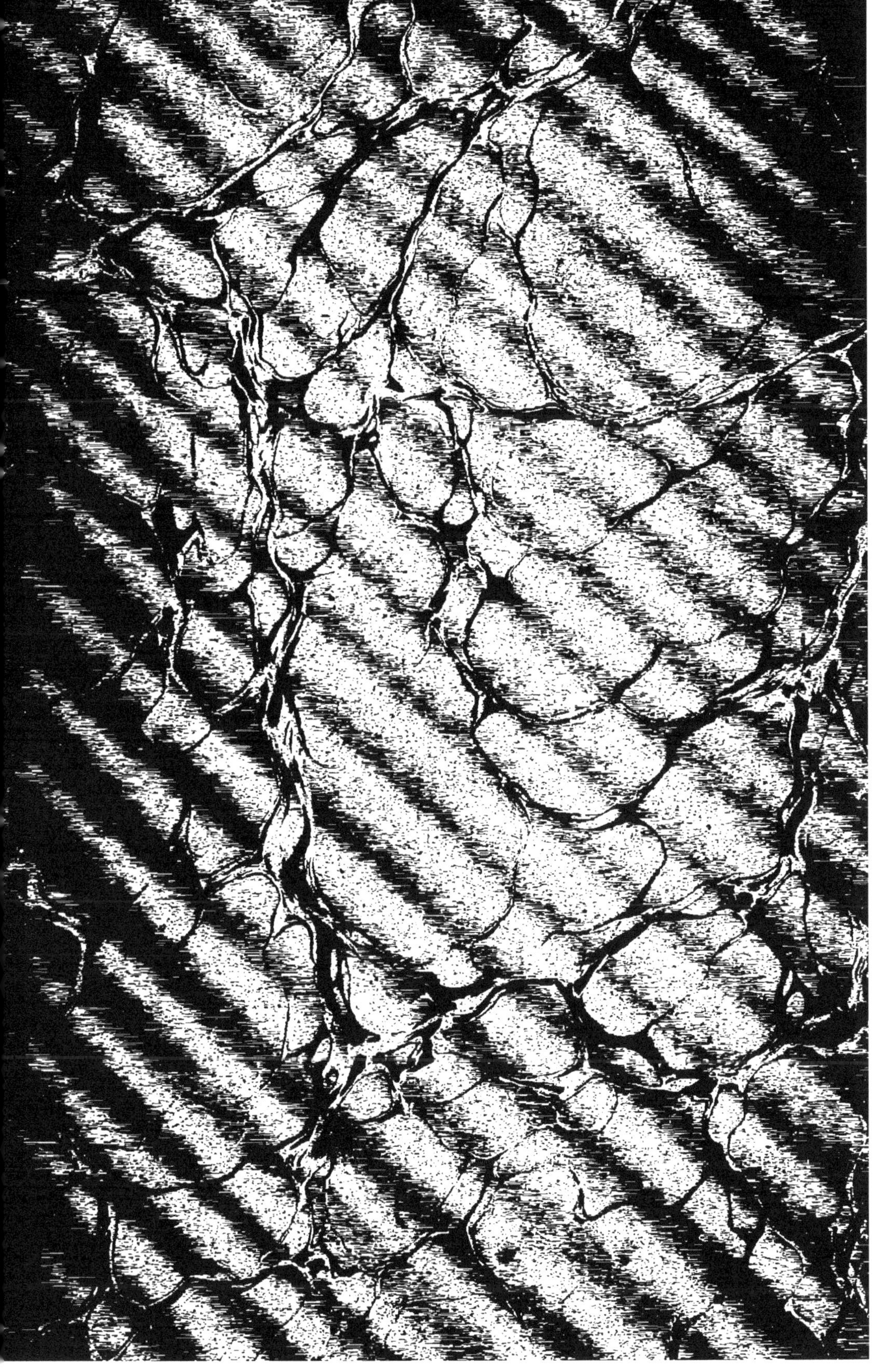

LES

AMBULANCES

DE LA PRESSE

ANNEXES DU MINISTÈRE DE LA GUERRE

PENDANT LE SIÉGE & SOUS LA COMMUNE

1870-1871

CET OUVRAGE
EST VENDU AU PROFIT DE LA CAISSE DE LA SOCIÉTÉ
DE SECOURS AUX BLESSÉS

PARIS

MARC, ÉDITEUR
22, rue de Verneuil

BAILLIÈRE ET FILS
Libraires-éditeurs, 19, rue Hautefeuille

1873

LES

AMBULANCES

DE LA PRESSE

PARIS. — TYPOGRAPHIE LAHURE
Rue de Fleurus, 9

LES

AMBULANCES

DE LA PRESSE

ANNEXES DU MINISTÈRE DE LA GUERRE

PENDANT LE SIÉGE ET SOUS LA COMMUNE

1870-1871

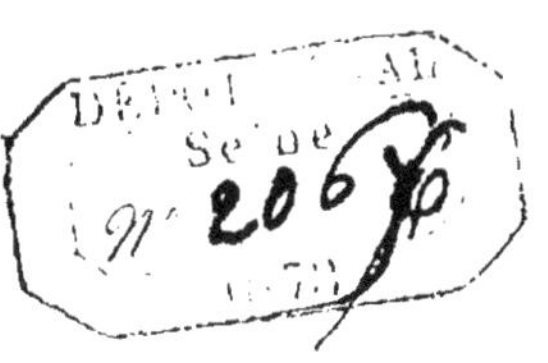

CET OUVRAGE
EST VENDU AU PROFIT DE LA CAISSE DE LA SOCIÉTÉ
DE SECOURS AUX BLESSÉS

PARIS

MARC, ÉDITEUR
22, rue de Verneuil

BAILLIÈRE ET FILS
Libraires-éditeurs, 19, rue Hautefeuille

1872

INTRODUCTION.

Les Ambulances de la Presse ont terminé leur œuvre de philanthropie. Leur fonctionnement non interrompu a duré depuis le mois de septembre 1870 jusqu'au 24 juin 1871.

Elles sont nées d'une souscription nationale faite par la presse française au moment où la guerre fut déclarée à la Prusse. Le produit de cette souscription, joint aux dons de l'Angleterre, a produit une somme importante que nous avons utilisée de la manière suivante[1].

Le but de notre association était de secourir l'armée en campagne. Pour arriver à ce résultat, il fallait créer des ambulances mobiles destinées à secourir les blessés sur le champ de bataille; c'est ce que nous avons fait.

Grâce au fonctionnement remarquable de ces Ambulances et à un matériel considérable que nous avions organisé dans ce but, nous avons pu recueillir pendant la guerre contre la Prusse 15022 malades ou blessés, et 1924 pendant la guerre sociale que Paris a subie sous la Commune.

1. Voir à la fin de l'ouvrage le chapitre des dépenses.

Mais une armée en campagne n'a point à songer seulement aux blessés. Il fallait, pour être vraiment utile, s'occuper des malades ou fiévreux de chaque jour, et être en mesure d'aller les secourir pendant le long siége que nous avons subi, les recueillir aux avant-postes, dans les tranchées, les installer dans les ambulances de première ligne, les réchauffer, les réconforter, et, finalement, les transporter dans une de nos ambulances fixes ou dans les hôpitaux civils ou militaires.

Le chiffre des malades ou fiévreux ainsi recueillis dans cinq grandes ambulances, ayant chacune plusieurs ambulances annexes d'avant-postes, s'élève au total de près de 25 000 hospitalisés.

Pour être en mesure de recueillir un grand nombre de blessés et de fiévreux, nous avons dû organiser un grand nombre d'ambulances fixes ou hôpitaux temporaires, les pourvoir de literie, de lingerie, et de tout le matériel indispensable au fonctionnement de ces établissements.

Les ambulances fixes créées par nous sont au nombre de vingt et une, parmi lesquelles nous comprenons les Pavillons de Longchamps formant à eux seuls, en un vaste établissement, une série de petits hôpitaux.

Afin de diminuer le séjour de nos fiévreux et de nos blessés dans nos ambulances fixes, et aussi pour augmenter leur bien-être, nous avons associé à notre œuvre un grand nombre de petites ambulances de convalescents, créées par la charité privée, et pouvant contenir chacune un petit nombre de blessés.

Ces ambulances nous ont donné 222 lits, ce qui nous a permis de traiter convenablement 553 convalescents en même temps que nous pouvions augmenter le mouvement de nos salles.

Nous ne saurions trop remercier les personnes bienfaisantes du concours charitable qui nous a été offert pendant toute la durée du siége.

Mais, pour arriver à recueillir un si grand nombre de blessés et de fiévreux, et pour les hospitaliser d'une manière convenable, il fallait non-seulement une grande organisation matérielle; il fallait surtout un personnel médical dévoué, pour nous seconder. A notre premier appel ce personnel s'est immédiatement trouvé, et, nous devons le dire bien haut à l'honneur de notre profession, 140 médecins ou étudiants en médecine et 54 pharmaciens ou élèves en pharmacie sont restés généreusement à notre disposition pour remplir une douloureuse et périlleuse mission.

De plus, nous avons fait appel aux frères des Écoles chrétiennes. Nous sommes heureux de le dire, leur dévouement a été à la hauteur du nôtre. Non-seulement 250 à 300 frères nous ont accompagnés sur le champ de bataille, mais 225 à 250 d'entre eux nous ont servis comme infirmiers. Ces frères, joints aux sœurs de l'Espérance, dont toute la communauté a participé à notre œuvre, ont constitué un ensemble hospitalier modèle, et on peut affirmer que, sous le rapport moral et physique, nulle part les victimes de la guerre ne reçurent des soins plus dévoués et plus intelligents que dans nos ambulances.

Le général Trochu, frappé des services rendus par les frères sur le champ de bataille et dans nos ambulances, a honoré la communauté dans la personne de son supérieur général, en lui décernant la croix de la Légion d'honneur.

Il est juste d'ajouter à ce personnel nombreux un grand nombre de volontaires trop faibles pour faire le service de la garde nationale, ou ayant passé l'âge de porter les armes, ou étrangers à notre pays, qui se sont joints à nous comme simples brancardiers, ou comme auxiliaires dévoués de nos médecins. Parmi les auxiliaires, il en est plusieurs qui ont montré une grande bravoure et un grand dévouement, et qui, au péril de leur vie, ont puissamment aidé à secourir les trop nombreuses victimes de la guerre.

Nous nous faisons un devoir et un plaisir de mentionner ici les noms de deux artistes qui nous ont rendu, comme auxiliaires bénévoles et à divers titres, de signalés services : nous voulons parler de MM. Doublemard et Auteroche. Le premier, sculpteur célèbre, non content du rôle d'infirmier volontaire qu'il remplit avec zèle et courage, depuis la création des Ambulances de Longchamps jusqu'à la fin de la Commune, — voulut encore perpétuer par son talent le souvenir des deux figures médicales qui dominent dans l'histoire des Ambulances de la Presse. — Le second, peintre distingué, et versé dans les connaissances médicales, fut attaché comme aide-chirurgien à l'Ambulance des Saints-Pères et plus tard à l'hôpital baraqué de Longchamps, où chacun put admirer son dévouement et aussi le talent remarquable qu'il déploya dans la reproduction par le dessin et la peinture des nombreuses pièces d'anatomie pathologique qui furent recueillies dans les divers services.

En résumé, les Ambulances de la Presse, grâce à la

Le docteur Ricord attachant la croix à la poitrine du frère Philippe.

sympathie qu'elles ont rencontrée dans le corps médical, ont pu constituer une réunion nombreuse de médecins, lesquels, joints aux frères des Écoles chrétiennes et aux sœurs de l'Espérance, ont pu recueillir, hospitaliser, soigner près de 25 000 blessés ou fiévreux pendant la guerre contre la Prusse.

Il nous a été impossible de tenir une note exacte des blessés recueillis sur le champ de bataille; mais nous ne dépassons pas les limites d'une appréciation modérée en disant que 22 199 blessés ou malades ont été recueillis par nos ambulances pendant le siége.

Si nous ajoutons au chiffre cité plus haut, celui de 2614 fédérés recueillis pendant la guerre sociale, nous arrivons au chiffre important de 24 123, en un mot près de 25 000.

Nous avons pensé que de pareils services, vu le fonctionnement très-simple de nos ambulances, ne pouvaient rester ignorés.

C'est dans ce but que nous publions cet ouvrage, qui mettra le public à même de juger de notre association et de ses œuvres.

Le Comité des Ambulances de la Presse a voulu faire connaître ainsi non-seulement les résultats obtenus, mais aussi son mode de fonctionnement, et conserver le souvenir de ceux qui ont contribué aux bienfaits réalisés.

Voici parmi les témoignages de reconnaissance adressés au Comité, au nom de l'armée, trois lettres qui sont de véritables titres :

A

M. LE DOCTEUR RICORD

Versailles, le 28 mai 1872.

CHER ET EXCELLENT DOCTEUR,

J'apprends que vous allez livrer à la publicité le résumé des travaux de vos Ambulances, pendant le siége de Paris. Cette publication intéressera vivement la deuxième armée, à laquelle avaient été spécialement attachées les Ambulances de la Presse ; permettez donc à l'ancien général en chef de cette armée de vous répéter encore une fois ce qu'il a eu occasion de vous dire si souvent sur nos champs de bataille, aux lits de nos blessés, et même dans une circonstance solennelle, sur les tombes de nos chers morts !

En toutes occasions nous vous avons trouvés d'un zèle admirable, intelligent, dévoué ; aussi bien lorsqu'il fallait ramasser nos blessés sous le feu de l'ennemi, que lorsqu'il s'agissait de les soigner dans ces salles où tout avait été organisé par vos soins, avec une admirable sollicitude..., et, permettez-moi de vous rappeler particulièrement ces excellents Frères de la Doctrine chrétienne si modestes, si dévoués, et en même temps si vaillants .., et aussi ces Ambulances mobiles, qui, tous les jours, sortaient de Paris, sur cinq points du périmètre, et parcouraient les tranchées et les postes avancés... Combien de malheureux fiévreux, congelés ou blessés leur ont dû la vie, ou du moins de précieux adoucissements dans la mort !

Je serais heureux si vous vouliez bien m'associer à la publication de votre travail, en y joignant ce témoignage de ma bien vive et sincère gratitude.

Veuillez être près de vos zélés collaborateurs l'interprète de mes chaleureux remercîments, et croyez, cher et excellent Docteur, à mes sentiments les plus affectueux et les plus dévoués.

Signé : GÉNÉRAL DUCROT.

A

M. LE DOCTEUR RICORD

Saint-Denis, le 30 janvier 1871.
Quartier général du corps d'armée.

MONSIEUR LE PRÉSIDENT ET CHER DOCTEUR,

Au moment où la guerre semble à son terme et où les malheurs qui en sont la suite vont ainsi prendre fin, je ne veux pas quitter le commandement des marins et celui du corps d'armée de Saint-Denis, sans me rendre près des ambulances que vous dirigez, l'interprète de la reconnaissance de ceux qui servent avec moi, pour les soins si empressés et si intelligents que, sous votre énergique impulsion, elles ont apportés à leur douloureuse mission.

En aucune circonstance, dans l'organisation comme dans l'emploi des transports des blessés, dans l'assistance et dans les consolations à donner à ceux qui tombaient, ou bien sous le feu de l'ennemi, dans la sanglante affaire du 21 décembre, au Bourget, le service des ambulances et de leurs médecins, celui des brancardiers, frères de la doctrine chrétienne ou autres, ne s'est trouvé au-dessous de la tâche qui lui incombait.

Elles ont apporté à l'Intendance, déjà surchargée de tant d'occupations, un concours opportun et efficace.

Il est de mon devoir autant que dans mon sentiment, Monsieur le Président, de vous exprimer la confiance qu'elles nous inspiraient, et de vous assurer combien nous avons su apprécier leur utile et incessante coopération.

Je vous demande de transmettre à tous ceux qui vous secondaient avec tant de dévouement le témoignage de cette appréciation, et notamment à M. le docteur Demarquay, à M. de La Grangerie, à M. l'abbé Bauër, à M. Gouzien.

Veuillez agréer, Monsieur le Président et cher Docteur, l'assurance de la haute considération de votre tout dévoué serviteur.

Signé : DE LA RONCIÈRE LE NOURY,
Vice-Amiral commandant les marins détachés à Paris et le corps d'armée de Saint-Denis.

A

M. DE LA GRANGERIE

Paris, le 24 juin 1871.

MONSIEUR LE SECRÉTAIRE GÉNÉRAL,

Je ne veux pas que vous remettiez à l'intendant militaire chargé des hôpitaux au ministère de la guerre, votre belle ambulance de Longchamps, sans vous remercier personnellement des services que vous avez rendus pendant le siége de Paris, à l'armée de la défense nationale.

Le Comité des Ambulances de la Presse et l'administration que vous dirigiez, ont prouvé pendant dix mois tout ce qu'on pouvait attendre de l'initiative privée, bien comprise par des hommes de dévouement.

Vous avez très-heureusement combiné les secours aux blessés sur les champs de bataille avec les soins que réclame leur état dans les ambulances. Vos voitures, en desservant quotidiennement les postes avancés établis hors des fortifications, sur la ligne extrême de défense, ont ramené bien des malheureux, atteints par les maladies ou par le feu de l'ennemi, et l'organisation administrative, aidée par des médecins zélés et intelligents, accourus en grand nombre à l'appel de votre président, n'a rien laissé à désirer.

Je souhaite que votre œuvre rencontre plus tard des imitateurs aussi infatigables que vous et vos collègues, et que la sévère économie dont vous avez fait preuve, la simplicité des moyens d'action que vous avez si heureusement combinés, donnent des résultats aussi considérables que ceux dont je suis heureux de vous féliciter.

Croyez, Monsieur le Secrétaire général, à mes sentiments de sincère attachement et de parfaite considération.

L'Intendant général des armées de la défense nationale,

Signé : WOLF.

COMPOSITION DU COMITÉ

M. le docteur Ricord, président.

M. le docteur Demarquay, chirurgien en chef des ambulances mobiles.

M. de la Grangerie, secrétaire général.

M. Gouzien, secrétaire des séances.

M. l'abbé Bauër, aumônier en chef des Ambulances.

Ce Comité avait à disposer pour l'organisation et le fonctionnement des Ambulances de la Presse française, du produit de la Souscription patriotique ouverte par la Presse.

Le Comité de la Souscription patriotique était composé de :

MM. De Girardin, président honoraire.

Tarbé, directeur du *Gaulois*.

De la Grangerie, syndic de la presse départementale.

Guéroult, directeur de l'*Opinion nationale*.

Détroyat, directeur de la *Liberté*.

A. Marc, directeur de l'*Illustration*.

Bullier, de l'*Agence Havas-Bullier*.

Merson, directeur de l'*Union bretonne*.

FORMATION DU COMITÉ

DES AMBULANCES DE LA PRESSE.

APPEL AU PUBLIC ET AU CORPS MÉDICAL.

Nous entreprenons de tracer l'historique fidèle d'une institution, née d'une souscription nationale, et qui a rendu à la nation des services exceptionnels, pendant cette désastreuse guerre, où la France, précipitamment jetée dans la plus hasardeuse des aventures, a dû tout improviser pour tenter de réparer l'irréparable légèreté de ceux qui la croyaient prête.

Pas plus que l'armée, pas plus que le matériel de guerre, pas plus que les préparatifs de défense, le personnel, le matériel d'ambulance et les préparatifs de secours aux blessés n'étaient organisés, quand le siége de Paris devint pour la capitale une certitude. Ce fut pendant que se resserrait le cercle de fer de l'ennemi que l'armée s'organisa sous une puissante direction, que le matériel de guerre se compléta, que les préparatifs de défense surgirent merveilleusement autour de l'enceinte de la ville assiégée. Ce fut alors aussi que, surexcitée par l'imminence du danger, l'initiative privée sentit qu'elle avait de grands devoirs à remplir, et que, savamment guidée, on put en obtenir un concours efficace.

Le Comité de la souscription patriotique de la presse française, qui avait d'abord songé à verser la totalité de cette souscription dans la caisse d'une Société de secours fonctionnant déjà, et à créer ainsi de nouvelles ambulances de campagne, se trouvant en grande partie réuni dans Paris assiégé, préféra créer de toutes pièces une institution spéciale qui pût — ayant son centre dans la capitale — faire rayonner son action autour de l'enceinte, en prévision de sorties ou d'attaques.

Il fallait trouver pour atteindre ce but un chef qui fût plus qu'un savant, autour duquel on pût trouver des satellites : un symbole plutôt, dont le nom seul fût le signal auquel tous les dévouements accourent.

On alla trouver le docteur Ricord.

« Y a-t-il quelque bien à faire? demanda-t-il.

— Beaucoup de bien.

— Alors je suis à vous. »

Autour du docteur Ricord se groupèrent MM. les docteurs Demarquay, Jules Guérin[1], l'abbé Bauer, protonotaire apostolique, M. Edmond Tarbé et M. Armand Gouzien, et le *Comité des Ambulances de la Presse* fut fondé.

Un double appel fut adressé au corps médical afin d'organiser un personnel important, et aux habitants de Paris afin de réunir le plus de matériel gratuit possible

1. Quelques jours après sa fondation, le Comité perdit le concours de M. Jules Guérin, qui fut chargé d'un service spécial et important dans une Ambulance. Il s'assura la collaboration de M. de la Grangerie, secrétaire général de la souscription patriotique. Le Comité fut ainsi composé de M. le docteur Ricord, président; MM. Demarquay, abbé Bauer, Edmond Tarbé, de la Grangerie, et Armand Gouzien, secrétaire.

et d'avoir le choix de locaux pouvant servir d'ambulances : médecins, chirurgiens, pharmaciens se firent inscrire avec un patriotique empressement, et les offres de locaux et de matériel affluèrent.

Le ministre des travaux publics accorda au Comité le local important de l'École des ponts et chaussées[1] sur le rapport suivant que l'inspecteur de l'École lui adressa :

RAPPORT.

L'École des ponts et chaussées s'est préoccupée, dans les circonstances actuelles, d'apporter sa part de concours à l'œuvre commune de la défense du territoire, et les ingénieurs présents à l'École, ainsi que les élèves de première classe rappelés des départements où ils se trouvaient en mission, ont été attachés aux différents services chargés de compléter la fortification et l'armement de Paris.

En même temps il nous a paru que les locaux dont l'École dispose et qui se trouvent disponibles jusqu'au 1er novembre, époque de la rentrée des élèves, pourraient être utilement employés comme ambulances; les salles, au nombre de dix, sont vastes, bien aérées, exposées pour la plupart au nord et au couchant, et on pourrait aisément y établir *soixante-dix lits* au minimum. (Voir les plans joints au rapport.)

L'École des ponts et chaussées possède également le dépôt des machines de l'avenue d'Iéna, dans lequel un magasin spacieux et deux salles, indépendamment de quelques cabinets, se prêtent parfaitement à recevoir *cinquante-deux lits*. (Voir le plan n° 4.)

1. Voy. *Hist. chirurg. de l'amb. des S.-Pères*, par le Dr A. Cousin. *Un méd.* 1872.

Ce serait donc en tout, et au minimum, *cent vingt-deux blessés*, officiers ou soldats, auxquels l'administration de l'École peut offrir, grâce aux ressources de son personnel, une serviable hospitalité, et qu'elle accueillerait, il est inutile de le dire, avec le plus chaleureux empressement.

Nous nous permettons de provoquer d'urgence sur ce point l'attention de M. le ministre des travaux publics, et nous nous tenons prêts à organiser l'École des ponts et chaussées en ambulance aussitôt que nous en aurons reçu l'autorisation.

Paris, le 18 août 1870.

L'inspecteur de l'École,

L. Emmery.

Vu et adopté :

L'Inspecteur général Directeur de l'École.

Le sous-directeur du Conservatoire des arts et métiers écrivit au président du Comité des Ambulances de la Presse la lettre suivante, par laquelle cet important établissement était mis à sa disposition :

« Paris, 24 août 1870.

« Monsieur le docteur,

« Ainsi que j'ai eu l'honneur de vous le dire ce matin, le local que nous mettons à votre disposition se compose principalement d'une vaste galerie, éclairée au nord et au midi par seize grandes baies vitrées, divisée en deux parties égales dans sa longueur, de cinquante mètres de long sur douze de large. On y arrive par un escalier isolé, plus large et plus commode que ceux de la plupart des hôpitaux. Un seul étage.

« A cette salle principale nous pouvons joindre des cabinets contigus pour les opérations, les médicaments et les préparations.

« Au besoin, nous disposerions encore au rez-de-chaussée de deux vastes salles, éclairées au midi, et pouvant contenir vingt lits; en totalité, de cinquante à soixante-dix lits.

« Dans d'autres parties de l'établissement nous trouverions quelques chambres isolées, pour les malades qui devraient être séparés et pour les médecins de service.

« Ce local est d'autant mieux approprié à une ambulance pour nos chers blessés qu'il est très-rapproché de la gare de l'Est, qu'il est entièrement libre et indépendant de tous les services du Conservatoire, et qu'enfin les malades pourraient profiter d'un jardin de six mille mètres environ.

« Je me suis assuré que je pourrais me procurer les lits et les matelas nécessaires ; l'établissement fournirait le linge de main ; la mairie, les draps et les couvertures.

« Un de nos employés pourrait être chargé de la comptabilité matérielle, et vous trouveriez dans notre personnel une collaboration pleine de bon vouloir et de déférence.

« Dès aujourd'hui, je fais exécuter quelques menues réparations, et j'attendrai vos instructions pour savoir si je dois m'occuper d'intéresser à cette œuvre les médecins du quartier, les dons de nos voisins, ou chercher parmi nos dames des gardes-malades dévouées.

« Je me tiens d'ailleurs à votre disposition pour recevoir les conseils que vous pourriez avoir à nous donner sur la meilleure appropriation des bureaux et les petits travaux de détail.

« Recevez, monsieur, l'assurance de ma considération la plus distinguée.

« H. Tresca,

« *Ingénieur, sous-directeur du Conservatoire des arts et métiers.* »

Mme Heine, belle-mère du duc d'Elchingen, offrit une maison tout entière, avec jardin, rue Monceau, admirablement disposée en vue d'un service de ce genre, et son offre fut acceptée avec reconnaissance. Il en fut de même de la maison généreusement offerte par Mme la baronne Thenard, rue de Sèvres; par M. Chesnier du Chesne, au nom de M. le comte de Montessuy, rue Saint-Dominique-Saint-Germain; par Mme Leduc, d'un pensionnat rue du Faubourg-Poissonnière; par les magasins du Louvre, d'un étage tout entier de leur vaste établissement; par M. Walker, du premier étage du bazar du Voyage, au coin de la rue de la Paix et du boulevard, etc., etc.

Il nous fallait, pour établir une pharmacie principale chargée d'alimenter les diverses ambulances, un point central et un local approprié à ce service. Nos vœux furent dépassés : sur une démarche tentée par Mgr Bauer pour obtenir de la *Nationale* un local, cette grande compagnie offrit un splendide emplacement et autorisa les constructions nécessaires, dont l'architecte Gustave de Thoury dressa gratuitement le devis.

Voici la lettre de la compagnie *la Nationale :*

« Monseigneur,

« Nous avons l'honneur de répondre à la lettre que

vous avez bien voulu nous écrire pour nous demander d'autoriser M. Ferré, pharmacien, à organiser dans l'un de nos immeubles le service pharmaceutique dont il s'est chargé dans l'intérêt de nos blessés.

« Lorsque votre lettre, monseigneur, nous est parvenue, notre Comité avait déjà réservé, pour le mettre à la disposition du Gouvernement, s'il y avait lieu, le local que M. Ferré vous avait désigné dans notre maison de la rue de Choiseul. Nous avons donc le regret de ne pouvoir en disposer.

« Mais nous sommes heureux, monseigneur, de pouvoir vous offrir un emplacement équivalent dans l'immeuble que nous possédons *sur le boulevard Haussmann, au coin de la rue de la Chaussée-d'Antin*, et dans lequel M. Ferré pourra installer très-convenablement son service.

« Veuillez, etc.

« Pour la compagnie :

« *Le directeur*, ONFROY.

« *L'administrateur*, DEMACHY. »

Le Comité adressa unanimement des remercîments à MM. les membres de la compagnie *la Nationale*.

Sur notre demande les sœurs de l'Espérance se mirent à la disposition des Ambulances de la Presse.

Enfin le Comité, autant dans un but économique que pour assurer un service fait avec non moins de soumission que d'abnégation et de courage, songea à s'attacher comme infirmiers ces hommes d'un dévouement et d'une docilité éprouvés qu'on appelle les frères des Écoles chrétiennes. Plus tard, il mit leur dévouement à une plus périlleuse épreuve, en les appelant au rude service de brancardiers sur les champs de bataille. Une demande fut faite au supérieur général de l'institut, le vénérable frère Philippe. Voici la réponse qui ne se fit point attendre :

« Monseigneur,

« J'ai l'honneur de vous informer que le très-cher frère Philippe, supérieur général de l'institut des frères des Écoles chrétiennes, met à votre disposition *vingt-cinq frères* de sa congrégation pour être employés comme infirmiers dans les Ambulances de la Presse.

« Aussitôt que vous serez organisé, veuillez m'en donner avis, et je m'empresserai de me rendre à la première ambulance avec les frères qui doivent y être attachés.

« Permettez-moi d'ajouter, monseigneur, que nos frères sont très-heureux d'accomplir ce service et de payer ainsi leur dette à la patrie, dans les douloureuses épreuves qu'elle traverse.

« Veuillez, etc.

« Frère Baudime, *assistant.* »

Ce n'est pas « vingt-cinq frères » seulement qui nous furent par la suite accordés : dans cette institution, le dévouement est si contagieux que tous se disputèrent le péril et l'honneur de ramasser les blessés sur les champs de bataille ou de les soigner jour et nuit dans les hôpitaux.

FORMATION DU PERSONNEL.

Dès que les moyens d'action se trouvèrent ainsi assurés, grâce à l'empressement de tous, les médecins, chirurgiens, pharmaciens et élèves furent convoqués dans le grand amphithéâtre de l'École des ponts et chaussées. Près de deux cents personnes assistaient à cette séance.

En quelques paroles chaleureuses, le docteur Ricord, après avoir remercié son nombreux auditoire d'avoir répondu si vite à son appel, expliqua le but que se proposaient les *Ambulances de la Presse* et les moyens dont elles pouvaient, dès ce moment, disposer : la création d'ambulances fixes et d'ambulances mobiles, les unes chargées de soigner dans les hôpitaux les blessés ou les malades que les autres auraient recueillis, et auxquels elles auraient donné les premiers soins.

Des postes devant être choisis autour de l'enceinte, postes qui auraient leurs succursales aussi loin que possible hors de l'enceinte, on procéda à la division du personnel en escouades. L'on prit en considération autant que possible le domicile de chacun dans le choix du poste qui lui fut désigné, et, quand les escouades furent équilibrées, les médecins et élèves nommèrent dans chacune d'elles un chef à l'élection.

On verra plus loin quelle fut la composition de ces ambulances mobiles appelées à rendre de si grands et de si constants services.

Une fois organisé, il fallait, pour que ce remarquable personnel pût agir efficacement, que l'Intendance militaire, chargée de la direction du service des hôpitaux et ambulances, le considérât comme associé dans un même but au service de santé militaire.

La lettre suivante fut donc adressée à M. l'intendant général Bosc :

« Monsieur l'intendant général,

« Conformément à l'indication qui a été communiquée au Comité des Ambulances de la Presse, nous nous empressons de vous faire connaître l'organisation des services qui doivent seconder les établissements de l'administration militaire.

« Les Ambulances de la Presse possèdent actuellement des ressources considérables en argent et en matériel, lesquelles ne pourront que s'accroître par l'influence dont elles émanent. En conséquence, nous désirons approprier l'étendue du concours que nous sommes en mesure d'offrir à l'administration, aux nécessités des circonstances. Les Ambulances de la Presse se composent :

« 1° Des Ambulances centrales, au nombre de six :

« L'École des ponts et chaussées, 28, rue des Saints-Pères;

« Le Conservatoire des arts et métiers, rue Saint-Martin;

« Établissement de dépôts de machines des ponts et chaussées, 3, avenue d'Iéna;

« Maison de Mme Heine, 24, rue Monceau;

« Hôtel Thenard, rue de Sèvres, 17.

« L'appartement du comte de Montessuy, 190, rue Saint-Dominique-Saint-Germain.

« (L'hôtel Thenard et l'appartement du comte de Montessuy, vu leur appropriation exceptionnelle, pourront être destinés à des officiers blessés.)

« 2° D'Ambulances d'arrondissement, destinées à recevoir immédiatement les blessés qui devront être envoyés, en cas de siége de Paris, dans les ambulances de quartier.

« 3° D'Ambulances de quartier, destinées aux blessés civils, qui seront placées dans les points les plus hygiéniques et pour être traitées par les médecins du voisinage [1].

« Dès aujourd'hui, le Comité des Ambulances de la Presse a l'honneur de vous informer que les Ambulances centrales suivantes sont sur le point de recevoir des blessés :

« L'Ambulance des Ponts et Chaussées;

« L'Ambulance des Arts et Métiers;

« La maison de Mme Thenard, 17, rue de Sèvres;

« L'appartement du comte de Montessuy, 190, rue Saint-Dominique-Saint-Germain.

« Au fur et à mesure des nécessités, le cadre que nous venons de vous faire connaître sera rempli avec les soins et l'activité que commanderont les circonstances, et à mesure que chacune des Ambulances particulières sera ouverte, nous nous ferons un devoir d'en donner connaissance à l'administration.

1. Depuis ces Ambulances de quartier devinrent des Ambulances de convalescents (voir, à l'Appendice, l'article publié le 20 octobre par le *Gaulois*), et les Ambulances centrales ou Ambulances fixes devinrent plus nombreuses. Plus tard aussi un service considérable fut confié aux Ambulances de la Presse : *les pavillons-hôpitaux de Longchamps.*

« Au nom du Comité, son président a l'honneur, monsieur l'intendant général, d'être votre dévoué serviteur.

« Signé : Ricord.

« *Le secrétaire du Comité*,

« Armand Gouzien. »

Une démarche fut faite directement par le président du Comité auprès du ministre de la guerre.

L'intendant général Bosc, après les avoir visitées avec M. Michel Lévy, conclut à l'adoption des Ambulances offertes, et le ministre de la guerre écrivit à M. le docteur Ricord la lettre suivante :

« Paris, le 7 octobre 1870.

« Monsieur le président,

« J'ai l'honneur de vous informer que, d'après la communication que vous m'avez faite touchant la situation des diverses Ambulances centrales ou mobiles de la presse française, j'accueille ces Ambulances comme annexes des services militaires.

« J'ai, en conséquence, écrit dans ce sens, dès le 4 de ce mois, à M. l'intendant général de l'armée de la défense de Paris, qui est invité à faciliter, en ce qui le concerne, le fonctionnement de ces Ambulances.

« J'écris aujourd'hui à M. l'intendant militaire de la première division de tenir compte aussi des ressources que vous voulez bien mettre à la disposition de l'administration de la guerre.

« Permettez-moi d'ajouter, en terminant, qu'il m'est agréable de vous transmettre l'expression de ma gratitude pour tout ce qu'ont produit, sous votre direction, les efforts intelligents des membres du Comité des Ambulances.

« Recevez, etc.

« *Le ministre de la guerre,*

« Général Le Flô. »

Un uniforme distinctif devint nécessaire pour un personnel aussi nombreux : le pantalon noir, la vareuse à « boutons au caducée » et à collet de velours nacarat, le képi noir avec galons d'or indiquant le grade, et entouré — comme signe spécial aux Ambulances de la Presse — d'un mince galon tricolore, tel fut l'uniforme adopté.

Chacun reçut une carte d'identité ainsi formulée :

AMBULANCES DE LA PRESSE

Annexes des Ambulances du Ministère de la guerre

M. . . . . (Nom). . . . . (Grade). . . . .

Le Président,
Ricord.

Le Secrétaire général,
De la Grangerie.

Une distribution de brassards fut faite en séance générale.

Plus tard, quand on eut apprécié les services rendus par ce personnel imposant, la dernière consécration officielle lui fut accordée par le ministre de la guerre, qui *commissionna* à titre gratuit le personnel tout entier des Ambulances de la Presse.

Enfin, pour servir de lien entre les différents services et pour transmettre les ordres des chefs sur les champs de bataille, un service d'estafettes fut organisé, et fonctionna avec autant de courage que d'intelligence et d'activité pendant toute la durée du siége.

Un arrêté du gouverneur de Paris vint heureusement réglementer le service des Ambulances; le zèle excessif de plusieurs petites Sociétés particulières le rendait parfois difficile, en établissant une sorte de concurrence encombrante et désordonnée entre elles et celles dont les moyens d'action avaient été spécialement contrôlés et admis.

Voici cet arrêté, qui permit aux *Ambulances de la Presse* d'être désignées par l'Intendance militaire, pour accompagner, aux jours de sortie, les Ambulances de l'armée sur le lieu du combat :

« Le président du Gouvernement, gouverneur de Paris,

« Considérant qu'il est indispensable de maintenir un ordre absolu dans l'enlèvement des blessés et dans leur répartition dans les Ambulances;

« En conformité des ordonnances sur le service en campagne et de la convention internationale de Genève;

« Considérant qu'aux armées le service des Sociétés

de secours, pour être efficace, ne doit pas s'exercer en dehors des services militaires organisés;

« Arrête :

« Art. 1er. Les instructions pour la réunion et la mise en route des voitures destinées à l'enlèvement des blessés seront transmises aux directeurs des diverses Sociétés de secours autorisées, sur l'ordre du gouverneur de Paris, par l'intendant général de l'armée de la défense.

« Art. 2. En arrivant sur la partie de l'enceinte faisant face au lieu du combat, ces voitures se rangeront sur la chaussée à la gauche des voitures d'Ambulances militaires, et dans l'ordre assigné par le fonctionnaire de l'Intendance militaire ou l'officier d'état-major désigné à cet effet.

« Art. 3. D'après les besoins signalés par l'intendant général de l'armée, ou par l'intendant militaire des troupes engagées, les fonctionnaires de l'Intendance ou officiers de l'état-major de service aux portes autoriseront la sortie du nombre des voitures reconnu suffisant, en leur indiquant le lieu où elles devront se rendre, sans se détourner de leur route.

« Art. 4. Arrivé au point de réunion, le chef de chaque Société ou groupe de voitures prendra les ordres du fonctionnaire de l'Intendance, qui lui indiquera la portion du terrain qu'il aura mission d'explorer.

« Art. 5. Pendant l'enlèvement des blessés, les membres des Sociétés de secours déféreront aux instructions des fonctionnaires de l'Intendance, qui auront pris eux-mêmes les ordres du commandement. Le chargement fait, ils devront se rendre exactement du point de départ à l'hôpital ou à l'ambulance qui leur aura été assigné, soit sur place, soit lorsqu'ils passeront les portes de l'enceinte.

« Art. 6. Les voitures qui chercheraient à sortir sans ordre ou avant leur tour, et celles qui ne se rendraient pas exactement au point indiqué, et qui, en un mot, contreviendraient d'une manière quelconque aux ordres donnés, seraient exclues du service de l'évacuation des blessés, et seraient privées du droit de porter le drapeau de neutralité.

« Art. 7. Les prescriptions des articles 2, 3, 4, 5 et 6 ci-dessus s'appliquent aux voitures particulières, autorisées à aller relever des blessés.

« Toutes dispositions contraires à celles du présent arrêté sont annulées.

« Général TROCHU.

« Fait à Paris, le 20 octobre 1870. »

Ainsi organisé par le Comité, adopté et commissionné par le ministre de la guerre, réglementé par l'arrêté du gouverneur de Paris, le personnel des Ambulances de la Presse a pu rendre des services que le simple exposé des faits permettra d'apprécier impartialement.

AMBULANCES FIXES

AMBULANCES FIXES.

ORGANISATION DES AMBULANCES.

Lorsque l'on étudiera les prodiges accomplis dans Paris assiégé, auprès des travaux gigantesques de défense, de la fabrication improvisée des armes de guerre, il faudra placer les efforts tentés pour secourir les victimes de la guerre.

Ayant, par l'influence de la presse, recueilli une somme considérable dans ce but, le Comité de la souscription patriotique de la presse française aurait pu terminer sa mission en versant cette somme dans la caisse d'une société de secours aux blessés déjà organisée, mais plusieurs considérations l'en ont détourné.

Le Comité aurait pu aussi disposer de son capital en venant en aide à une foule d'ambulances particulières, mais alors il n'était plus maître de ses actes; l'argent une fois donné, il devenait difficile d'en contrôler l'emploi. D'ailleurs, en tenant compte de toutes les demandes qui ont été faites ensuite, on a pu se convaincre que le plus grand nombre des personnes qui priaient qu'on leur vînt en aide pour constituer des ambulances manquaient des notions élémentaires de médecine et de chirurgie, sans lesquelles il devient très-difficile de créer et d'organiser ces sortes d'établissements. Ces diverses raisons ont engagé le Comité de la souscription patriotique à créer les Ambulances dites *de la Presse*.

En se plaçant à ce point de vue, la presse pouvait agir dans son individualité, ne relevait que d'elle-même; elle donnait, dans la mesure de ses moyens, secours et assistance aux victimes de la guerre à l'aide de la souscription patriotique, en faisant appel au dévouement du corps médical.

Cependant, comme les troupes ne souffrent pas seulement par le fait des armes ennemies, et qu'elles ont encore à subir toutes les maladies qui peuvent les frapper dans une ville assiégée, il fallait créer des hôpitaux temporaires destinés à la médecine proprement dite, et d'autres destinés à la chirurgie; il fallait de plus être prêts à assister nos blessés sur le champ de bataille. A ce triple point de vue nous venions donc en aide à l'Intendance, dont nous ne jugerons ici ni l'organisation, ni le fonctionnement.

Le but que se proposait le Comité des Ambulances de la Presse, but que le Comité de la souscription patriotique lui avait confié le soin de réaliser, explique pourquoi le personnel de ces ambulances a été regardé par le général Le Flô et par l'Intendance elle-même comme annexé au Ministère de la Guerre. L'Intendance étant un corps constitué pour remplir une mission bien déterminée, les Ambulances de la Presse se sont naturellement jointes à elle pour l'aider à secourir les blessés, en se réservant sous ce rapport toute leur liberté d'action dans l'organisation des moyens.

Voici comment le Comité des Ambulances de la Presse a atteint son but :

Pour soigner les malades ou blessés, il fallait un certain nombre d'ambulances fixes ou hôpitaux. Ils ont été créés. En outre, pour aller sur le champ de bataille relever les blessés, il fallait tout un personnel, tout un matériel; ils ont été organisés. Il fallait de plus venir en aide à des associations privées dignes d'intérêt, dont le but et la moralité étaient connus; c'est ce que nous avons fait.

Disons, en passant, que notre philanthropie ne s'est point exercée seulement à l'égard de nos nationaux; nous avons donné nos soins, avec le même cœur, à toutes les victimes de la guerre, à quelque nationalité ou à quelque parti qu'elles appartinssent : cette déclaration fera cesser les accusations dont au début de leur fonctionnement les Ambulances de la Presse ont été l'objet.

CRÉATION ET ORGANISATION

DES HOPITAUX TEMPORAIRES

OU AMBULANCES FIXES.

Il est beaucoup plus difficile qu'on ne le croit généralement de créer un hôpital de toutes pièces, même au prix de beaucoup d'argent. Les récentes discussions qui ont eu lieu au sein de l'Académie et de la Société de Chirurgie sur ce sujet en sont la preuve. Mais, dira-t-on, pour créer une ambulance-hôpital, autrement dit un service temporaire, la chose doit présenter moins de difficulté : cela est vrai, si les soins sont donnés aux blessés pendant l'été; mais quand il s'agit de les soigner en automne ou en hiver, il n'en est pas de même. Sans doute, les locaux ne manquent point à Paris, et nous devons dire à la louange de la population parisienne qu'ils nous ont été offerts en grand nombre.

La première pensée du Comité des Ambulances de la Presse avait été d'accepter des monuments publics très-grands, très-spacieux, très-connus. Mais en les explorant avec soin, il s'est bien vite convaincu que ces grands établissements étaient impropres au but qu'il voulait atteindre. En effet, il ne suffisait point de placer des malades ou des blessés dans une grande masse d'air : pour qu'ils fussent sainement hospitalisés, il fallait encore que la ventilation fût possible, sans quoi, dans un temps fort court, des germes de maladie et d'infection purulente ou de pourriture d'hôpital, n'auraient point manqué de se développer; c'est ce qui s'est produit à toutes les époques et même de nos jours quand on a voulu transformer en ambulances des églises, des casernes ou des constructions plus grandes encore. Ce qu'il faut aux blessés, c'est une hygiène convenable, dont le point capital est l'aération, car sans elle toutes les autres conditions hygiéniques se trouvent insuffisantes.

Ces données une fois admises : que les grands établissements où l'air ne circule point facilement sont détestables au point de vue chirurgical, le Comité a recherché avec soin les établissements où il pouvait organiser des services chirurgicaux qui fussent toujours parfaitement aérés et où il pouvait en même temps constituer de petits services : tel a été le but constant de nos efforts.

Pendant la durée du siége, on s'est convaincu que la première condition pour guérir les blessés, c'est l'air et l'espace ; plus les blessés ont été isolés, plus la ventilation a été complète, et mieux ont été les choses. Nos blessés ne se sont trouvés nulle part aussi bien que dans les Ambulances de Longchamps, hôpitaux baraqués, bien espacés et bien aérés et dont les lits étaient fort éloignés l'un de l'autre.

On verra plus loin, par la description sommaire de chacun des hôpitaux choisis, si le but a été atteint.

On a tenu à placer ces établissements dans des quartiers différents, au milieu de grands espaces, autant que possible autour de jardins, loin du bruit et surtout loin de visiteurs plus curieux que secourables.

DU MATÉRIEL DE NOS HOPITAUX.

Si le Comité des Ambulances de la Presse a été difficile dans le choix des locaux, il l'a été plus encore dans le choix du matériel; il n'a point cherché le luxe : l'utile et le confort ont été ses deux objectifs.

Après avoir utilisé tout ce qui pouvait être employé parmi les objets qui lui avaient été offerts par les particuliers, il n'a reculé devant aucun sacrifice pour assurer le bien-être des blessés. Tenant compte du temps que les malades pouvaient rester couchés, de grands sacrifices ont été faits pour avoir une literie convenable. Il en a été de même de toutes les choses utiles aux malades.

Le coucher étant assuré, les draps, les couvertures, le linge de corps étant également achetés, il fallait trouver les moyens matériels d'alimenter nos malades. Simplicité et propreté, tel était le problème à résoudre. Dans l'organisation de la cuisine et de la pharmacie, on a dû se montrer surtout généreux, afin de pouvoir fournir aux blessés une nourriture et des médicaments parfaits.

FONCTIONNEMENT DE L'HOPITAL.

Passons au personnel.

Médecins : Le personnel le plus important est certainement le personnel médical et chirurgical. Sous ce rapport, le Comité des Ambulances de la Presse n'a eu que le choix. Le personnel médical ayant répondu à son appel, il n'a confié ses services nosocomiaux, médicaux et chirurgicaux qu'à des hommes connus. Il peut citer avec orgueil les noms de ses adhérents, car depuis le membre de l'Institut jusqu'au simple étudiant en médecine, il a trouvé de nombreux associés à son œuvre, ainsi qu'on le verra par la composition des services.

Quelle que soit l'habileté des chefs, il leur faut des aides pour remplir les fonctions d'internes, d'externes et de pharmaciens. Sous ce rapport, rien n'a laissé à désirer. Beaucoup d'anciens internes des hôpitaux, occupant à Paris des positions honorables, connus souvent par d'importants travaux, sont venus généreusement se mettre à la disposition des Ambulances pour y remplir les fonctions modestes, mais importantes, d'internes et d'externes; pour passer des nuits à veiller nos blessés, n'ayant d'autre récompense que celle d'avoir été utiles et d'avoir aidé des maîtres aimés et respectés, à accomplir la noble et pénible mission qui leur était confiée. Nous sommes heureux de rendre ici hommage à cette noble profession dont le dévouement est toujours à la hauteur de tous les malheurs publics et dont la vie honorable, dévouée n'est jamais suffisamment appréciée.

Mais il faut aux médecins et aux pharmaciens des aides pour remplir toutes les indications de la journée, ayant trait à la nourriture et aux soins quotidiens; il faut des sœurs et des infirmiers.

DES SŒURS ET DES INFIRMIERS.

Il est d'absolue nécessité de faire appel dans un hôpital à des personnes intelligentes pour soigner les malades ou les blessés, pour leur donner les aliments et les médicaments en temps opportun. Le premier soin du Comité, contrairement à la pratique d'autres sociétés de secours, a été d'éloigner de nos salles les femmes du monde, et de réserver leur dévouement pour les soins de la lingerie; non que la femme du monde manque des qualités nécessaires pour rendre les services réclamés par le blessé, mais parce qu'elle apporte avec elle ses préoccupations de famille et de société, qu'elle est entourée de parents, de relations nombreuses qui forcément la gênent dans les soins que sa charité la porte à donner aux malades[1].

La religieuse, au contraire, dégagée de toutes les préoccupations de la vie, n'a qu'un but et qu'une pensée : c'est d'atteindre l'idéal qui remplit son âme : le

1. Toutefois, il est juste d'ajouter que dans une grande société de secours aux blessés, notre rivale et notre aînée, dans l'Internationale, en un mot, des dames du monde guidées par l'ardente charité de Mme la comtesse de Flavigny ont rendu un véritable service. On ne saurait trop encourager d'ailleurs les femmes du monde à prendre une part active dans ces œuvres de dévouement, où le bon exemple est souvent plus utile qu'un secours en argent.

dévouement et le sacrifice. Pour toutes ces raisons, les sœurs furent préférées aux femmes du monde. Rien ne les arrête, rien ne leur répugne; elles entourent les blessés de leur pieuse et intelligente sollicitude.

Étrangères à tous les événements, elles n'ont qu'un mobile, la charité, qu'un but, le soulagement et la consolation. Aussi avons-nous peine à comprendre l'opposition systématique de quelques esprits forts, qui se sont crus autorisés à les repousser quand même.

Pour seconder les sœurs, il fallait avoir des infirmiers, actifs, dévoués, animés des mêmes sentiments que les sœurs, sous la direction desquelles ils devaient être placés. Le problème était encore en ce point difficile à résoudre, non pas que les hommes fissent défaut, mais parce qu'il est des soins dévoués, attentifs que rien ne peut payer; qu'il faut une douceur de mœurs, une régularité de vie, une condescendance que l'on obtient difficilement de beaucoup de serviteurs; il faut que les longues heures qui séparent les visites soient remplies par des soins affectueux; que ceux qui les donnent aient une certaine supériorité sur ceux qu'ils soignent, afin de leur inspirer un attachement respectueux et reconnaissant.

Toutes ces qualités, nous les avons trouvées chez les frères de la Doctrine chrétienne. Les Ambulances de la Presse n'ont eu qu'à se louer de leur intelligent concours; ils se sont bravement mis à la besogne, et il faut avouer que les médecins n'ont jamais trouvé de meilleurs auxiliaires.

Aussi grâce à cette heureuse association de jeunes médecins dévoués, d'élèves empressés, de tout ce personnel enfin plein de douceur, d'aménité et de dévouement, chacune de ces ambulances est devenue une fa-

Un aide-chirurgien.

mille où chacun a rivalisé de zèle pour accomplir le plus de bien possible.

Quelques domestiques, hommes et femmes, ont en outre été attachés aux Ambulances pour le service de la cuisine et de quelques gros ouvrages; il faut le dire à leur louange, ils se sont mis bien vite à l'unisson du nouveau milieu dans lequel ils étaient appelés à vivre.

L'énumération de tous les éléments constitutifs d'une ambulance ne serait point complète, si nous omettions de parler de MM. les pharmaciens, du chef de service et des internes en pharmacie.

Il faut rendre hommage à M. Ferré, du soin qu'il a mis à organiser ce service. Chacune des Ambulances de la Presse a été pourvue de pharmaciens distingués; le cahier de visite a été, par eux, soigneusement tenu, les prescriptions fidèlement exécutées : mais ce qui est particulièrement bon à signaler, c'est leur empressement à se joindre aux médecins, pour leur servir d'aides intelligents au moment des opérations, le zèle qu'ils ont mis à les seconder dans les pansements souvent si pénibles et dans le transport des blessés.

Ce zèle et cette émulation ne se rencontrent pas toujours dans les services hospitaliers ordinaires; aussi avons-nous eu à cœur de le signaler hautement.

Comme on le voit, les rouages d'une ambulance-hôpital sont nombreux et variés. Pour assurer l'union de tant d'éléments divers et leur fonctionnement, il a été institué dans chacune d'elles un directeur ou économe chargé de veiller sur le matériel, sur l'alimentation, sur le blanchissage, etc., etc., de tenir compte de l'arrivée et du départ des blessés, de faire soigner leurs armes, de correspondre avec le chef des économats pour toutes les questions administratives, ayant pour but de réaliser l'économie en même temps que de créer l'abondance.

Quiconque a vécu au milieu des blessés a dû être frappé d'une chose: c'est que souvent le soldat, après les dangers courus, éprouve comme un désir pieux qu'il convient de satisfaire avec une grande délicatesse. On a donc attaché à chacune des Ambulances, un aumônier, esprit éclairé et large, qui, sans un zèle exagéré, a su répondre discrètement aux sentiments de chacun. A côté de l'aumônier, on a placé un pasteur protestant, laissant ainsi à chacun sa liberté complète et absolue dans sa foi.

Enfin on a pensé que, après avoir fermé les salles aux gens du monde, hommes ou femmes, il serait bon, indépendamment des personnes admises à travailler à la lingerie, d'instituer, dans chaque ambulance, une seule dame patronnesse, chargée de visiter les malades dans la journée, de leur apporter des livres, des journaux, de correspondre avec les familles des blessés quand ceux-ci ne pouvaient le faire eux-mêmes.

Telle est, d'une manière sommaire, la composition d'une ambulance.

DAMES PATRONNESSES.

Si nous n'avons point admis les dames du monde dans nos Ambulances à titre d'infirmières, nous n'avons point voulu cependant priver nos blessés et nos malades des soins affectueux et moraux que ces dames pouvaient leur apporter. Un certain nombre de dames patronnesses visitaient nos malades et nos blessés, leur apportaient des secours, des livres, les aidaient à correspondre avec leurs familles, les entouraient en un mot avec les sœurs, les frères des écoles chrétiennes, les aumôniers, de tous les soins moraux possibles, et elles cherchaient à les consoler en relevant leur moral. D'autres dames travaillaient à la lingerie, veillaient au linge, préparaient de la charpie, et les éléments nécessaires aux pansements.

Parmi ces dames patronesses nous citerons quelques noms :

Mme Alexandre Ricord;
Mlle Levavasseur et sa nièce;
Mlle Huguet;
Mme de Beaulieu;
Mme Amélie Nanteuil.

4

RÉGIME DES BLESSÉS ET DES MALADES ADMIS

DANS LES AMBULANCES DE LA PRESSE.

Le régime ordinaire de nos malades se compose :

1° D'un premier déjeuner qui a lieu à sept heures et demie du matin : on donne aux malades une tasse de chocolat, une soupe ou un petit verre d'eau-de-vie et du pain, selon leur état de santé.

2° D'un second déjeuner à midi, se composant : d'un plat de viande, d'un plat de légumes ;

3° D'un dîner à six heures dont le menu est le même que celui du déjeuner, en y ajoutant une soupe.

Chaque malade absorbe environ par jour :

Pain.	700	Grammes.
Viandes.	250	—
Vin.	62	Centilitres.

Les desserts se composent surtout de confitures, de miel, de figues, etc.

En dehors de ce régime général et régulier, il y a le régime prescrit par le médecin.

Dans une mesure d'ordre, à son entrée, le malade

Le pharmacien en chef.

recevait la pancarte suivante que l'on remplissait et que l'on plaçait à la tête de son lit :

AMBULANCE DE . . . . . .

N° du Registre des Entrées____ Date de l'Entrée____
Nom du blessé____
Prénoms____ Date de Sortie____
Age____
Arme à laquelle il appartient____ Nature de la blessure____
Domicile____
Lieu de naissance____ Observations du Chef de Service____
État civil____

Le Chef de Service.

Les internes de service recevaient aussi la feuille suivante, indispensable à ceux qui prennent des observations :

AMBULANCES DE LA PRESSE FRANÇAISE.

Ambulance de____

*Rue*____

Salle____	Nom du blessé____	Age____
N° du Lit____	Prénoms____	Lieu de naissance____
N° matricule____	État civil____	
	Arme à laquelle il appartient____	
	Date de l'Entrée____	Vacciné____
	Date de la Sortie____	Non vacciné____
	Date du Décès____	

DIAGNOSTIC——————————

DATES.	OBSERVATION.	TRAITEMENT.

Voici la liste détaillée des ambulances médicales et chirurgicales, telles qu'elles ont été créées et organisées par le Comité — en se fondant sur les principes énoncés plus haut. Nous y joindrons également l'énumération des ambulances de convalescence. Ces dernières n'ont été acceptées qu'autant que les malades pouvaient y trouver tout ce dont ils avaient besoin au point de vue de la nourriture et d'une bonne hygiène en général; on verra par l'énoncé de cette note le nombre de lits dont les Ambulances de la Presse pouvaient disposer.

Nous donnerons en même temps la monographie de chacune de ces ambulances, afin de démontrer la justesse de ce que nous avons avancé; nous avons joint à cette description de l'ambulance-hôpital qui donne les raisons de notre choix, la liste de tout le personnel médical et chirurgical. — Sous ce rapport encore, nous voulons démontrer combien le comité organisateur a été soucieux de la vie des blessés qu'il recueillait — et aussi conserver ce souvenir de reconnaissance pour les savants et honorables médecins qui ont si noblement répondu à l'appel du Comité.

DES ÉCONOMATS.

Lorsque le Comité des Ambulances de la Presse dut songer à concentrer ses efforts dans la capitale assiégée, il jugea que, pour subvenir à tous les besoins, il était indispensable de créer des ambulances dans les divers quartiers de Paris. Un établissement unique offrait assurément certains avantages au point de vue de la centralisation administrative; mais les inconvénients d'une installation de ce genre eussent été nombreux. Les blessés recueillis sur le champ de bataille auraient eu à effectuer un trajet considérable pour se rendre à leur destination. Or, diminuer la distance, c'était augmenter pour eux les chances de salut : il n'y avait donc pas à hésiter.

D'ailleurs, en se plaçant au point de vue de l'administration, un établissement unique offrait dans la pratique des difficultés de plus d'un genre. Une ambulance qui eût pu contenir le nombre de lits dont la Presse a disposé aurait exigé un personnel considérable et préparé au service des hôpitaux. Dans les ambulances isolées, ne comprenant qu'un nombre de lits restreint, les connaissances spéciales n'étaient plus tout à fait indispensables; on pouvait y suppléer par la bonne volonté, le zèle, le dévouement. Tout esprit méthodique et attentif pouvait s'appliquer utilement à la direction de ces établissements et, dès lors, il devenait possible de faire appel aux gens du monde. C'est en effet ce que l'expérience a démontré. Le Comité s'est adressé à des hommes de lettres, à des artistes, à des médecins même, et ces administrateurs improvisés, qui abordaient des fonctions tout à fait nouvelles pour eux, mais dans l'accomplissement desquelles ils apportaient tout leur cœur, ont rempli leur mission avec un succès tel que des spécialistes n'y eussent pas mieux réussi.

La grande difficulté était de centraliser ces diverses directions sans entraver l'initiative individuelle seule capable d'approprier, dans chaque établissement, le fonctionnement du service aux besoins spéciaux qu'il fallait à tout prix satisfaire. Ce résultat a été remarquablement atteint : il a suffi, pour l'assurer, de réunir, une fois par semaine, les économes-directeurs sous la présidence du membre chargé de l'administration et de l'emploi des fonds. Les besoins de chaque ambulance étaient exposés dans ces réunions hebdomadaires, les dépenses étaient déterminées et mises en rapport avec les ressources de la Société. La plus sévère économie s'est alliée par ce moyen à la satisfaction de toutes les exigences des malades. On peut dire que les victimes de la guerre ont reçu dans les Ambulances de la Presse, non-seulement tous les secours qu'elles auraient trouvés dans les hôpitaux militaires, mais ces soins assidus et dévoués qui ne se rencontrent que dans la famille.

La principale mission des économes consistait à exercer sur l'ensemble du service hospitalier une surveillance active pour assurer la bonne tenue de l'établissement, la propreté, la salubrité des salles, l'exactitude dans l'accomplissement des prescriptions du médecin, la bonne qualité des vivres, leur préparation et leur distribution, enfin les soins à donner aux malades et aux blessés, soins qui ne comprenaient pas seulement leur bien-être matériel, mais encore tout ce qui pouvait adoucir moralement leur situation. Le Directeur se mettait à leur disposition pour faire leur correspondance lorsqu'ils ne pouvaient écrire; il leur fournissait des livres; il était attentif à satisfaire leurs sentiments religieux lorsqu'ils en manifestaient le désir, et faisait appelers oit l'aumônier, soit le ministre protestant.

Une partie importante de l'économat consistait à tenir très-exactement la comptabilité des malades. Le nom, les prénoms, le lieu de naissance, l'état civil, tous les renseignements nécessaires pour établir l'identité du malade et pouvoir au besoin écrire à sa famille étaient scrupuleusement consignés sur une pancarte placée à la tête de chaque lit et transcrits sur un registre spécial. Si le malade succombait, les objets lui ayant appartenu en propre étaient mis de côté et étiquetés : la famille était informée immédiatement.

Ce court exposé suffira pour faire apprécier la mission toute de dévouement que les économes-directeurs ont remplie, c'est à leur surveillance assidue qu'est dû le bon fonctionnement de nos ambulances, et il est équitable de leur attribuer une part dans les résultats obtenus au point de vue de la guérison des blessés et des malades auxquels ils se sont dévoués.

NOTICE MONOGRAPHIQUE

SUR

QUELQUES AMBULANCES DE LA PRESSE.

AMBULANCE DES PONTS ET CHAUSSÉES.

Cette ambulance, établie dans les bâtiments de l'École des ponts et chaussées, au n° 28 de la rue des Saints-Pères, a une importance particulière en ce qu'elle a été comme le type de toutes les autres, qu'on y a mis en œuvre les premières ressources et centralisé d'importants services.

Elle comprend, au rez-de-chaussée, entre cour et jardin, à l'exposition de l'est, un vestibule avec 16 lits, spécialement consacré aux convalescents qui peuvent y fumer, s'y promener, et qui y prennent leurs repas ; au premier étage, huit salles donnant sur le jardin intérieur et sur la cour principale, avec des ouvertures à l'est, à l'ouest et au nord. Elles contiennent ensemble 60 lits. — Total des lits, 76.

Le service, exclusivement chirurgical, est ainsi établi :

Chirurgien en chef, M. le Dr Demarquay, chirurgien de la maison municipale de santé, membre de l'Académie.

Chirurgiens majors, MM. Cousin, Voelker, Barlemont, Destrem, Duhomme.

Sous-aides, MM. Decaisne, Léjault, Sicart, Lasché.

Pharmacien en chef, M. Chevrier.

Aides, MM. Ledanois, Letailleur.

Le service administratif, dirigé par M. Henri Thiers, économe-directeur, comprend : huit frères-infirmiers, six sœurs de l'Espérance, deux cuisinières et un aide, deux hommes de service.

L'ambulance des Saints-Pères a recueilli 281 blessés. Le nombre des décès s'est élevé à 63.

Une salle a été reservée au service de M. le Dr Guérin (Jules), membre de l'Académie, qui y a installé ses appareils de traitement par l'occlusion pneumatique. Dans cette ambulance M. Demarquay a fait, avec le concours du Dr Destrem, une série d'expériences sur les désinfectants que nous ferons connaître plus loin[1].

1. Pour plus de détails sur cette ambulance, voir l'Histoire chirurgicale de l'ambulance des Saints-Pères, par le Dr Cousin, *Union médicale*, n°s 10, 11, 13, 14 (1872).

AMBULANCE CHENIER-DUCHESNE.

ANNEXE DES PONTS ET CHAUSSÉES.

Dès le début de notre installation, nous avions été préoccupés de créer une ambulance spécialement affectée au corps des officiers de toutes armes. L'ambulance que M. Chenier-Duchesne a offerte au Comité répondait à tous nos désirs. Elle se trouve située au n° 190, rue Saint-Dominique, tout près du Champ de Mars ; elle est formée par un vaste appartement situé au deuxième étage, donnant sur des jardins et composé de plusieurs chambres spacieuses où nos blessés se trouvaient à merveille. Aussi, tous les officiers qui y ont été soignés, à l'exception d'un seul atteint d'une balle dans le ventre, ont guéri de leurs blessures.

Les soins les plus assidus étaient donnés à nos malades par M. Chenier-Duchesne. Cet homme de bien avait transformé son ambulance en une sorte de famille. Grâce à sa prévoyance, ses hôtes n'ont jamais manqué de toutes les douceurs qu'on est heureux de procurer aux malades en temps ordinaire. Il avait su ménager une basse-cour qui lui permit, pendant tout le temps du siége, de donner à ses chers blessés une nourriture fraîche, variée et abondante.

Le docteur Métivié était le chirurgien ordinaire de cette ambulance; M. Demarquay en était le chirurgien en chef[1].

1. Consulter au sujet de cette ambulance le travail précité du Dr Cousin, *Union médicale*, n° 14 (1872).

AMBULANCE TOURNEFORT.

Cette ambulance fut établie dans le pensionnat que dirigent au n° 39 de la rue Tournefort, les dames de la *Miséricorde.* La construction est ancienne, en pierre de taille et en gros moellons. Les ouvertures sont larges et bien ménagées; tout évidemment a été prévu et disposé pour la parfaite salubrité du local. Les salles occupées par l'ambulance sont entre cours et vaste jardin, à l'exception du nord-est et du sud-ouest. Elles se succèdent de plain-pied en galerie et peuvent être ventilées d'une extrémité à l'autre. Elles renferment 38 lits.

La situation de cette ambulance l'exposait tout naturellement, pendant le bombardement, aux projectiles prussiens. Malgré le danger qu'il y avait de rester à son poste, tout le personnel chirurgical et nosocomial a tenu bon et a accompli son devoir jusqu'à la fin, bien que plusieurs maisons hospitalières du voisinage aient cru devoir abandonner leur localité pour se porter ailleurs. Le personnel médical se réfugia dans les caves avec les blessés, et cela pendant tout le temps du bombardement. Le service exclusivement chirurgical fut composé comme il suit :

Chirurgien en chef : M. le docteur Bastien, ancien interne et prosecteur des hôpitaux, aide-naturaliste au Muséum ;

Médecin consultant : M. le docteur Poterin du Motel ;

Internes : MM. le docteur Colignon, Larue et Litardière, externes des hôpitaux.

Pharmacien en chef : M. Mussat, licencié ès sciences.

Pharmacien adjoint : M. Girard, docteur ès sciences, professeur de chimie au collége Rollin.

Élève : M. Massignon.

Personnel auxiliaire : Deux sœurs de la *Miséricorde* qui se sont chargées de la cuisine ; quatre frères infirmiers ; un homme de peine ; deux femmes de service s'occupant de la lingerie sous la direction des sœurs de l'établissement, qui toutes sans fonction déterminée donnent leurs soins aux divers services de l'ambulance.

Économe-directeur : M. E. Thomas.

AMBULANCE DES IRLANDAIS.

Les vastes salles du séminaire des Irlandais ayant été mises au service du Comité des Ambulances de la Presse, on a établi au rez-de-chaussée un service médical pour soixante-deux malades. Le bâtiment est d'une ancienneté respectable. Il est contemporain de la Sorbonne de Richelieu et appartient depuis 1640 à la nation irlandaise, comme l'atteste une tablette de marbre placée à l'entrée principale. Sa situation au sommet de la montagne Sainte-Geneviève, les imposantes dimensions de ses salles ouvertes sur un clos spacieux et largement isolé, présentent des conditions de salubrité parfaitement appréciables. Deux de ces salles ont reçu 40 lits; vingt cellules peuvent recevoir autant de malades isolés.

SERVICE MÉDICAL.

Médecin en chef : M. le docteur de Ranse, rédacteur en chef de la *Gazette médicale.*

Médecins adjoints : MM. les docteurs Lapeyrère, rédacteur de la *France médicale*, Guardia.

Internes : MM. Farge, Brochin, élèves de l'École.

Pharmacien en chef : M. Desnoix.

Pharmaciens internes : MM. Lebogues et Pelisse.

Personnel auxiliaire : deux sœurs de l'Espérance, quatre frères infirmiers, une cuisinière et son aide, un homme de peine.

Économe directeur : M. Godefroy.

AMBULANCE DE LA RUE MONSIEUR.

Cette ambulance présente un caractère particulier: établie dans le bel hôtel que possède Mme Perrière Pilté, au numéro 15 de la rue Monsieur, elle réunit toutes les conditions de confortable et d'élégance que peut offrir une telle habitation.

Les chambres, les salons occupés par les malades sont éclairés à l'est et à l'ouest et contiennent quarante-cinq lits.

Le service, d'abord exclusivement médical, a dû, par la force des choses, recevoir des blessés. Il est fait par M. le docteur Chéreau, premier médecin, et par M. le docteur Guirette.

Pharmacien : M. Combarieu.

Avant d'être une des ambulances de la Presse, l'ambulance Pilté avait un caractère purement privé. Elle avait reçu sa première organisation par les soins intelligents et dévoués de M. Destez, ancien capitaine d'infanterie.

Le Comité a respecté les bases, d'ailleurs excellentes, qui lui étaient présentées. C'est ainsi que le personnel auxiliaire existant à l'origine a été maintenu. Il comprend : 1° une dame directrice chargée de la lingerie; 2° quatre infirmières; 3° une cuisinière et son aide; 4° un employé, cocher, et homme de corvée.

Économe directeur : M. Destez.

Depuis le 3 octobre 1870 jusqu'au 8 février 1871, jour de sa fermeture, l'ambulance de la rue Monsieur a reçu 178 malades ou blessés ; ces derniers représentent un total de 19. La mortalité générale a été de 15 pensionnaires, qui ont été emportés par des bronchites aiguës, des fièvres typhoïdes, des dyssenteries hémorrhagiques, des pleuro-pneumonies et des érysipèles de la face.

AMBULANCE SAINT-MAURICE.

Elle est établie dans la *Maison mère* de l'Institut des Frères des Écoles chrétiennes, au numéro 27 de la rue Oudinot. Fondée sous le patronage de Mme la maréchale Mac-Mahon, dès le début de la guerre, cette ambulance est devenue sous ce nom, qui rappelle à la fois un soldat vénéré par l'Église et l'illustre Maréchal une des principales Ambulances de la Presse.

Le service est médical et chirurgical. Les malades sont répartis en trois salles qui s'étendent en galerie sur une longueur d'environ soixante mètres. L'une contient quarante lits, une autre quarante-quatre, et une plus petite quatre lits réservés aux cas particulièrement graves : total, quatre-vingt-huit lits.

Les blessés, le 30 novembre, furent reçus dans deux immenses salles qui contenaient 130 lits : 12 chambres particulières, affectées aux officiers, portèrent, à partir de cette époque, le nombre des lits de l'ambulance à 230. Espace, lumière, chaleur distribuée à souhait : tout abonde dans ce magnifique établissement. Les ouvertures sont à l'est et à l'ouest, et du sud-est au nord-ouest. Les convalescents ont la libre jouissance d'un préau de plus de trois mille mètres de superficie, abrité de tous côtés par des constructions ou par de grands arbres : des jeux de toutes sortes et des appareils de gymnastique sont à leur disposition. Les aliments se préparent à la cuisine de la communauté; des tisanneries, établies à proximité des salles, assurent un service facile pour les pansements et la préparation des boissons et des aliments nécessaires à certains grands malades. Le matériel disponible des réfectoires de la maison est installé dans chacune des salles ; c'est à ces tables, alignées entre les deux rangées de lits de chaque service, que les convalescents prennent leurs repas; c'est un agrément pour eux et une série de distractions pour les infortunés que la gravité de la maladie ou des blessures retient au lit. Les préaux de récréation sont ceux de la communauté et ont un aspect véritablement grandiose qui, joint aux plus parfaites conditions de salubrité de tous les services, donne à cette ambulance tous les caractères d'une ambulance modèle. Les malades et blessés qui y furent soignés de septembre 1870 au 8 juin 1871, sont au nombre de 1118 et donnent un total de 25482 journées de traitement et d'alimentation. 22 malades succombèrent à leurs blessures et 86 aux maladies diverses, fièvre typhoïde, phthisie, bronchite, pneumonie, etc., dont ils étaient atteints.

Le service médical se compose ainsi :

Médecins en chef : M. le docteur Béhier, professeur à la Faculté de Médecine; M. le docteur Fournier, agrégé à la Faculté de Médecine; M. le docteur Horteloup père, ancien médecin en chef des hôpitaux.

Médecins adjoints : M. Bérard, professeur de chimie à l'École de Médecine; M. Courteaux, interne à Ivry; M. Fernand David, aide-major; M. Delamour, interne à Lourcine.

Chirurgien en chef : M. le docteur Houel, conservateur du Musée Dupuytren.

Internes : MM. Michel Georgesco, Le Bobinec, Alex.

Coccio, le docteur Paul Édouard et Firmin Chassagne.

Pharmacien en chef : M. Albert Jouannin.

Pharmaciens internes : MM. Sabourdy, Gasselin et Sonnerat.

Le personnel auxiliaire de l'ambulance est exclusivement choisi parmi les Frères. Lingerie, cuisine, infirmerie occupent dix-neuf d'entre eux, sous la surveillance d'un *économe directeur*, le frère Archange.

AMBULANCE D'IÉNA.

Cette ambulance est installée dans les bâtiments annexes de l'École des ponts et chaussées, sise à l'angle formé sur la pente du Trocadéro, par l'avenue d'Iéna et l'établissement des phares. Trois constructions distinctes et parallèles séparées entre elles par des cours sablées, s'élèvent sur un vaste terrain entouré de plates-bandes en culture et clos d'une grille en bordure sur de larges avenues. L'exposition des façades percées de larges ouvertures est au nord-est. Les conditions d'aération sont parfaites, et sur ce terrain élevé, rien ne fait obstacle au large courant de l'atmosphère. Les matériaux employés pour les constructions, qui ne datent que de quatre ou cinq ans, sont la pierre de taille, la brique, le bois.

L'humidité des rez-de-chaussée, d'ailleurs peu sensible sur ce terrain qui est sablonneux, a été neutralisée soit par de vastes sous-sols, soit par une épaisse couche de bitume, sur béton, dans les parties qui n'ont pas de sous-sol.

La disposition des bâtiments sur trois lignes parallèles et suffisamment espacées se prêtait naturellement à l'installation d'un double service. Le bâtiment consacré au service chirurgical est séparé de la grande salle des malades par une construction intermédiaire renfermant la cuisine, les magasins, l'économat, la salle de garde des médecins et les laboratoires. La salle des blessés, située au premier étage, contient 21 lits ; à chacune de ses extrémités sont deux chambres réservées aux officiers.

Une salle destinée aux opérations et convenablement isolée, complète l'ensemble de l'ambulance chirurgicale. Le rez-de-chaussée de ce vaste pavillon est occupé par la lingerie et le réfectoire des convalescents.

La salle des malades contient 31 lits. Ce n'était qu'un spacieux hangar dans lequel étaient remisées les machines de l'école et dont la clôture laissait à désirer ; les travaux nécessités par la nouvelle transformation du local ont été faits.

La température y est maintenue au degré convenable et il serait difficile de rencontrer un ensemble de conditions plus favorables aux malades.

Le service médico-chirurgical de l'ambulance est ainsi composé :

Chirurgien en chef : M. le docteur Perier, professeur agrégé à la Faculté de médecine.

Médecin en chef : M. le docteur Fauvel, de l'Académie de médecine, médecin de l'Hôtel-Dieu, inspecteur général des services sanitaires de France.

Médecins consultants : MM. les docteurs Horteloup père, médecin des hôpitaux ;

Danyau, de l'Académie de médecine.

Médecins internes : MM. les docteurs :

Legroux, chef de clinique à l'hôpital de la Pitié ;

Saint-Laurent, ancien interne des hôpitaux ;

Genouville, ancien interne des hôpitaux, ancien vice-président de la Société anatomique ;

Dufour, ancien interne des hôpitaux, médecin de bienfaisance du IXe arrondissement ;

Fischer, ancien interne des hôpitaux, attaché au Muséum ;

Bougarel, médecin de l'état civil du XVIe arrondissement.

Pharmacien en chef : M. Raynal.

Pharmaciens internes : MM. Lorette, Vaucheret.

La visite à laquelle prend part exactement tout le personnel des deux services a lieu le matin à 8 heures; chacun de messieurs les internes reste à son tour vingt-quatre heures dans l'ambulance, où il prend ses repas et son repos.

Le personnel auxiliaire comprend :

1° Trois sœurs appartenant à la congrégation des religieuses dites de l'*Espérance.* Elles sont chargées de la lingerie et du soin des malades ou blessés et apportent aux multiples détails de leurs fonctions cette particulière aptitude que donne la pratique d'un dévouement désintéressé.

2° Six frères des Écoles chrétiennes faisant fonction d'infirmiers.

3° Une cuisinière et une aide de cuisine.

4° Un homme spécialement chargé du lavage des salles, du blanchissage des gros effets, de drap ou de laine.

5° Un homme pour les courses et les menues corvées.

Ici, comme dans toutes les Ambulances fixes de la Presse, le service de la caisse et de la comptabilité, de la correspondance, de l'approvisionnement et de la dépense, du matériel et du personnel auxiliaire, en un mot, la surveillance générale du bon fonctionnement et de l'emploi des ressources sont commis à un économe-directeur nommé par le Comité, M. Cotte.

AMBULANCE DE MME HEINE.

Cette ambulance a été établie dans un hôtel particulier, mis à la disposition du Comité par Mme Heine, situé au numéro 24 de la rue de Monceaux, entre cour et terrain planté de grands arbres.

Le bâtiment prend jour par des ouvertures au nord et au midi. Les pièces du rez-de-chaussée exposées au nord et sur une cour assez humide, laissant à désirer sur le rapport de la salubrité, on les a délaissées; et on a pris possession exclusivement des grandes et belles pièces éclairées au midi. Elles sont au nombre de quatre, comprenant ensemble trente lits. Là est le service chirurgical; le service médical occupe au premier étage trois salons et deux chambres contenant trente-cinq lits.

SERVICE CHIRURGICAL.

Chirurgien en chef : M. le docteur Nicaise, prosecteur des hôpitaux.

Chirurgiens adjoints : MM. Cazalis, interne des hôpitaux; Gouin, externe des hôpitaux.

Service médical : MM. les docteurs Cazalis, médecin des hôpitaux; Richelot, gérant de l'*Union médicale;* Ortiguier.

Pharmaciens : pharmacien en chef, M. Dethan ; pharmaciens adjoints, MM. Duriez et E. Dethan.

Personnel auxiliaire : quatre sœurs de l'Espérance, cinq frères infirmiers, une cuisinière et son aide, deux hommes de peine.

Économe directeur : M. Hemery.

Cent cinq malades ou blessés ont reçu des soins dans l'ambulance Monceaux.

Un blessé sur vingt-cinq a été enlevé par le tétanos.

Sur quatre-vingts malades, un seul a succombé.

AMBULANCE CZARTORYSKI.

On connaît la merveilleuse situation de l'hôtel Lambert à la pointe orientale de l'Ile Saint-Louis.

Les maîtres de cette demeure princière ont mis à la disposition du Comité toutes les parties de leur habitation qui ne sont point à leur usage particulier.

Au premier étage : deux salons et deux chambres d'officiers peuvent contenir douze lits.

Au second étage : deux grandes salles et une chambre de plain-pied peuvent en recevoir autant. Cinq autres pièces, permettent d'élever à quarante le nombre total des lits. — Vingt-cinq sont déjà disposés dans les principales pièces, qui toutes prennent jour au nord-est et à l'est. L'air à cette extrémité de l'Ile est vif et pur. Les malades se trouveront dans les meilleures conditions de salubrité.

SERVICE MÉDICAL.

Chirurgien en chef : M. le docteur Charpentier, médecin des hôpitaux.

Médecin consultant : M. le docteur Peter, agrégé de la faculté, médecin de l'hospice Lariboisière.

Médecin adjoint : MM. les docteurs Jouanne, Balet.

Interne : M. Hentzel, interne de l'hôpital Sainte-Eugénie.

Économe . M. Blanc-Duquesnay.

AMBULANCE SAINT-PAUL.

Cette ambulance a été organisée dans les vastes dépendances de l'institution Favart, aujourd'hui occupée par les frères des Écoles chrétiennes, qui y dirigent une école d'études commerciales supérieures. La façade de ce bel établissement porte le numéro 212 de la rue Saint-Antoine, à l'angle de la rue du Petit-Musc. Les constructions s'étendent au loin dans cette rue longue et étroite, dont le nom consacre le souvenir des treilles du raisin muscat du roi Charles V. Elles datent de Louis XIII, et à l'intérieur, sous d'épaisses couches de badigeon, laissent transparaître les briques encadrées de pierre qui caractérisent le goût de cette époque. Elles enserrent une première cour, autrefois cour d'honneur de l'hôtel; puis vient un immense préau, que de vieux arbres contemporains d'Henri IV consolent à peine des grandeurs disparues. Vastes espaces, vastes salles, solides, abondante circulation de l'air, matériaux défiant toute humidité : tels sont les avantages que l'on a été heureux de rencontrer dans cette remarquable habitation.

L'aile de bâtiment particulièrement affectée à l'ambulance comprend une immense salle dans laquelle vingt-cinq lits ont été disposés. Pharmacie, lingerie, cuisine, salle de garde se succèdent dans le même corps de logis, dont toutes les ouvertures sont à l'est et à l'ouest. Dix chambres peuvent recevoir autant d'officiers. La convalescence, dans cette maison vraiment hospitalière, ne saurait avoir plus d'éléments qui y soient favorables. Bibliothèque, salon de lecture, salles de billard, salle des jeux paisibles, salles de physique et de collections variées : tout contribue à la saine récréation des malades.

Le service principalement médical est ainsi composé : MM. les docteurs Magnet, médecin du bureau de bienfaisance du IVe arrondissement; Rech, médecin du bureau de bienfaisance du IVe arrondissement, et Alix.

Chirurgien : M. le docteur Mercier.

Pharmaciens : MM. Arbelain, Dorbigny.

Le personnel auxiliaire de l'ambulance est exclusivement composé de Frères, aidés par une femme de service à la lingerie et par un homme de peine.

Économe directeur : Le frère Ernest.

AMBULANCE DE LA PAIX.

Le local où a été installée cette ambulance est dû à la générosité de M. Walcker, propriétaire du Bazar du Voyage, au numéro 28 de la rue de la Paix. On connaît, sinon la belle distribution intérieure, du moins la splendide façade de cette maison d'aspect monumental, sur laquelle les marbres précieux et le bronze ont été prodigués avec art. L'exposition ne saurait être plus saine ni plus belle. La place du Nouvel-Opéra, et la longue percée de la rue de la Paix et des boulevards offrent aux regards le spectacle le plus brillant et le plus animé. Les ouvertures sont au nord-ouest, au nord, à l'est et au sud-est.

Ici pas de vastes salles; mais des chambres au nombre de six, contenant trois, quatre, cinq lits; ensemble vingt-cinq lits. Ailleurs, le confortable plus ou moins tempéré d'austérité ou de luxe : ici, tous les raffinements de l'industrie moderne, appliquée au bien-être de chez soi. Un seul détail : à chaque lit, à portée de la main du malade, aboutit un cordon terminé par une poire en caoutchouc. La plus légère pression de main fermée sur cette poire détermine un appel de sonnerie électrique immédiatement entendu par les personnes de garde. De telles recherches ne sont pas sans doute nécessaires au bon traitement des malades. Mais la délicate générosité de celui qui dans sa sollicitude les a prodiguées, n'est pas moins digne de reconnaissance et d'éloge.

Le service dans l'Ambulance de la Paix est exclusivement chirurgical.

Chirurgien en chef: M. le docteur Malespine, ex-interne des hôpitaux.

Chirurgien-adjoint : M. le docteur Goldenstein.

Interne : M. Peride, élève en médecine.

Pharmaciens : Pharmacien en chef, M. Rubens, Lamas.

Interne : M. Vigroux, pharmacien.

Personnel auxiliaire : Deux sœurs de l'Espérance, deux frères infirmiers, une cuisinière et son aide, un homme de corvée.

Économe directeur : M. Têtedoux.

AMBULANCE DES ARTS ET MÉTIERS.

Dès le 15 août, l'Administration du Conservatoire s'est préoccupée de l'installation d'une Ambulance dans un local nouvellement disponible et qu'il était possible d'approprier à peu de frais.

Ce local, situé au premier étage, avait en totalité une longueur de 42 mètres, sur une largeur de 10m,50 et 7m,50 de hauteur.

Une cloison légère divisait le local en deux parties égales, et un mur de refend séparait de la salle même une chambre d'une longueur de 5 mètres, sur la même largeur de 10m,50. Cette chambre était destinée au traitement des maladies graves, ou à une chambre d'officiers.

Le Conservatoire ne possédant pas les objets de literie nécessaires, l'Administration de cet établissement a fait appel aux habitants du quartier qui, en quelques jours, ont apporté avec un empressement digne d'éloges 72 lits complets, dont 62 ont pu être immédiatement répartis entre les différentes salles consacrées à l'établissement de cette Ambulance. En même temps, on préparait dans des locaux voisins les salles accessoires, telles que cuisine, office, salles des opérations, chambres des infirmiers, etc.

A la date du 1er septembre, l'Ambulance était complétement installée, le personnel était à son poste, et les salles prêtes à recevoir des blessés.

C'est à partir de cette même date que l'Ambulance du Conservatoire a été mise à la disposition du docteur Ricord, chirurgien en chef des Ambulances de la Presse, qui s'est chargé d'organiser tout le service médical.

Ce n'est que le 23 septembre que le premier soldat blessé est arrivé à l'Ambulance.

Du 23 septembre au 29 octobre,

Leur nombre a été de 22, dont 7 sont décédés.

Du 29 octobre au 30 novembre,

Il en est arrivé 13, dont 2 sont décédés. Et ce n'est qu'à la suite du combat de Champigny, le 30 novembre, que l'Ambulance a été complétement remplie.

55 blessés sont arrivés dans cette journée, et sur ce nombre, 11 sont décédés à l'Ambulance. A cette époque, une chambre supplémentaire, de 9 lits, a été installée et occupée pendant 10 jours environ.

Du 30 novembre au 19 janvier, 24 blessés sont entrés à l'Ambulance; 2 y sont décédés. Enfin, dans la journée du 19 janvier et jours suivants, 50 blessés ont été apportés. Tous les lits ont été encore une fois occupés, et sur ce nombre, 8 sont morts des suites de leurs blessures.

La reddition de Paris ayant mis fin aux combats qui se livraient devant cette ville depuis 4 mois, l'Ambulance n'a plus reçu de nouveaux blessés, et a continué à fonctionner jusqu'au 17 mars, jour du transport de 27 blessés restant à l'Ambulance au baraquement établi par les soins du Comité des Ambulances de la Presse, au rond-point de Longchamps.

L'Ambulance du Conservatoire des Arts et Métiers a donc reçu 164 blessés, dont 30 sont morts des suites de leurs blessures.

SERVICE MÉDICAL.

En ce qui concerne le service médical, l'Ambulance était divisée en deux parties. La première était dirigée par M. Labbé, chirurgien de l'hôpital Saint-Antoine.

La deuxième était sous la direction de M. Cusco, chirurgien de l'hôpital de Lariboisière.

A ces deux services étaient attachés :

Pour le service de M. Labbé : MM. Lolliot, Gouguenheim, Verdier, Levrat, Delpeuch, Reinvillier et Germain.

Pour le service de M. Cusco : MM. Gérin-Roze, Topinard, Boucard, Hémey, Leriche et Lelion.

Deux médecins étaient toujours présents.

PHARMACIE.

M. Cellier était pharmacien en chef, et avait sous ses ordres MM. Sabathé et Jaunet.

Deux sœurs du couvent de l'Espérance et 7 frères de la Doctrine chrétienne donnaient leurs soins aux blessés, sous les ordres du service médical.

Il faudrait ajouter à cette nomenclature les noms de quelques personnes qui ont tenu à donner leurs soins aux blessés de l'Ambulance, soit en secondant les sœurs et les frères chargés spécialement de ce service, soit en préparant la charpie, les linges de pansement, ou s'occupant de l'entretien du linge affecté aux divers services de l'Ambulance.

On trouvera dans un des chapitres suivants l'exposé des expériences très-intéressantes faites par M. le général Morin sur la ventilation, ainsi que la description des appareils imaginés à ce sujet.

AMBULANCE DES GRANDS MAGASINS DU LOUVRE.

Les propriétaires des grands magasins du Louvre, dès le début de la guerre, ont organisé une belle Ambulance de vingt à vingt-cinq lits au moins. Le local ayant été pris sur les magasins même, il en résulte que cette Ambulance était une des plus spacieuses et des mieux aérées. Par suite d'un raffinement en quelque sorte dans la charité, ce petit hôpital fut destiné aux Bretons. Leur courage, leur discipline et surtout l'ignorance dans laquelle ils sont pour la plupart de la langue française, rendaient les mobiles bretons plus intéressants encore. Le docteur Lalour, aidé d'un autre confrère parlant également bien la langue bretonne, consacra tout son temps à soigner ses chers compatriotes. Il était secondé par deux sœurs. Grâce à toutes sortes de dévouements de la part des médecins et des sœurs et à la générosité des propriétaires de l'établissement, on peut dire que nulle part les malades ne furent mieux soignés. On trouvera un peu plus loin sur cette Ambulance une note du docteur Decaisne, que nous nous faisons un plaisir de reproduire.

AMBULANCE DU GRAND HOTEL DE L'ATHÉNÉE.

RUE SCRIBE, 15.

Cette Ambulance, offerte par M. Pollonais, se composait du cinquième étage de l'hôtel, soit 28 chambres meublées, vastes, à un ou deux lits, séparées, mais pouvant toutes communiquer au besoin. Régnant le long d'un balcon qui s'étend en équerre de la rue Scribe à la rue Neuve-des-Mathurins, de l'est au nord, ces chambres sont claires et bien aérées et communiquent avec une terrasse asphaltée située au midi. Un ascenseur compensait, pour les blessés, l'inconvénient de la hauteur de l'étage.

Des dons en linge, vêtements, etc., nous ont permis d'organiser cette Ambulance qui a fonctionné trois mois, grâce au concours de MM. Wilson, André (du Gard), Pollonais et Bischoffsheim, ces deux derniers propriétaires de l'hôtel.

Le service médical et chirurgical comptait M. Ernest Besnier, médecin des hôpitaux; M. O. Saint-Vel; médecin consultant, M. Otterbourg; médecin adjoint, M. de Biaggi. A toutes les grandes affaires du siége, M. de Biaggi s'est transporté sur le champ de bataille avec les Ambulances volantes de la Presse.

M. Descroizilles fils, médecin des hôpitaux, a partagé

avec nous le service médical, lorsque nous eûmes en même temps un service chirurgical.

Le service pharmaceutique et les médicaments furent assurés par le concours de MM. Meynet et Sarradin.

M. Vautier fut chargé de l'économat.

Joseph et Mme André, détachés de la maison municipale de santé, servirent d'infirmiers et furent aidés par le personnel féminin de l'hôtel.

Ouverte le 14 novembre et fermée le 14 février, l'Ambulance a reçu 79 militaires : 15 atteints de blessures de guerre ou autres lésions chirurgicales et 64 atteints d'affections diverses. Il y a eu 5 décès : 3 par fièvre typhoïde et 2 par pneumonie. Un blessé en voie de guérison figure dans ces deux cas.

AMBULANCE DU DOCTEUR RIÉGÉ.

RUE HAUTEVILLE, 36.

Cette Ambulance a été installée dans un vaste local appartenant à M. Foucault. Organisée dès les premiers jours d'octobre, elle n'a fonctionné qu'à partir du 1er décembre sous la direction des docteurs Riégé et Bertherand, et avec le concours de plusieurs confrères. 55 malades ont reçu des soins dans cette Ambulance, 20 blessés et 30 malades.

AMBULANCE LEDUC.

RUE DU FAUBOURG-POISSONNIÈRE, 106.

Au début de la guerre, Mme de Behague avait mis à la disposition des Ambulances de la Presse son bel hôtel du faubourg Saint-Germain pour y établir une Ambulance. Le docteur Amédée Latour, avec le concours du docteur Tartivel, donnèrent dans cette Ambulance des soins affectueux à un certain nombre de malades. Mais bientôt la domesticité de cette grande maison, en l'absence de la maîtresse de l'immeuble, trouva que les malades demandaient trop de soins, et, devant une indifférence calculée, le Comité dut abandonner ce séjour si salutaire et choisir un autre local approprié aux soins que réclament les malades.

Il trouva dans le bienveillant concours des dames Leduc l'installation qu'il cherchait. Un grand local fut mis par elles à sa disposition avec une literie suffisante, et MM. Amédée Latour et Tartivel purent continuer de nous prêter leur concours médico-chirurgical; ils ont soigné dans ces deux Ambulances 120 malades.

AMBULANCE DE CHARONNE.

BOULEVARD DE CHARONNE, 141.

Cette Ambulance, installée dans un vaste établissement industriel appartenant à M. J. Sauce, fut ouverte à la suite des combats livrés sur la Marne au commencement de décembre 1870.

C'est de Bry-sur-Marne, à l'heure même où la bataille était le plus acharnée, que M. Ricord dirigea sur cette Ambulance une trentaine de blessés et qu'il confia, séance tenante, ce service à MM. les docteurs Deshommes et Cousin, qui se trouvaient sur le lieu du combat.

Pendant deux mois, les blessés et les malades, au nombre de 46, ont reçu chez M. J. Sauce les soins les plus dévoués et les plus affectueux. Les opérations qui y furent pratiquées sont une amputation de jambe, une amputation de doigt, une ouverture d'abcès sous-périostique de la cuisse, quelques extractions de projectiles.

Malheureusement, là comme ailleurs, l'infection purulente envahit nos salles et fit quelques victimes.

Le service était ainsi composé :

Médecin. M. le docteur Deshommes.

Chirurgien. M. le docteur Cousin.

Interne. M. Cauet, étudiant en médecine.

Pharmacien. M. Ledanois.

M. J. Sauce remplissait avec un zèle et un dévouement au-dessus de tout éloge les fonctions de directeur et d'infirmier. Il était assisté par les membres de sa famille.

PAVILLONS DE LONGCHAMPS.

C'est le 19 janvier 1871 que l'Administration de la Presse, sur la demande de l'Intendance, installa ses principaux services aux pavillons de Longchamps, destinés à recevoir les malades répartis dans les diverses Ambulances de la Presse, au fur et à mesure des liquidations particulières qui devaient se produire. Le Comité, qui avait établi des postes nombreux sur les différents points de Paris où chaque secteur pouvait le plus commodément envoyer ses malades et ses blessés, pensait avec juste raison que cette dispersion des services, motivée par les nécessités de la défense, n'offrait plus les mêmes avantages après la lutte. Il convenait, au moment venu, de concentrer toutes les ressources, et de réunir tout le personnel médical sur un point favorable au traitement et à la convalescence. L'emplacement des pavillons de Longchamps et leur mode de construction se prêtaient merveilleusement à ce projet. Leur ensemble se développe, sur une superficie de 40 000 mètres, suivant les lignes d'un carré irrégulier traversé par une longue allée plantée de grands arbres; de tous côtés s'ouvrent de larges espaces. L'air et la lumière abondent sur ce plateau de Passy, le point le plus salubre de la capitale.

Les pavillons sont au nombre de vingt-neuf, dont les

huit plus petits sont occupés par les services administratifs, le poste, la cuisine et le cellier, la pharmacie et la lingerie. Les vingt et un autres, beaucoup plus importants, construits tous sur un plan uniforme, se composent d'une vaste salle pouvant contenir de vingt à trente lits, suivant l'espace qu'on veut ménager entre les lits; et, à chacune des extrémités de cette salle principale, de plusieurs pièces, salle d'opérations, salle de bains, cabinet du linge, lieux d'aisance, etc.

Chaque salle, avec une superficie de 300 mètres, contient 2000 mètres cubes d'air, ce qui donne en moyenne pour chaque malade, si on adopte pour base 20 lits, 100 mètres cubes d'air. Cet air est facilement renouvelable sans que l'on ait à craindre d'introduire dans une salle les émanations d'une salle voisine. En effet, les 21 pavillons sont rangés sur les faces d'un terrain de 60 mètres de largeur sur 160 mètres; et chaque salle est séparée de ses voisines par un espace de 8 mètres, ce qui est le double de la hauteur de la baraque à la naissance du toit. L'air peut donc circuler abondamment autour de chaque pavillon.

L'écoulement et l'abondante distribution des eaux ont été ménagés partout avec soin. La dépense totale des constructions, y compris le mobilier fixe, a atteint le chiffre de 540000 fr., somme qui, répartie entre 420 lits, porte à 1300 fr. environ la dépense afférente à chaque lit.

Outre les malades traités dans les salles, dix ou douze tentes dressées sur le vaste terrain central sont destinées soit aux convalescents, soit aux blessés plus particulièrement infectés.

L'Ambulance de Longchamps, jusqu'au 12 avril 1871, a été administrée par quinze frères, dont l'un, le frère Exupérien, était directeur. Soixante frères faisaient en outre les fonctions d'infirmiers. Ces 75 frères étaient aidés par 42 employés civils. — Personnel total : 117.

Les services médicaux, sous la haute direction du docteur Ricord, président du Comité, étaient ainsi composés :

1° *Service de M. le docteur Demarquay*, chirurgien en chef de la maison Dubois, membre du Comité; MM. les Drs Cousin, Destrem, Doudement, Hallé, Michon.

2° *Service du docteur Bastien :* MM. les docteurs Colignon, Larue et Litardière.

3° *Service du docteur Périer :* MM. les docteurs Fischer, Dufour, de Borderieux.

4° *Service du docteur Nicaise :* MM. Auger, Hibon.

5° *Service du docteur Harzé :* MM. Coccio, Godefroy.

Service de médecine : Docteur Genouville, M. Paul.

Certaines modifications durent se produire dans la suite[1]. Le docteur Fischer, et M. Marckheim, jeune médecin anglais, furent chargés d'un service spécial.

Le 12 avril, en présence des menaces de la Commune, qui déjà avait incarcéré M. de La Grangerie, secrétaire général du Comité, les Frères durent se retirer. Quelques heures furent accordées pour l'exécution de cette retraite. Ils furent remplacés par un détachement militaire de 105 infirmiers, cadres en plus, sous le commandement d'un officier d'administration, placé lui-même sous les ordres de M. Cotte, délégué par M. de La Grangerie à la direction de l'Ambulance de Longchamps.

M. le docteur Demarquay, en l'absence de M. Ricord, prit la direction générale des services de médecine et de chirurgie. Pendant ces temps périlleux, où l'exis-

1. Ces modifications eurent lieu dans le courant du mois d'avril.

Aspect général des pavillons de Longchamps

tence de l'Ambulance de Longchamps pouvait être chaque jour en question, il y consacra absolument tous ses instants, sans cesse partagés entre les soins professionnels et les graves soucis de la situation. L'entrée de l'armée dans Paris fut pour lui une véritable délivrance.

Voici le tableau statistique des services rendus par l'Ambulance de Longchamps. Il se divise naturellement en deux périodes.

Nous avons vu qu'au début de la guerre, l'Intendance avait eu l'heureuse idée d'établir un grand hôpital baraqué à Passy, rond-point de Longchamps, tout près de l'Hippodrome. Les pavillons ayant été mis à la disposition du Comité des Ambulances de la Presse par M. le général Le Flô, ministre de la guerre, il se mit en mesure de les occuper au plus tôt. Toutefois, malgré ses efforts, il ne put utiliser une grande partie du vaste hôpital que le 19 janvier, jour de la bataille de Buzenval. Ce jour-là, ayant établi ses ambulances mobiles à Rueil, au fort de l'action, on dirigea sur Longchamps 163 blessés. Les jours suivants, un certain nombre d'autres entrées eurent lieu, et bientôt plus de 200 blessés se trouvaient dans cet hôpital en quelque sorte improvisé, grâce à l'activité des chefs de service, des jeunes médecins et des élèves dévoués des Ambulances de la Presse; grâce surtout au dévouement des Frères de la Doctrine chrétienne; en peu de jours cet hôpital fonctionnait à merveille.

Pendant l'action qui se passait à Buzenval, M. Ricord présidait à l'installation de ce bel hôpital, avec l'aide de MM. Périer, Duhomme, Cousin, et se multipliait pour faire face à toutes les difficultés; il organisa successivement les services suivants :

1° Le service de M. Demarquay; 2° celui de M. Perier; 3° celui de M. Nicaise; 4° celui de M. Bastien.

Bientôt les pavillons de Longchamps devinrent le siége de l'activité de toutes les Ambulances de la Presse. Les préliminaires de paix ayant été signés, le Comité n'eut plus qu'une pensée : c'était de mettre fin à une œuvre dont le début remontait au mois de septembre et qui reposait sur le dévouement de chacun. Toutefois on ne pouvait arriver à ce résultat qu'autant quel'Intendance elle-même serait réorganisée et en mesure de faire face aux nombreuses difficultés qu'elle avait à surmonter. Vers la fin de février, on pût cesser de recevoir de nouveaux malades dans les ambulances et effectuer sur la province le départ d'un grand nombre des convalescents.

Dès que le nombre des blessés et malades fut réduit, comme la plupart étaient convalescents, on put réunir à Longchamps tous les malades restants dans les Ambulances particulières et constituer un grand hôpital militaire baraqué. Les baraquements étaient occupés par plus de 400 convalescents blessés ou malades, et lorsque la guerre civile éclata, le Comité s'occupait de renvoyer dans leur pays ou dans leurs régiments respectifs le reste des blessés.

A cette époque le nombre des malades ou blessés était encore de 476, parmi lesquels 300 environ pouvaient être évacués.

Pour diminuer autant que possible l'encombrement des salles, on fit établir, dans les premiers jours d'avril, de grandes tentes sous lesquelles on coucha un certain nombre de convalescents.

Telle était la situation des Ambulances de la Presse quand la guerre civile vint à éclater.

Par suite de circonstances particulières, plusieurs membres du Comité des Ambulances de la Presse durent quitter Paris. M. Ricord, souffrant des longues

Les magasins de linge et de literie des pavillons de Longchamps.

fatigues de l'hiver, consentit à aller prendre quelques jours de repos à la campagne. Nous nous trouvions donc, par suite de ces circonstances, dans une douloureuse situation. Que faire? — Fallait-il abandonner notre œuvre ou fallait-il continuer de poursuivre la mission que nous nous étions courageusement imposée pendant l'hiver? — En se plaçant au point de vue de l'abandon, à qui confier les convalescents et les malades? L'Intendance avait dû quitter Paris. Nous restions donc seul en présence de près de 500 malades, blessés ou convalescents. L'abandon en aurait livré plus de 300 qui eussent certainement été incorporés dans l'armée active de la Commune, bien qu'ils ne fussent point propres à combattre. Mais le reste, à qui le confier? Et qu'allaient devenir les frères et les médecins qui s'étaient dévoués à notre œuvre?

Non-seulement l'abandon n'était point possible matériellement parlant, mais il eût été condamné par la morale publique. Nous ne pouvions refuser les secours de notre art, de notre hospitalité, aux malheureuses victimes de la guerre civile, et, l'eussions-nous voulu, il nous aurait été impossible de réaliser cette pensée inhumaine.

En effet, dès le premier jour de la guerre civile, nous avons été envahis par les gardes nationaux blessés, que nous ne pouvions à aucun prix refuser sans courir les plus grands risques. Bien plus, on nous demandait des voitures et des brancardiers avec instances. C'est alors qu'après nous être consultés, nous nous décidâmes de continuer notre œuvre.

Aussi, dès le 2 avril, un service d'Ambulance mobile fut créé, et nous nous portâmes sur le champ de bataille afin de donner l'exemple et d'organiser le service de nos Ambulances mobiles. Nos débuts ne furent point heureux : les frères, que nous avions pris pour brancardiers, furent mal accueillis; dès le lundi, on voulut nous arrêter à Suresnes, et le soir, en revenant par Issy, du Bas-Meudon où nous avions été chercher des blessés, nous fûmes accusés d'espionnage; il ne s'agissait de rien moins que de nous fusiller : le début n'était point encourageant.

Mais quels ne furent point notre découragement et notre chagrin quand nous apprîmes que notre courageux collègue de La Grangerie avait été arrêté et se trouvait à la Conciergerie avec M. Bonjean et Mgr Darboy. — Pendant le temps de l'arrestation de notre cher collègue, nous avons été extrêmement embarrassés. La gestion de notre Ambulance avec le concours du frère Exupérien devenait chaque jour de plus en plus difficile. Dans ce moment de ferveur révolutionnaire, tout le monde commandait et requérait; il fallait lutter contre les prétentions de ceux qui croyaient avoir le droit de nous commander, oubliant que notre hôpital étant une œuvre privée et purement philanthropique, ne relevait, en un mot, que de notre dévouement. Il fallait donc bien établir nos devoirs vis-à-vis des victimes de la guerre civile et notre droit en face de la Commune.

C'est ce que nous avons fait en repoussant énergiquement toute ingérence qui aurait pu détruire l'autonomie de notre œuvre. C'est ainsi que nous nous sommes formellement opposé à l'enlèvement des armes de nos soldats, enlèvement que la Commune avait ordonné. Nous nous sommes également opposé à l'enlèvement des frères et à leur remplacement par des gardes nationaux et par des citoyennes. En même temps que nous luttions contre une foule d'ordres plus ou moins insensés, que nous défendions notre œuvre pied à pied et que nous veillions au salut de nos blessés, nous faisions personnellement des démarches actives à la préfecture de police, avec M. Marc, membre du Comité de la souscription patriotique, au ministre de la justice, à la guerre, pour obtenir la délivrance de M. de La Grangerie. Nous avons été secondés dans toutes ces démarches avec un courage et une intelligence remarquables, par M. Cotte, directeur de notre Ambulance, et il est juste de dire que c'est à sa persistance que nous devons l'élargissement de notre cher collègue.

M. de La Grangerie libre, nous espérions que nos ennuis allaient finir, et que, grâce à son concours intelligent, nous serions débarrassés des ennuis de l'administration. Une démarche faite par nous et M. de La Grangerie auprès du citoyen Cluseret pour faire cesser toutes les réquisitions exercées par des prétendus chirurgiens de la garde nationale, nous fit obtenir gain de cause; mais l'ordre nous fut intimé d'avoir à renvoyer nos infirmiers, c'est-à-dire les frères des écoles chrétiennes.

Sous ce rapport, toute résistance était impossible, et il fallut remplacer nos infirmiers par des infirmiers militaires, heureux encore d'avoir pu éviter l'entrée dans nos salles, des infirmiers de la Commune. C'est la seule concession que nous crûmes devoir faire à l'autorité du moment! L'ordre qui nous avait été donné était tellement précis qu'il n'y avait point à hésiter en raison des intérêts que nous devions sauvegarder; il fallait céder. D'ailleurs cet ordre nous était donné à ce moment de ferveur révolutionnaire où on arrêtait les prêtres, où on visitait les couvents et les communautés et où on cherchait des fusils dans les églises; il n'y avait point à résister et nous nous sommes soumis à regret. Nous devions croire que nos blessés, les fédérés surtout, allaient applaudir à ce changement; il n'en fut rien. *Tous réclamèrent avec instances auprès de nous et de la Commune pour ob tenir le retour des frères dont ils avaient apprécié le dévouement;* il était curieux de voir des hommes blessés, champions d'une cause qui voulait effacer toute trace d'élément religieux, réclamer les soins de ceux qui les soignaient et se dévouaient pour eux au nom de la Religion. Les instances furent telles près des membres de la Commune que nous dûmes les faire cesser afin de répondre à l'accusation qui pesait sur nous d'avoir favorisé toutes ces réclamations.

Nos ennuis sérieux n'étaient point encore terminés. Nous vîmes bientôt nos magasins généraux menacés comme ceux de l'Internationale. Nous avions énergiquement résisté à toute ingérence dans nos affaires, mais nous nous trouvions menacés dans notre propriété par de braves citoyens et citoyennes qui trouvaient que si les conserves et le vin étaient bons pour les blessés, ils seraient également bons pour les combattants de la Commune. De là des visites, des perquisitions dans nos magasins et chez notre collègue, M. de La Grangerie; de là aussi de nouvelles accusations d'accaparement, de détention d'armes, et de là enfin inévitablement de nouvelles menaces d'arrestation et de fusillement.

En présence de toutes ces difficultés, nous dûmes prier M. de La Grangerie de se soustraire à une nouvelle arrestation, et de chercher les moyens de sauver du pillage une foule d'objets qui ne nous appartenaient point, c'est-à-dire notre matériel. M. Cotte, statuaire distingué, homme d'infiniment d'esprit et de tact, ayant bien voulu prendre momentanément et à la place de M. de La Grangerie, le poste difficile de directeur de notre Ambulance, obtint de l'Intendance l'autorisation de concentrer à Longchamps, une grande partie de notre matériel, nos conserves, une partie de nos vins, et, grâce à cette mesure, nous avons été en sûreté de ce côté.

Nous devons ici remercier bien cordialement M. Bernard, directeur de l'hôpital du Gros-Caillou, qui, resté à la tête de ce grand établissement, nous a évité, en consentant à rester notre répartiteur, ce que des rapports directs avec l'intendance de la Commune eussent eu de difficile et de rebutant.

Toutefois, notre espoir d'une vie plus calme et plus tranquille ne fut point réalisé tout de suite. Le départ de notre habile secrétaire général nous avait laissé quelques difficultés d'argent. Impossible d'aller à Versailles porter nos réclamations près de M. Ricord et de M. Tarbé. M. Marc, directeur de l'*Illustration* et membre du Comité de souscription, se joignit à nous pour faire quelques démarches afin d'améliorer notre situation financière. M. Bullier, également membre de la souscription, à qui nous avions fait part de notre embarras, se mit généreusement à notre disposition, et, malgré la dureté des temps, nous donna la somme qui nous était nécessaire. Grâce à son concours notre situation devint bien meilleure, en dépit de dénonciations faites sans cesse contre nous, soit à la Commune, soit au Comité de salut public. Nous avons employé la faible influence que nos services nous avaient acquise pour obtenir le départ en province de deux cents soldats guéris et en état de prendre les armes, à titre de convalescents. Ce départ nous permettait d'ailleurs de secourir un plus grand nombre de blessés parmi lesquels la mortalité était considérable. Dans les quinze derniers jours de la Commune, le général commandant notre secteur eut la pensée de battre en brèche le mont Valérien, qui, grâce à son tir d'une grande précision, bombardait la porte Maillot et d'autres travaux des fédérés sans nous causer le moindre dommage. Le commandant, pour arriver à son but, établit des batteries dans le voisinage de nos pavillons. Bientôt, malgré la justesse du tir du mont Valérien, nous reçûmes quelques éclats d'obus. Le feu de cette canonnade furieuse détruisait le travail des fédérés, mais aussi nous couvrait de projectiles. Il nous fallut quitter nos chers pavillons. M. Cotte ayant requis d'autorité la maison des frères des écoles chrétiennes, 27, rue Oudinot, nous nous y transportâmes le samedi et le dimanche 20 et 21 mai. Nous avions requis cette maison des frères : 1° parce que nous y avions encore deux services, un de médecine et un de chirurgie; 2° pour éviter que cet établissement ne fût pris par les fédérés et ne devînt une véritable place forte, d'où ils auraient pu causer beaucoup de mal aux troupes, au moment de leur entrée. Le jour même de notre installation une compagnie de gardes nationaux venait en prendre possession. Heureusement la place resta aux premiers occupants. Le lundi, 22 mai, les troupes entrèrent dans Paris, et pour porter secours aux soldats blessés, nous établîmes deux ambulances volantes, l'une à Longchamps dans notre ancienne ambulance et l'autre à la gare de Montparnasse, qui recueillirent le plus de blessés qu'elles purent. Comme toujours chacun fit son devoir.

La guerre terminée, nous nous hâtâmes de rendre aux frères leur habitation, et nous fîmes de nouveau transporter tous nos blessés et tout notre matériel dans notre grand hôpital de Longchamps.

Maintenant il importe de faire connaître les résultats que nous avons obtenus depuis le 2 avril jusqu'à ce jour; mais avant de dire le nombre des blessés secourus dans nos ambulances et le nombre de morts recueillis, il convient d'ajouter qu'un grand nombre de fédérés blessés demandaient à être transportés soit chez eux, soit dans des ambulances de quartier ou de bataillon. Beaucoup d'officiers demandaient, soit aux jeunes médecins qui avec un zèle admirable allaient au risque de leur vie porter les secours de notre art à ces tristes victimes d'une guerre civile implacable, soit aux chefs de nos brancardiers, de faire reconduire au loin, au moyen de nos voitures, des blessés ou des morts et souvent ensemble des morts et des blessés. C'est dans l'accomplissement de ces tristes devoirs que nous avons eu le malheur de per-

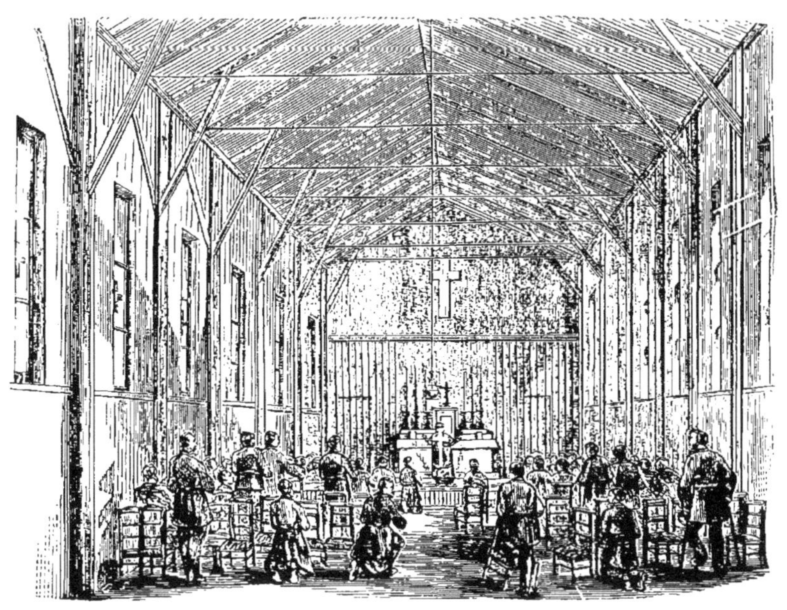

Chapelle des pavillons de Longchamps.

dre deux de nos brancardiers et un de nos cochers, à qui un délégué de la Commune avait donné la nuit un ordre insensé dont l'accomplissement leur fut si funeste.

Nous donnons ici une statistique sommaire de l'Ambulance de Longchamps ; elle est, croyons-nous, pleine d'enseignements [1].

1. Cette note statistique nous a été fournie par M. le docteur Cousin.

Du 19 janvier, date de son inauguration, au 24 juin, époque à laquelle le personnel médical des Ambulances de la Presse se retira définitivement, abandonnant le service hospitalier aux médecins militaires, il y eut 1964 entrées, ainsi réparties :

Fiévreux et sans désignations.	478
Blessés	1486
Total.	1964

Sa mortalité générale fut de 402 décès; il y eut sur ce nombre 347 morts par suite de blessures ou d'opérations, soit environ 23,3 pour 100.

Du 1er avril (date des premiers combats de la Commune) au 24 juin on admit à Longchamps 765 gardes nationaux blessés sur lesquels 228 moururent, ce qui donne une mortalité de 29,7 pour 100.

Par contre, la mortalité des soldats de l'armée régulière, calculée sur le nombre des entrées qui eurent lieu du 19 janvier au 1er avril, ne dépassa pas 15,6 pour 100.

Ces chiffres n'ont-ils pas leur éloquence!

Aucun des médecins et des élèves qui ont concouru avec nous à notre œuvre philanthropique n'a failli à son devoir; les difficultés et les dangers surgissaient sans cesse : il fallait un dévouement poussé jusqu'à l'abnégation.

Nous passions toutes nos journées, pendant ce triste temps de luttes fratricides, soit à aller recueillir les blessés et les morts, soit à pratiquer des opérations. — Le déjeuner et le dîner nous réunissaient; aussi est-il résulté de cette vie en commun une véritable famille dont le lien est le devoir, et le but secourir les victimes de la guerre.

Que de souvenirs il nous restera de ces tristes et douloureux événements!

AMBULANCES DE LA PRESSE.

ANNEXES DU MINISTÈRE DE LA GUERRE.

AMBULANCES DIRIGÉES PAR UN ÉCONOME DÉLÉGUÉ PAR LE COMITÉ.

DÉSIGNATION DES AMBULANCES.	Nombre de lits.	Nombre de malades traités.		Nombre de malades décédés.	Journées de traitement.	OBSERVATIONS
		Médicaux.	Chirurgicaux.			
Ponts et Chaussées (Ambulance chirurgicale)	80		281	63	4715	
Arts et Métiers. Idem.	60		164	30	5604	
Rue de la Paix. Idem.	25		65	6	1620	
Miséricorde. Idem.	30		75	10	1780	
Trocadéro.... (Ambulance médicale et chirurgicale)	65	264	38	33	6296	
Rue Monceau. Idem.	60	302	54	27	7349	
Rue Saint-Antoine (Ambulance médicale. Bretons)	25	102		14	3028	
Les Irlandais. Idem.	40	268		16	5941	
Hôtel Lambert. Idem.	30	86		9	2506	
Mme Leduc. Idem.	30	120		17	2135	
Hôtel Pilté	45	159	19	15	3215	
Rue des Halles	17			5		
Saint-Maurice						
Ambulance Scribe	35	79			1552	
Ambulance Riege	10	30	20		2803	
Ambulance de Charonne	35		46	7		
Ambulance Thenard						
Pavillons de Longchamps	600		2780		106380	
Totaux	1187	1410	3502	252	154924	

Dans le précédent tableau nous avons indiqué nos Ambulances fixes et le nombre de malades hospitalisés, ainsi que le nombre de lits. Les malades étaient soignés par notre personnel et à nos frais. Dans le tableau suivant nous indiquons le nom de toutes les personnes qui avaient mis à notre disposition une petite ambulance où nous pouvions envoyer nos convalescents presque toujours à leurs frais. Nous ne saurions trop remercier ces cœurs généreux de s'être associés à notre œuvre et de nous avoir été utiles, ainsi qu'à nos pauvres convalescents qui retrouvaient une famille dans la maison de leurs bienfaiteurs. M. Sicard, qui a été si dévoué à nos Ambulances et si courageux, était chargé d'inspecter nos convalescents, de les surveiller et finalement de les réintégrer à leur corps quand la guérison était complète.

Une vue des pavillons de Longchamps.

LISTE DES BLESSÉS.

AMBULANCE, RUE OUDINOT, 27.

NOMS.	RÉGIMENTS.	LIEUX DE NAISSANCE.	CAUSES DES DÉCÈS.
ACHARD,	117e de ligne,	Basses-Alpes.	Blessures au bras gauche.
WOLF,	14e bat. d'art.,	Bas-Rhin.	Balle dans la cuisse et tétanos.
VAIRE,	124e de ligne,	Basses-Pyrénées.	Balle au pied droit et fracture du métatarse.
COGNERAS,	11e d'artillerie,		
CUNOT,	114e de ligne,	Doubs.	Contusion à l'omoplate.
DUPRAT,	117e de ligne,	Gironde.	Plaie simple des reins.
BOUTIN,	115e de ligne,	Deux-Sèvres.	Fracture compliquée de l'humérus droit.
POUILLOUX,	115e de ligne,	Deux-Sèvres.	Fracture compliquée du calcaneum droit.
PAUL,	116e de ligne,	Manche.	Plaie par balle au sacrum suivie d'infection purulente.
FAVRESSE,	138e de ligne,	Nord.	Bronchite capillaire.
PRUNEAUX,	12e bat. de mar.	Haute-Saône.	Plaies à la cuisse droite par éclats d'obus.
MACHABERT,	42e de ligne,	Haute-Loire.	Bronchite capillaire.
BAUDET,	42e de ligne,	Deux-Sèvres.	Fracture comminutive de l'articulation du coude.
BEAUGENDRE,	114e de ligne,	Haut-Rhin.	Balles aux deux mains et tétanos.
RICHARD,	mobile vendéen,	Vendée.	Fièvre typhoïde et infection purulente.
LAVAU,	3e de génie,	Lot-et-Garonne.	Fièvre typhoïde.
HARI,	52e de mobiles,	Somme.	Fièvre typhoïde.
RAGOT,	2e train des équip.		Angine.
DUTERNE,	mobile de l'Aisne,	Aisne.	Fièvre typhoïde.
BASTARD,	4e d'artillerie,	Calvados.	Phthisie.
ROUX,	26e de mobiles,	Ille-et-Vilaine.	Fièvre typhoïde et dyssenterie.
LOAREC,	mob. du Finistère,	Finistère.	Pneumonie.
HUOU,	28e de mobiles,	Loire-Inférieure.	Pneumonie double.
CLOUSSEAU,		Oise.	Blessures aux jambes par éclats d'obus.
DENIS,	138e de ligne,	Seine-Inférieure.	Bronchite capillaire.

NOMS.	RÉGIMENTS.	LIEUX DE NAISSANCE.	CAUSES DES DÉCÈS.
LACOURLY,	138e de ligne,	Charente.	Dyssenterie.
DUSSANGE,	garde mobile,	Saône-et-Loire.	Bronchite tuberculeuse.
PARIS,	52e de mobiles,	Somme.	Fièvre typhoïde.
BOUCHEREAU,	35e de mobiles,	Vendée.	Fièvre typhoïde.
TRAINEAU,	35e de mobiles,	Vendée.	Bronchite capillaire.
AUGER,	50e de mobiles,	Seine-Inférieure.	Fièvre typhoïde.
GABILLET,	31e de mobiles,	Morbihan.	Blessure pénétrante de la cuisse gauche.
HAMMERY,	31e de mobiles,	Morbihan.	Amputation de la jambe droite.
COISSIEUX,	mob. de la Drôme,	Drôme.	Pneumonie chronique.
TOURTE,	mob. de la Drôme,	Drôme.	Pneumonie double et fièvre typhoïde.
BEAUDIN,	118e de ligne,	Nièvre.	Pneumonie double.
ROUSSELLE,	59e de mobiles.	Aube.	Pleurésie.
GOVIN,	»	Seine.	Phthisie.
VERMOUX,	109e de ligne,	Cher.	Bronchite capillaire.
BOBRIOT,	35e de mobiles.	Vendée.	Fièvre typhoïde.
GUONACH,	23e de mobiles.	Finistère.	Bronchite.
BARRÉ,	107e de ligne.	Aube.	Fièvre typhoïde.
PRIGENT,	23e de mobiles.	Finistère.	Pneumonie.
THÉPAULT,	23e de mobiles.	Finistère.	Bronchite capillaire.
LANGLOIS,	35e de mobiles,	Vendée,	Pleurésie.
LAMY,	11e d'artillerie.	Indre.	Fièvre typhoïde.
GAUTHEREAU,	10e de mobiles,	Côte-d'Or.	Fièvre typhoïde.
GUÉRIN,	13e de mobiles,	Saône-et-Loire.	Fièvre typhoïde.
DESMURES,	13e de mobiles,	Saône-et-Loire.	Bronchite capillaire.
JANINET,	13e de mobiles,	Saône-et-Loire.	Pleuro-pneumonie.
BERGER,	13e de mobiles,	Saône-et-Loire.	Fièvre typhoïde.
GEFFRIN,	110e de ligne,	Aisne.	Pneumonie.
PIGNON,	131e bat. g. nat.	Meuse.	Dyssenterie.
DURET,	mobile vendéen,	Vendée.	Bronchite capillaire.
JOZEAU,	36e de mobiles,	Vienne.	Phthisie.

NOMS.	RÉGIMENTS.	LIEUX DE NAISSANCE.	CAUSES DES DÉCÈS.
SANTERRE,	42e de ligne,	Gironde.	Pneumonie.
BOTHEREAU,	37e de mobiles,	Loiret.	Bronchite capillaire et angine.
DUBOIS,	40e de mobiles,	Ain.	Diarrhée.
TESTUD,	3e de génie,	Tarn.	Fièvre typhoïde.
RUELLE,	59e de mobiles,	Aube.	Pneumonie.
DUBREUIL,	13e de mobiles,	Saône-et-Loire.	Fièvre typhoïde et pneumonie.
LE GOFFRE,	114e de ligne,	Morbihan.	Fièvre typhoïde.
OURIÈRE,	26e de mobiles,	Ille-et-Vilaine.	Fièvre typhoïde.
BARRÉ,	infirmier milit.	Côtes-du-Nord.	Phthisie.
CHALÉAS,	120e de ligne,	Ardèche.	Bronchite capillaire.
PRUVOST,	52e de mobiles,	Somme.	Fièvre typhoïde.
CHATELLIER,	28e de mobiles,	Loire-Inférieure.	Pneumonie.
BOUVEAU,	civil,		Blessure dans la région poplitée.
MARTIN,	118e de ligne,	Morbihan.	Bronchite suivie de diarrhée.
WALLET,	52e de mobiles,	Somme.	Bronchite capillaire.
LEFEBVRE,	50e de mobiles,	Seine-Inférieure.	Pneumonie.
PLANTARD,	13e de mobiles,	Saône-et-Loire.	Bronchite.
LEBRUN,	120e de ligne,	Maine-et-Loire.	Bronchite.
BROSSARD,	118e de ligne,	Sarthe.	Bronchite.
BUISSON,	13e de mobiles,	Saône-et-Loire.	Fièvre typhoïde.
LENDEMAIN,	82e de ligne,		Blessure à l'épaule.
JAUDOIN,	36e de mobiles,	Vienne.	Laryngite.
REPIQUET,	13e de mobiles,	Saône-et-Loire.	Pneumonie.
JULIEN,	35e de ligne,	Ille-et-Vilaine.	Pneumonie.
GUÉQUEN,	23e de mobiles,	Finistère.	Fièvre typhoïde.
OUVRARD,	36e de mobiles,	Vienne.	Pneumonie.
DELAU,	garde national,	Seine-Inférieure.	Pneumonie.
GŒTZ,	garde national,	G.-D. Luxemb.	Blessure à la cuisse.
DIOLAGUIN,	garde national,	Seine.	Blessure au larynx.
MERVILLE,	garde national,	Alpes-Maritimes.	Blessure à la jambe.

NOMS.	RÉGIMENTS.	LIEUX DE NAISSANCE.	CAUSES DES DÉCÈS.
DALOZE,	garde national,	Seine.	Blessure à la jambe gauche.
PASSERON,	5e de ligne,	Alpes-Maritimes.	Ictère grave.
LEMONIER,	42e de ligne,	Loire-Inférieure.	Fièvre typhoïde.
DISTINGHIN,	garde national,		
DANIEL,	31e de mobiles,	Morbihan.	Pneumonie.
PAUCHET,	garde national,		
LOIZEAU,	35e de mobiles,	Vendée.	Pneumonie.
LE GUÉRIZEC,	31e de mobiles,	Morbihan.	Pneumonie.
DIEUDONNÉ,	2e d'artillerie,	Moselle.	Blessure à la main droite et fièvre typhoïde.
JEAN,	50e de mobiles,	Seine-Inférieure.	Fièvre typhoïde et pneumonie.
BOURHIS,	31e de mobiles,	Morbihan.	Fièvre typhoïde.
BANNIER,	20e de mobiles,	Côtes-du-Nord.	Pneumonie.
SCHNEIDER,	12e de cuirassiers	Bas-Rhin.	Bronchite capillaire.

AMBULANCE DES PAVILLONS DE LONGCHAMPS.

NOMS.	RÉGIMENTS.	LIEUX DE NAISSANCE.	CAUSES DES DÉCÈS.
COQUART,	94e de ligne,	Ain.	Amputation d'une cuisse, fracture des deux mains et éclats d'obus à la tête.
FONFRITTE,	110e de ligne,	Saône-et-Loire.	Fièvre typhoïde.
ADNOT,	38e de ligne,	Seine-et-Marne.	Bronchite.
VERNET,	136e de ligne,	Loiret.	Blessure à la cuisse,
DAVID,	garde mobile,	Corrèze.	Fracture de la cuisse gauche.
POINCLOUX,	garde national,	Loiret.	Rupture de l'humérus dr.
MÉGNIER,	mobile de l'Ain,	Ain.	Séton à la cuisse gauche.
ISAAC,	50e de mobiles,	Seine-et-Marne.	Séton au bras droit.

NOMS.	RÉGIMENTS.	LIEUX DE NAISSANCE.	CAUSES DES DÉCÈS.
SAVE,	21e d'artillerie,	Hte-Garonne.	Bras droit emporté et amputation.
CLUNEL,	40e de mobiles.	Ain.	Brûlures à la face et au genou.
DELAHAYE,	37e de mobiles,	Loiret.	Coup de feu à la jambe droite.
ÉVANO,	mob. Morbihan,		Fracture du bras droit.
HURST,	114e de ligne.	Bas-Rhin.	Séton au pied droit.
GRIMELER,	mobile de Seine,	Seine.	Éclats d'obus à la hanche et plaie au sacrum.
AUBERT,	garde mobile,	Ille-et-Vilaine.	Adénite cervicale.
BESSEICHE,	garde mobile,	Ille-et-Vilaine.	Fièvre typhoïde et laryngo-bronchite.
PRIME,	garde mobile,	Ille-et-Vilaine.	Laryngo-bronchite.
ROULLIER,	garde mobile,	Ille-et-Vilaine.	Fièvre.
CONRAD,	118e de ligne,	Indre-et-Loire.	Bronchite et diarrhée.
GAUTHIER,	35e de mobiles,	Vendée.	Fièvre typhoïde.
MONTALON,	garde mobile,	Drôme.	Fièvre suivie de petite vérole.
MEICOUD,	118e de ligne,	Isère.	Fièvre typhoïde.
LAVALLÉE,	chef d'ambul.	Yonne.	Éclat d'obus à la hanche gauche.
TRIBOUT,	garde national,	Moselle.	Blessures au bras droit et à la poitrine.
COUILLARD,	garde national,	Ille-et-Vilaine.	Plaie pénétrante de l'abdomen.
VIRON,	1er de zouaves,	Seine-et-Marne.	Balle à l'épaule gauche.
HUVET,	garde national,	Eure.	Éclat d'obus à la jambe gauche.
ARSINGOT,	garde national,	Seine-et-Marne.	Plaie à l'abdomen.
FAUVEL,	garde national,	Seine-Inférieure.	Balle à la tête.
DELATASTE,	garde national,	Seine.	Balle à l'avant-bras gauc.
JAMPIERRE,	garde national,	Cher.	Fracture du genou gauche par éclat d'obus.
AUGÉ,	4e d'artillerie,	Yonne.	Fièvre typhoïde.
LANDAIS,	train équipages,	Loire-Inférieure.	Bronchite suivie d'accidents typhoïdes.
FROGER,	123e de ligne,	Indre-et-Loire.	Bronchite et diarrhée.

NOMS.	RÉGIMENTS.	LIEUX DE NAISSANCE.	CAUSES DES DÉCÈS.
JEUNOT,	garde mobile,	Drôme.	État muqueux.
BOCQUEL,	28e de mobiles,	Loire-Inférieure.	Bronchite et diarrhée.
VINET,	28e de mobiles,	Loire-Inférieure.	Fièvre grave.
FONT,	107e de ligne,	Rhône.	Fièvre typhoïde et pneumonie.
BERNÈDE,	marin de Rosny,	Landes.	Eclat d'obus au mollet droit.
VIOLEAU,	35e de mobiles,	Vendée.	Diarrhée.
SOULARD,	35e de mobiles,	Vendée.	Bronchite et diarrhée.
COLON,	35e de mobiles,	Vendée.	Diarrhée.
CLÉMENT,	garde mobile,	Aube.	Phthisie pulmonaire et dyssenterie.
TULLARD,	garde national,	Cher.	Plaie contuse du pectoral.
GUIRAUD,	116e de ligne,	Aude.	Embarras gastrique et fièvre.
CLAVIER,	118e de ligne,	Loire-Inférieure.	Bronchite et fièvre.
LEMOING,	117e de ligne,	Manche.	Bronchite et faiblesse générale.
LE GALLIC,	garde mobile,	Côtes-du-Nord.	Fièvre continue.
DARIEL,	garde mobile,	Ille-et-Vilaine.	Laryngo-bronchite.
LECLERC,	4e de mobiles,	Loiret.	Blessure à la poitrine.
MÈGE-DUCLOS,	garde national,	Dordogne.	Séton au bras droit.
MOUTON,	109e de ligne,	Seine-Inférieure.	Coup de feu à la tête.
PAGE,	109e de ligne,	Mayenne.	Amputation de l'index droit et affection pneumonique.
VAJOU,	38e de mobiles.	Seine-et-Marne.	Coup de feu à la poitrine
ROCH,	garde national,	Haute-Vienne.	Balle dans les reins.
ROULLET,	36e de mobiles,	Vienne.	Phlegmon au bras.
CONDROT,	garde national,	Seine.	Coup de feu à la cuisse gauche.
CONSTANT,	garde national,	Manche.	Coup de feu à la cuisse gauche.
BIHEUX,	garde national,	Ille-et-Vilaine.	Plaie pénétrante de l'abdomen.
FAILLY,	garde national,	Seine.	Coup de feu aux reins.
LAFOND,	garde national,	Marne.	Coup de feu à la cuisse gauche.

NOMS.	RÉGIMENTS.	LIEUX DE NAISSANCE.	CAUSES DES DÉCÈS.
DUMAS,	garde national,	Creuse.	Éclat d'obus au ventre.
DROUILHAT,	garde national,	Puy-de-Dôme.	Plaie pénétrante de l'abdomen.
SCHAMBECHER,	artilleur,	Bas-Rhin.	Péritonite aiguë par balle.
JEANSON,	garde national,	Haute-Marne.	Coup de feu à l'épaule dr.
BOULET,	garde national,	Seine-et-Oise.	Coup de feu à l'épaule dr.
TARLÉ,	garde national,	Seine.	Coup de feu au côté gauc.
SILLAND,	2e d'artillerie,	Isère.	Fracture des deux genoux par éclats d'obus.
DESJARDINS,	garde national,	Aisne.	Éclats d'obus aux deux jambes.
BOURDOT,	garde national,	Seine.	Éclat d'obus au pied droit.
SOUTVART,	franc-tireur,	Seine.	Coup de feu à la cuisse.
VIEDERKORN,	garde national,	Luxembourg.	Éclats d'obus à la jambe droite.
KERMVILAINE,	franc-tireur,	Côtes-du-Nord.	Coup de feu à l'épaule dr.
LEPAGE,	28e mobiles,	Loire-Inférieure.	Dyssenterie.
INREP,	garde national,		
DURANTON,	garde national,	Seine-et-Oise.	Balle dans la tête.
CRESSELY,	garde national,	Meurthe.	Éclat d'obus à la cuisse droite.
BOURSIER,	garde national,	Seine.	Balle au mollet gauche.
DÉOUR,	garde national,	Pas-de-Calais.	Fractures au bras droit et à la cuisse gauche.
MARTIN,	cocher,	Pas-de-Calais.	Attaque d'apoplexie.
ÉRAL,	3e équipages mil.	Aveyron.	Hydropisie et ascite.
CASSAIGNE,	3e de génie,	Gers.	Érysipèle et maladie de poitrine.
BATTLE,	éclaireur à cheval	Pyrénées-Orient.	Courbature.
GUILBAUD,	38e de mobiles,	Loire-Inférieure.	Bronchite.
AUBERT,	garde mobile,	Seine-et-Marne.	Fracture au coude droit.
WENDEL,	écl. garde nation.	Moselle.	Fièvre grave.
JOUANNEAU,	garde mobile,	Seine.	Amputatipn de la jambe droite.
DENUAULT,	114e de ligne,	Mayenne.	Dyssenterie.
SINOT,	artilleur marin,	Eure.	Fièvre et choléra.

NOMS.	RÉGIMENTS.	LIEUX DE NAISSANCE.	CAUSES DES DÉCÈS.
GARRAUD,	83e de ligne,	Gironde.	Rupture du ventre.
FERRAND,	garde national,	Aveyron.	Blessure au bras gauche et bronchite.
FREY,	garde national,	Seine.	Fracture de la jambe dr.
FROPO,	4e de mobiles,	Seine.	Amputation du bras gauc.
GAGNEUX,	120e de ligne,	Rhône.	Plaie pénétrante de l'abdomen.
GAZAIX,	110e de ligne,	Gard.	Plaie au flanc gauche.
JURANVILLE,	37e de mobiles,	Loiret.	
JAMPEN,	garde mobile,	Seine.	
HERMET,	120e de ligne,	Lozère.	Fracture du bras droit.
GIRARD,	109e de ligne,	Puy-de-Dôme.	Amputation de la jambe gauche.
JOURDAIN.	garde national,	Seine.	Amputation de la cuisse gauche.
KIERJOS,	garde national,	Finistère.	Séton à la cuisse droite.
RICHARD,	35e de ligne.	Côtes-du-Nord.	Coup de feu à la main gauche et au bras.
SIÉGEL,	35e de ligne.	Meurthe.	Fracture de l'épaule droite.
SOMMAIN,	garde national,	Nord.	Fracture de l'humérus dr. et coup de feu à la cuisse.
CONFRÈRE,	136e de ligne.	Seine.	Fracture de la cuisse dr. et amputation de la cuisse gauche.
DESHAYES,	garde national,	Sarthe.	Séton au dos, et fracture des deux omoplates.
GELIN,	garde national,		
GOUILLEUX,	garde mobile,		
GUILBERT,	136e de ligne.	Somme.	Balle dans les reins.
HENRY,	120e de ligne,	Jura.	Séton à la jambe droite.
JOULIN.	110e de ligne,	Cher.	Séton à la jambe gauche et au tibia.
LAURENT,	135e de ligne,	Haute-Saône.	Balle dans l'épaule.
LECORPS,	28e de mobiles,	Loire-Inférieure.	Brûlure au pied gauche et fièvre typhoïde.
NIEMAZ,	136e de ligne,	Savoie.	Coup de feu à la poitrine.
NIVOY,	garde national,	Gard.	Plaie pénétrante de poitrine.

NOMS.	RÉGIMENTS.	LIEUX DE NAISSANCE.	CAUSES DES DÉCÈS.
PICARD,	garde national,	Seine.	Blessure pénétrante de poitrine.
REINHARD,	garde national,	Bas-Rhin.	Plaie pénétrante de poitrine.
AËSCHLIMANN,	garde national,	Seine.	Fracture de l'humérus droit et amputation.
COSSON,	109e de ligne,	Marne.	Coup de feu à la cuisse droite.
CRAPART,	garde national,	Seine-et-Marne.	Séton à l'épaule droite.
CRÈTIN,	garde national,	Jura.	
DOUÇOT,	garde national,	Doubs.	Séton et fracture au pied droit.
FAGES,	109e de ligne,	Haute-Garonne.	Plaie pénétrante de poitrine.
PAIMBLANT,	garde national,	Seine.	Coup de feu à la cuisse dr.
PRUDHOMME,	garde national,	Marne.	Fracture des deux bras.
PLENEL,	110e de ligne,	Ille et-Vilaine.	Fracture du coude gauche.
VALADON,	franc-tireur,	Loiret.	Fracture de la tête de l'humérus.
VANDRAN,	garde national,	Puy-de-Dôme.	Fracture de l'humérus gauche.
BAYLAC,	136e de ligue,	Haute-Garonne.	Séton à la cuisse gauche et coup de feu à la cuisse droite.
BAYLARD,	56e de ligne,	Haute-Garonne.	Séton des deux fesses.
BOUYRAY,	garde mobile,	Seine.	Coup de feu à l'abdomen.
BRACQUEMONT,	garde mobile,		Coup de feu à l'abdomen.

AMBULANCE DE LA RUE DE MONCEAU, 24.

NOMS.	RÉGIMENTS.	LIEUX DE NAISSANCE.	CAUSES DES DÉCÈS.
MORIN,	garde national,	Yonne.	Fracture double de la jambe gauche.
BULOT,	garde national,	Seine.	Balle dans l'aine.
REGNERI,	civil de 16 ans,	Corse.	Rhumatisme.
DOUVILLE,	garde mobile,	Somme.	Fièvre typhoïde.
GALLINAND,	garde mobile,	Loiret.	Amputation de la jambe gauche.
BERNAUDIN,	36e de marche,	Loiret.	Fracture de l'os frontal.
PRADRAU,	garde mobile,	Seine-Inférieure.	Jambe gauche emporté par un boulet.
BAL,	125e de ligne,	Ain.	Éclat d'obus dans la fesse.
REYNAUD,	4e de zouaves,	Drôme.	Fièvre typhoïde.
LECOINTE,	garde mobile,	Seine-Inférieure.	Fièvre typhoïde.
GIBERT,	garde national,	Cher.	Bronchite chronique.
NICOLAS,	115e de ligne,	Côtes-du-Nord.	Pleuro-pneumonie.
VRILLON.	118e de ligne,	Indre-et-Loire.	Pneumonie.
POUSSET,	118e de ligne.	Indre-et-Loire.	Fièvre.
BOUTIBONNES,	14e chas. à pied.	Tarn.	Balle dans la poitrine.
THÉBAULT,	26e de mobiles.	Ille-et-Vilaine.	Fièvre typhoïde.
WINCKÆL,	24e de marche.	Seine.	Tétanos.
DAMÈNE.	ouvr. couvreur.	Seine.	Balle dans l'épaule gauche.
DAUPHIN,	garde national,	Nord.	Balle dans le pied droit.
GACHEDOAT,	2e drag. marche.	Gers.	Variole.
RIOU,	20e de mobiles,	Côtes-du-Nord.	Coup de baïonnette au genou gauche.
SIMON,	20e de mobiles,	Côtes-du-Nord.	Pneumonie.
LACHAT,	artill. du Rhône.	Rhône.	Épanchement au cerveau.
ALLOYEAU,	105e de ligne,	Sarthe.	Pneumonie.
DURIEUX,	garde national,	Marne.	Plaie en séton à la joue dr.
HELLAOUET,	118e de ligne,	Finistère.	Pleuro-pneumonie.
MAILLET,	114e de ligne,	Vaucluse.	Balle dans l'abdomen.

AMBULANCE DES ARTS ET MÉTIERS.

NOMS.	RÉGIMENTS.	LIEUX DE NAISSANCE.	CAUSES DES DÉCÈS.
CAILLAUD,	117e de ligne,	Vienne.	Plaie en séton à la pointe de l'omoplate.
TRANCHANT,	120e de ligne,	Loire.	Fracture de l'humérus droit.
GAZARD,	37e de mobiles,	Loiret.	Fracture comminutive de l'humérus gauche.
POTTIER,	matelot 1re cl.,	Loire-Inférieure.	Amputation de la jambe droite.
MONTRICHARD,	114e de ligne,	Charente.	Fracture comminutive du tibia.
CHRISTMANN,	3e de génie,	Bas-Rhin.	Perforation de la main gauche.
MAUDON,	124e de ligne,	Drôme.	Fracture de la première phalange du médius.
GAVARD,	1er d'éclaireurs,	Haute-Saône.	Fracture du tibia et amputation de la cuisse.
DUPUIS,	1er d'éclaireurs,	Seine.	Balle à la colonne vertébrale.
HILBERT,	franc-tireur,	Moselle.	Fracture du fémur droit.
COLLIN,	1er d'éclaireurs,	Moselle.	Amputation de la jambe droite.
MARJEY,	1er d'éclaireurs,	Seine.	Amputation du bras.
CHAUVEL,	garde national,	Haute-Saône.	Fracture du fémur.
JOLLET,	14e de mobiles,	Seine.	Fracture du sacrum par éclat d'obus.
Vve LAMBIGEOIS,		Vosges.	Perforation intestinale.
Mlle MARÉCHAL,		Seine.	Amputation de la jambe droite.
LARCHER,	117e de ligne,	Seine.	Plaie en séton au bras gauche.
COIFFÉ,	118e de ligne,	Meurthe.	Perforation intestinale.
PAILLARD,	21e d'artillerie,	Doubs.	Plaie contuse à la hanche droite.
MENON,	35e de ligne,	Sarthe.	Amputation de la jambe gauche.
ROURE,	114e de ligne,	Lozère.	Plaie pénétrante au genou droit.
MORLON,	117e de ligne,	Creuse.	Plaie en séton à l'épaule dr.

NOMS.	RÉGIMENTS.	LIEUX DE NAISSANCE.	CAUSES DES DÉCÈS.
Rousse,	117e de ligne,	Htes-Pyrénées.	Fracture du tibia droit.
Sabre,	110e de ligne,	Saône-et-Loire.	Plaie en sillon au pied droit.
Meheu,	109e de ligne,	Seine-Inférieure.	Fracture de l'humérus gauche.
Moreau,	37e de mobiles,	Indre-et-Loire.	Séton au bras gauche.
Granges,	garde national,	Savoie.	Fracture des deux os de la jambe gauche.
Niquet,	garde national,		Fracture du rocher.
Pierroton,	119e de ligne,	Jura.	Balle ayant traversé le poumon.
Penchaud,	garde national,	Haute-Vienne.	Plaie en séton au bras dr.

AMBULANCE DE LA RUE DES HALLES.

NOMS.	RÉGIMENTS.	LIEUX DE NAISSANCE.	CAUSES DES DÉCÈS.
Cordereau,	10e de mobiles,	Côte-d'Or.	Broncho-pneumonie.
Biburd,	garde mobile,	Vendée.	Pneumonie.
Chamson,	garde mobile,		Fièvre typhoïde.
Lafarge,	120e de ligne,	Saône-et-Loire.	Broncho-pneumonie.
Vacon,	20e de mobiles,	Côtes-du-Nord.	Tuberculose.
Rouault,	26e de mobiles,	Ille-et-Vilaine.	Broncho-pneumonie.
Bodot,	garde mobile,	Morbihan.	Pleurésie gauche.
Lœuf,	23e de mobiles,	Finistère.	Bronchite capillaire.
Poibleau,	35e de mobiles,	Vendée.	Pneumonie tuberculeuse.
Jouet,	fusilier marin,	Côtes-du-Nord.	Bronchite capillaire.
Burtin,	40e de mobiles,	Ain.	Bronchite capillaire.

AMBULANCE DE LA RUE DES IRLANDAIS.

NOMS.	RÉGIMENTS.	LIEUX DE NAISSANCE.	CAUSES DES DÉCÈS.
MONOT,	garde mobile,	Finistère.	Pneumonie.
LEFORT,	garde civique,	Puy-de-Dôme.	Tuberculose.
LODAT,	109e de ligne,	Aveyron.	Fièvre.
MORVAN,	garde mobile,		Fièvre.
BOUDIER,	32e de mobiles,		Pneumonie.
SUHART,			Fièvre.
CAULIANIVE,	garde mobile,		Fièvre.
BOURNADET,	124e de ligne,	Dordogne.	Bronchite.
TRICHEREAU,	2e de zouaves,	Vendée.	Fièvre.
MOREAU,	9e de marche,		Fièvre.
PARADIS,	garde mobile,		Dyssenterie.
BRETELLE,	franc-tireur,	Ille-et-Vilaine.	Balle dans l'abdomen.
TANGUY,	garde mobile,	Finistère.	Fièvre muqueuse.
LUNET,	garde mobile,	Vienne.	Fièvre typhoïde.
MONTET,	garde mobile,	Seine-et-Oise.	Fièvre.
ROUSSEL,	garde mobile,	Seine.	Fluxion de poitrine.

AMBULANCE DE LA RUE DE L'UNIVERSITÉ.

NOMS.	RÉGIMENTS.	LIEUX DE NAISSANCE.	CAUSES DES DÉCÈS.
CATON,	37e de mobiles,	Loiret.	Broncho-pneumonie.
DESJARDINS,	50e de mobiles,	Seine-Inférieure.	Syncope.
FOLHORME,	118e de ligne,	Vosges.	Broncho-pneumonie.
LECOURT,	50e de mobiles,	Seine-Inférieure.	Fièvre typhoïde.

AMBULANCE DE LA RUE MONSIEUR, 15.

NOMS.	RÉGIMENTS.	LIEUX DE NAISSANCE.	CAUSES DES DÉCÈS.
SOUCHET,	35e de mobiles,		Bronchite et fièvre.
BODIN,	35e de mobiles,		Fièvre.
DUSSAULT,	38e de mobiles,		Bronchite.
PRALUS,	121e de ligne,		Pneumonie.
AMIAUD,	35e de mobiles,		Fièvre.
SÉNÉ,	garde mobile,		Diarrhée.
MARCHAND,	73e de ligne,		Fièvre continue.
MAGNE,	137e de ligne,		Fièvre continue.
OLLIVIER,	garde mobile,		Dothienenterie.
JULIEN,	garde mobile,		Bronchite.
LAHURE,	garde mobile,		Bronchite.
GILBERT,	garde mobile,		Bronchite.
TASSAINT,	139e de ligne,		Fluxion de poitrine.
GAMBEAULT,	garde mobile,		Bronchite.
COSSON,	garde mobile,		Fièvre.

AMBULANCE DE L'AVENUE D'IÉNA, 3.

NOMS.	RÉGIMENTS.	LIEUX DE NAISSANCE.	CAUSES DES DÉCÈS.
DEBEC,	28e de mobiles,	Loire-Inférieure.	Fièvre.
POTIRON,	28e de mobiles,	Loire-Inférieure.	Fièvre typhoïde.
CORNET,	28e de mobiles,	Loire-Inférieure.	Pneumonie droite.

NOMS.	REGIMENTS.	LIEUX DE NAISSANCE.	CAUSES DES DÉCÈS.
MORAND,	50e de mobiles,	Seine-Inférieure.	Dothienenterie.
CRÉNÉ,	59e de mobiles,	Marne.	Dothienenterie.
GRILLIER,	28e de mobiles,	Loire-Inférieure.	Bronchite tuberculeuse.
CHEDEVILLE,	60e de mobiles,	Seine-et-Oise.	Diarrhée.
MASSON,	garde forestier,	Puy-de-Dôme.	Bronchite.
VALETTE,	garde mobile,	Drôme.	Pneumonie double.
VALENTIN,	37e de mobiles,	Loiret.	Pneumonie.
REVERCHON,	40e de mobiles,	Ain.	Dothienenterie.
MILLERY,	franc-tireur,	Seine.	Dothienenterie.
LANÇON,	35e de ligne,	Meurthe.	Fièvre typhoïde.
LEGROS,	3e de génie,	Ardennes.	Fièvre typhoïde.
VERD,	9e chass. à pied,	Ardèche.	Blessure pénétrante de la face.
HARMOIS,	garde mobile,	Côtes-du-Nord.	Embarras gastrique et anémie.
DELOMPRÉ,	117e de ligne,	Haute-Marne.	Plaie aux reins.
COLIN,	franc-tireur,	Moselle.	Balle à chaque cuisse.
PAILLÉ,	114e de ligne,	Charente.	Éclat d'obus à la tête.
MILLAUD,	10e de mobiles,	Côte-d'Or.	Blessure pénétrante de poitrine.
HUE,	21e d'artillerie,	Aude.	Fracture compliquée de l'humérus.
DUPLESSIX,	garde mobile,		Coup de sabre à la tête et ouverture du crâne
MEUNIER,	121e de ligne,	Loire.	Éclat d'obus au bras.
DOLAIS,	garde mobile,	Ille-et-Vilaine.	Éclat d'obus à l'épaule gauche.
ROYER,	10e de mobiles,	Côte-d'Or.	Bronchite.
RICHARD,	franc-tireur,	Aube.	Bronchite.
COMTE,	garde mobile,	Seine.	Laryngite.
BROCALD,	59e de mobiles,	Aube.	Pneumonie.
DENERT,	59e de mobiles,	Aube.	Dothienenterie.
CHATEL,	59e de mobiles,	Aube.	Pneumonie.
JECQUEL,	28e de mobiles,	Loire-Inférieure.	Pneumonie.

AMBULANCE DE LA RUE DE LA PAIX, 25.

NOMS.	RÉGIMENTS.	LIEUX DE NAISSANCE.	CAUSES DES DÉCÈS.
HUGH,	clairon d'artil.,	Jura.	Blessure au ventre.
MILLEVOYE,		Seine-et-Marne.	Petite vérole.
COMBES,	42e de ligne,		Balle dans le genou.
PERSONIC,	artilleur,		Amputation de la jambe droite.
LOOKE	chasseur saxon,		Balle dans la poitrine.
CAZAL,	114e de ligne,		Balle dans la poitrine.

AMBULANCE DE LA RUE DE CHARONNE, 141.

NOMS.	RÉGIMENTS.	LIEUX DE NAISSANCE.	CAUSES DES DÉCÈS.
SUSANNE,	107e de ligne,	Seine-et-Oise.	Plaie pénétrante de poitrine.
MOREAU,	107e de ligne.	Mayenne.	Plaie au gros orteil suivie d'infection purulente.
LE TALLEC,	garde mobile,	Morbihan.	Amputation de la jambe droite.
LUHET,	126e de ligne,	Dordogne.	Plaie pénétrante de poitrine.
LEGRAS,	garde mobile,	Seine-et-Marne.	Amputation de l'auricule droit.
COUSIN,	126e de ligne,	Pas-de-Calais.	Coup de feu à la jambe gauche.
ANDRIEUX,	garde national,	Aurillac.	Coup de feu à la cuisse droite.
TERRAL,	7e de mobiles,	Tarn.	Broncho-pneumonie.
TRUPPLER,	4e zouaves.	Haut-Rhin.	Blessure à l'oreille suivie d'infection purulente.
DOMISSE,	111e de ligne,	Lomme.	Coup de feu à la main gauche et fracture du 5e métacarpien.

AMBULANCE DU FAUBOURG-POISSONNIÈRE, 106.

NOMS.	RÉGIMENTS.	LIEUX DE NAISSANCE.	CAUSES DES DÉCÈS.
JULIANUS,	121e de ligne,	Maine-et-Loire.	Fièvre typhoïde.
SAINT-JOURS,	108e de ligne,	Landes.	Fièvre typhoïde.
MARTIN,	28e de mobiles,	Loire-Inférieure.	Fièvre typhoïde.
TOUSARY,	114e de ligne,	Aveyron.	Fièvre typhoïde.
MARTIN,	garde mobile,	Tarn.	Fièvre typhoïde.
MILLET,	59e de mobiles,	Aube.	Fièvre typhoïde.
TARDY,	36e de mobiles,	Vienne.	Fièvre typhoïde.
BACHELIER,	36e de mobiles,	Vienne.	Fièvre typhoïde.
LIBOUREAU,	36e de mobiles,	Vienne.	Fièvre typhoïde.
DAIGNY,	52e de mobiles,	Somme.	Fièvre typhoïde.
ROUALT,	garde mobile,	Ille-et-Vilaine.	Fièvre typhoïde.
GRÉAU,	garde mobile,	Vendée.	Fièvre typhoïde.
PELLÉ,	23e de mobiles,	Finistère.	Fièvre typhoïde.
LAROUE,	13e de mobiles,	Saône-et-Loire.	Fièvre typhoïde.
MICHEL,	garde mobile,	Seine-Inférieure.	Fièvre typhoïde.
THOMAS,	garde mobile,	Seine-Inférieure.	Fièvre typhoïde.
ROUSSEAU,	116e de ligne,	Creuse.	Toux spasmodique et bronchite.

AMBULANCE DE LA RUE PIGALLE.

NOMS.	RÉGIMENTS.	LIEUX DE NAISSANCE.	CAUSES DES DÉCÈS.
MEUNIER,	artilleur,	Allier.	Blessure au bras.

AMBULANCE DE LA RUE SAINT-LOUIS-EN-L'ILE, 2.

NOMS.	RÉGIMENTS.	LIEUX DE NAISSANCE.	CAUSES DES DÉCÈS.
MENANT,	42e de ligne,		Balle au bras gauche et balle à la fesse.
CŒURNET,	76e de ligne,	Seine-et-Oise.	Balle à la mâchoire.
CUVILLIER,	108e de ligne,		Balle à l'épaule gauche et coup de sabre à la joue gauche.
MASSON,	124e de ligne,		Éclats d'obus à la fesse.
MANCEAU,	garde mobile,	Ille-et-Vilaine.	Fièvre typhoïde.
BAZIN,	garde mobile,	Ille-et-Vilaine.	Fièvre continue.
CLOAREC,	garde mobile,	Finistère.	Fièvre typhoïde.
DE SAZILLY,	3e d'artillerie,		Mitraille au ventre.
KLEIBER,	112e de ligne,	Seine.	Balle à l'av.-bras gauche.

AMBULANCE DE LA RUE SAINT-ANTOINE, 212.

NOMS.	RÉGIMENTS.	LIEUX DE NAISSANCE.	CAUSES DES DÉCÈS.
GAREC,	126e de ligne,	Morbihan.	Pneumonie double et humérus brisé par éclat d'obus.
PÉRICOUCHE,	37e de mobiles,	Loiret.	Coup de feu au côté droit de la poitrine.
GUILBAUD,	35e de mobiles,	Vendée.	Fièvre typhoïde.
GAVARET,	37e de mobiles,	Loiret.	Coups de feu à la fesse droite et à la jambe gauche.
ROUX,	garde mobile,	Finistère.	Fièvre typhoïde.
SALAUN,	garde mobile,	Finistère.	Fièvre typhoïde.
BILLON,	35e de ligne,	Vendée.	Dyssenterie.

NOMS.	RÉGIMENTS.	LIEUX DE NAISSANCE.	CAUSES DES DÉCÈS.
Roux,	garde mobile,	Finistère.	Pleurésie et fièvre purpurine.
Larrochette,	civil,	Rhône.	Fièvre typhoïde compliquée de phthisie.
François,	136e de ligne,	Calvados.	Amputation de la cuisse
Robin,	108e de ligne,	Côte-d'Or.	Fièvre typhoïde.
Doisy,	garde national,	Drôme.	Blessures aux deux jambes par éclats d'obus.
Guilloton,	35e de mobiles.	Vendée.	Tétanos.

AMBULANCE DE LA RUE DES SAINTS-PÈRES, 28.

NOMS.	RÉGIMENTS.	LIEUX DE NAISSANCE.	CAUSES DES DÉCÈS.
Bour,	112e de ligne,	Moselle.	Fracture de l'avant-bras gauche.
Joly,	112e de ligne,	Ille-et-Vilaine.	Plaie pénétrante du genou.
Gutier,	124e de ligne,	Charente.	Éclats d'obus à la tête.
Millouette,	110e de ligne,	Indre.	Balle dans la poitrine.
Blai,	112e de ligne,	Ille-et-Vilaine.	Blessure au pied.
Dapoigney	110e de ligne,	Seine.	Plaie pénétrante de poitrine.
Béguet,	70e de ligne,	Côtes-du-Nord.	Fracture du coude gauche.
Laval,	110e de ligne,	Seine.	Fracture du tibia et du péroné.
Jacques,	95e de ligne,		Fracture du bras gauche.
Renier,	garde mobile,	Seine.	Balle à la cuisse.
Vacheret,	112e de ligne,	Allier.	Fracture du bras droit.
Barbillier,	garde mobile,	Seine.	Coup de feu à l'abdomen.
Lenoir,	civil,	Moselle.	Balle à la cuisse.
Lemoigne,	garde mobile,	Finistère.	Balle à la poitrine.
Schwein,	5me bavarois,		Fracture du fémur.

NOMS.	RÉGIMENTS.	LIEUX DE NAISSANCE.	CAUSES DES DÉCÈS.
DELAUNAY,	51e de ligne,	Seine-Inférieure.	Plaie dans la région dorsale.
FLADRY,	60e de ligne,		Coup de feu à la moelle épinière.
NOIRAULT,	garde mobile,	Seine.	Fracture du crâne.
HIVET,	garde national,	Seine.	Éclats d'obus à la tête.
CHARBONNEL,	garde national,	Haute-Marne.	Éclats d'obus à l'épaule droite,
BRIET,	civil,	Seine.	Éclats d'obus aux deux jambes.
BAUME,	109e de ligne,	Gard.	Éclats d'obus à la jambe droite.
PONCIN,	40e de mobiles,	Ain.	Balle à l'épaule droite.
MAÎTRE,	36e de mobiles,	Vienne.	Plaie dans la région arbutaire.
PIDEAU,	36e de mobiles,	Vienne.	Enfoncement du crâne.
LUSSON,	36e de mobiles,	Vienne.	Écrasement du bras droit.
CAPON,	garde national,	Seine.	Plaie pénétrante de poitrine.
PEDEBIDAU,	112e de ligne,	Basses-Pyrénées.	Plaie pénétrante de poitrine.
GIQUEL,	110e de ligne,	Côtes-du-Nord.	Fracture de la jambe gauche.
CHOPINAT,	117e de ligne,	Cher.	Balle dans la colonne vertébrale.
NAVET,	112e de ligne,	Mayenne.	Balle dans la poitrine.
CAMBRERER,	2e de génie,	Haut-Rhin.	Plaie à la poitrine.
BARNOY,	112e de ligne,	Haute Saône.	Plaie au tronc.
GROSS,	5e rég. de Saxe,	Saxe.	Plaie pénétrante de poitrine.
RIGOURD,	112e de ligne,	Ain.	Plaie pénétrante de poitrine.
MANCHEC,	garde mobile,		Plaie pénétrante de poitrine.
SUPIOT,	115e de ligne,	Maine-et-Loire.	Coup de feu à la hanche droite.
BARRIÈRE,	115e de ligne,	Haute-Vienne.	Coup de feu à la tête.
ROBINE,	117e de ligne,	Manche.	Coup de feu à l'épaule gauche
FOL,	123e de ligne,	Haute-Savoie.	Coup de feu à la face.

NOMS.	RÉGIMENTS.	LIEUX DE NAISSANCE.	CAUSES DES DÉCÈS.
JEIX,	123e de ligne,	Haute-Savoie.	Balle à la jambe droite.
FUGIER,	123e de ligne,	Isère.	Coups de feu aux deux jambes.
PARIS,	50e de mobiles,	Seine-Inférieure.	Éclats d'obus aux deux jambes.
THOMAS,	2e d'artillerie,	Côtes-du-Nord.	Fracture de la jambe gauche.
NIVOY,	4e zouaves,	Seine.	Coup de feu à la cuisse.
GARREC,	115e de ligne,	Morbihan.	Balle au genou gauche.
MASSIAS,	124e de ligne,	Dordogne.	Balle à la cuisse.
LEGRAND,	112e de ligne,	Allier.	Fracture du crâne.
CHAMPION,	7e de marche,	Seine-Inférieure.	Balle à l'épaule.
BOUCLO,	50e de mobiles,	Seine-Inférieure.	Balle au côté.
FÉVRIER,		Ille-et-Vilaine.	
PECNICY,			
CASALET,	garde mobile,	Gironde.	Fracture de la cuisse gauche.
RIEUX,	garde mobile,	Morbihan.	Fracture de la cuisse.
	mobile breton,	Bretagne.	Fracture du crâne.
HOLL,	capitaine ingénr,	Bas-Rhin.	Fracture de la jambe droite.
SCHIRMER,	6e rég. de Saxe,	Saxe.	Fracture du bras gauche.
MAILLET,	6e d'artillerie,	Puy-de-Dôme.	Fracture de la jambe droite.
WICKENDEN,	garde mobile,	Seine.	Éclats d'obus à la tête et à la cuisse.
POUST,	139e de ligne,	Basses-Pyrénées	Éclat d'obus au bras gauche.
EISZELI,	1er Wurtemberg,	Wurtemberg.	Plaie pénétrante de poitrine.
LEVRAT,	139e de ligne,	Ain.	Balle au pied gauche.
REINCKENBACH,	2e de génie,	Meuse.	Fracture de l'avant-bras droit.

AMBULANCES DES CONVALESCENTS

A l'approche des Prussiens, Paris s'est couvert d'Ambulances hâtivement organisées avec beaucoup de zèle, sans doute, mais trop souvent avec une naïve ignorance des conditions qu'exige le traitement des blessés.

La plupart d'entre elles sont restées jusqu'ici et devront rester inoccupées si les instigateurs de ces Ambulances ne veulent y recevoir que des blessés.

Il serait pourtant aussi urgent que facile de les utiliser.

L'hiver arrive; quelque soin que l'on ait pris de préserver le soldat des atteintes du froid et de l'humidité, il en est dont la constitution ne résistera pas à la dure saison; pourquoi les fondateurs d'Ambulances particulières ne les convertiraient-ils pas en petits hôpitaux auxiliaires, où seraient soignés les « fiévreux », ou en maisons de convalescence? L'Intendance militaire ou les Ambulances de la Presse, leur annexe, s'empresseraient de confier des malades et des convalescents à ceux qui, ayant à leur disposition un personnel médical, en feraient la demande : on viendrait ainsi utilement en aide à l'Intendance; on préviendrait l'encombrement des hôpitaux militaires.

S'il était un argument décisif qui pût nous faire approuver par ceux dont le désintéressement patriotique a ouvert aux victimes de la guerre les portes de leur maison, ce serait la difficulté et la responsabilité inhérentes au traitement des blessés.

Les Ambulances destinées à la chirurgie doivent être munies d'un personnel nombreux, d'appareils variés; elles doivent être sous la direction de chirurgiens habiles, à la hauteur de toutes les grandes opérations chirurgicales. Quelque affectueux, quelque prévenants, quelque délicats que soient les soins prodigués par les personnes s'intéressant à des Ambulances particulières, ils ne suffisent pas pour guérir des plaies par armes de guerre; pour ces traitements, il faut des hommes habitués à faire de la grande chirurgie et auxquels toutes les notions de l'art opératoire soient familières.

Rien n'est plus simple en apparence qu'une plaie par arme à feu; mais trop souvent, au bout de quelques jours, des accidents graves peuvent apparaître. Si la vie du blessé est menacée, quelle certitude ne faut-il pas dans le diagnostic pour tenter l'opération qui seule doit peut-être le sauver! Pour arriver à ce résultat, il faut de longues études, une connaissance parfaite de l'anatomie.

Il faut que le corps humain soit transparent pour celui qui opère.

Nous avons pu nous pénétrer de ces idées en fréquentant les Ambulances de la Presse avec notre illustre maître, le docteur Ricord : nous avons pu voir tout récemment avec quel soin et quelle attention les blessés doivent être étudiés, et nous avons frémi à la pensée que des médecins, savants sans doute dans d'autres branches de l'art, mais non spécialistes, pussent accepter une aussi lourde responsabilité.

Après le dernier combat, par exemple, un soldat fut transporté à l'Ambulance des Saints-Pères : une balle avait traversé le genou droit; le malade souffrait peu et n'avait point conscience de la gravité de sa blessure. Pourtant le chirurgien en chef du service, le docteur Demarquay, porta un pronostic sérieux, et le lendemain, en présence d'un personnel nombreux, il pratiquait, avec une remarquable habileté, une opération grave dont le but était de conserver le membre au blessé.

La sûreté du diagnostic, l'opportunité de l'opération, l'habileté de l'opérateur sont autant de conditions absolues qui pourraient faire défaut dans certaines Ambulances particulières, où manque même le matériel nécessaire au traitement des armes à feu.

Nous faisons ressortir la grave responsabilité qui incombe à ceux que leur bonne volonté pousse à offrir leurs demeures ou leurs services aux Sociétés diverses ou aux municipalités, non pour affaiblir leur utile concours, mais pour lui trouver une application plus immédiate et plus efficace aux urgentes nécessités du moment.

Armand GOUZIEN.

(*Le Gaulois*, 20 octobre 1870.)

AMBULANCES DE CONVALESCENTS

DE LA PRESSE FRANÇAISE.

	Nombre de lits.	Convalescents reçus.
Mme Deodefroy, Rue Scribe, 13................	6	16
M. André du Var, Rue Scribe, 13..............	3	4
M. Rozan, Rue Neuve-des-Mathurins, 37..	6	13
M. Mirès, Rue Neuve-des-Mathurins, 39.	7	14
M. Morin, Rue de Dunkerque, 51..............	6	22
Mme Dotrante, Rue Neuve-Saint-Augustin, 11...	10	25
M. Doizan, Rue d'Aumale, 18..................	10	10
M. de Carsenac, Boulevard des Capucines, 39....	8	17
Mme de Mont-Joyeux, Rue de l'Arcade, 16......	6	17
MM. Lemké et Geoffroy, Rue de Clichy, 53.....	6	16
M. Fontaine, Rue de l'Université, 10...........	6	13
La Préservatrice, Boulevard des Capucines, 35...	12	98
M. Gandan, Rue Sainte-Anne, 51..............	6	13
M. Dodain, Faubourg Saint-Denis, 70...........	1	2
M. Nége, Rue Sainte-Anne, 46........	5	5
M. Dubois-Dubin, Rue Neuve-Saint-Augustin, 33.	8	26
M. le Docteur Serrand, Rue Saint-Arnaud, 29....	3	9
M. Rabe, Rue Neuve-Saint-Augustin, 57.........	14	28
M. Bertinot, Rue Servandini, 25................	1	1
M. Hardy, Rue Neuve-Saint-Augustin, 56........	1	1
M. Remlengé, Rue Joubert, 8..................	1	1
Mme de Séjour, Rue Louis-le-Grand, 7..........	1	1
M. le Marquis de Serses, Boul. des Capucines, 35.	2	7
M. Pelin, Rue Neuve-Saint-Augustin, 51........	6	6
M. Planat, Rue Saint-Anne, 73................	2	8
M. Chartier, Rue Saint-Martin, 176............	8	26
M Barre, Boulevard des Capucines, 9..	10	16
M. Lequeux, Rue d'Antin, 8..................	6	10

	Nombre de lits.	Convalescents reçus.
M. le comte DE BELFORT, Rue de Lille, 19........	10	22
M. BRAM, Rue du Chaume, 15................	8	12
M. DELPENCH, Rue d'Anjou, 61.................	2	4
M. RAYDER, Rue de la Chaussée-d'Antin, 51........	2	5
M. MARTIN, Rue Saint-Martin, 253	2	6
M. PAIN, Rue Saint-Denis, 13..................	2	6
M. LEDUC, Rue de la Rochefoucauld, 28..........	2	6
M CHAMPION, Rue de Turin, 7..................	3	6
M. RAVENAYE, Rue d'Antin, 5..................	4	11
M. GOTERAN, Rue d'Antin, 10..................	4	10
M. HOUSSAGE, Hôtel de Calais..................	6	»
M. DOUDEVILLE, Rue Jacob, 50.................	10	22
M. STULTEL, Rue Neuve-Saint-Augustin, 46......	6	19
M. HERZÉ, Rue du 4 Septembre, 46.............	6	8
M. LEFEBVRE, Boulevard Sébastopol, 62..........	4	10
Total. Ambulances 43, contenant lits :	222	552

Convalescents soignés 552.

Les chiffres prouvent de quelle utilité nous ont été ces 43 Ambulances de convalescents mises à notre disposition. En effet, au moyen de 222 lits que nous avions à notre disposition nous sommes venus en aide à 552 convalescents.

Ainsi que nous l'avons dit plus haut, le service de ces Ambulances de convalescents a été confié à M. Picard. On ne saurait trop louer le zèle et le dévouement avec lesquels il s'est occupé des délicates fonctions dont il a été chargé.

AMBULANCES MOBILES

AMBULANCES MOBILES.

ORGANISATION

DES

AMBULANCES MOBILES DE LA PRESSE.

En organisant les Ambulances fixes de la Presse, le but du Comité était de venir en aide aux victimes de la guerre qui lui seraient adressées du champ de bataille. Le siége de la capitale le contraignit à organiser un service médical pour les secourir sur le lieu même du combat : de là le service de nos *Ambulances mobiles*.

Mais pourquoi créer un service médical quand tant de gens du monde s'offraient pour remplir cet office, et pourquoi point un service d'infirmiers comme cela se pratique dans l'administration de la Guerre ? A cela nous répondrons que porter des secours aux blessés sur le champ de bataille n'est pas une chose indifférente, que l'on puisse confier au premier venu ; on peut aggraver singulièrement la situation d'un malheureux blessé si, en le relevant, on ne le fait avec tous les ménagements indiqués par la blessure; et pour résumer notre pensée en un mot, disons qu'il ne suffit point d'être bon ou charitable, mais qu'il faut être instruit. Voilà pourquoi le Comité n'a voulu ni des gens du monde, ni des mercenaires pour l'aider dans ce pénible devoir. Grâce au concours du corps médical, il a pu organiser cinq grands postes médicaux au voisinage des remparts en face des grandes portes auprès desquelles il supposait devoir se passer les faits de guerre les plus importants. C'est dans cette pensée qu'ont été établies les cinq grandes ambulances suivantes :

1° Avenue d'Italie, station du chemin de fer de la Maison-Blanche.

2° A la station de Ouest-Ceinture, rue de Vanves.

3° 11, boulevard Flandrin, en face le bois de Boulogne, près du château de la Muette.

4° 119, boulevard Pereire.

5° 152, rue de Bagnolet, en face des forts d'Aubervilliers.

Ces postes étaient occupés par un certain nombre de médecins divisés en escouades; à ces médecins sont venus se joindre des élèves.

Ces escouades composées de médecins et d'étudiants étaient de garde vingt-quatre heures chacune; la garde commençait à midi et finissait le lendemain à la même heure. Chacune de ces ambulances mobiles eut un chef chargé d'établir des relations constantes avec le Comité. Elle était en rapport avec les commandants des secteurs et des forts du voisinage, de manière à pouvoir porter secours aux blessés et à soigner les malades qu'elle dirigeait sur les ambulances médicales si le cas paraissait sérieux.

Chacune de ces ambulances mobiles était donc devenue un centre de secours pour les blessés et les malades. — Tout un matériel était afférent à chacune de ces ambulances :

1° Un certain nombre de lits de camp pour les médecins de garde ;

2° Un certain nombre de lits pour les blessés ;

3° Des brancards simples, légers, faciles à porter, sur lesquels on avait fixé des paillassons légers ;

4° Un grand nombre de paillassons légers étaient destinés à envelopper les membres en cas de fracture.

Ces paillassons légers, faits d'une certaine façon et imaginés par un des médecins attachés aux Ambulances de la Presse, le docteur Bastien, ont paru très-bons pour faire de légers appareils à contention dans le cas de fracture de membre.

Un certain nombre de voitures, deux ou trois habituellement, faisaient le service de chaque ambulance mobile; elles servaient à transporter les médecins à leur poste, les malades et les blessés dans les ambulances. Ajoutons que chaque jour l'escouade des médecins de garde allait visiter les endroits occupés par la troupe, afin de savoir s'il n'y avait point de malades ou de blessés pouvant réclamer nos secours. Des hommes de peine étaient attachés à chaque ambulance, et au jour de combat tout le personnel se réunissait au lieu habituel de ses convocations, le chef de l'ambulance pouvant requérir alors toutes les voitures, tous les hommes dont il avait besoin. Au siége de chacune des ambulances se trouvaient déposées cinq boîtes dites d'ambulance, qui contenaient tous les éléments nécessaires à un premier pansement, soit qu'il s'agît d'une plaie simple, ou d'une plaie grave, même avec hémorrhagie, soit qu'il s'agît d'une fracture plus ou moins compliquée.

On s'était efforcé de réunir dans ces boîtes, très-simples d'ailleurs, tout ce qui peut être nécessaire pour remédier aux premiers accidents d'une plaie par une arme à feu, simple ou compliquée.

Le siége des ambulances mobiles a été primitivement placé en dedans des fortifications; mais bientôt, notre ligne de défense s'étendant, on dut créer des postes avancés. Grâce à cette modification, on a pu porter plus facilement des soins aux blessés, surtout quand le combat a eu lieu soit de nuit, soit le matin avant l'ouverture des portes.

Telles sont les dispositions qui furent prises et qui ont permis aux ambulances mobiles de rendre de véritables services dans les petits combats d'avant-poste. Nous verrons plus loin les divers moyens qui ont été imaginés pour devenir plus utiles encore le jour des combats sérieux.

Le concours de tous les médecins appartenant aux ambulances fixes et aux ambulances mobiles fut gratuit; cependant, tenant compte du déplacement de nos confrères et surtout de la position exceptionnelle des étudiants en médecine qui ne recevaient plus rien de leurs parents, le Comité alloua une indemnité de cinq francs par jour et par chaque médecin de garde, et une indemnité de soixante francs par mois pour chaque élève faisant partie des ambulances mobiles.

Il importe d'ajouter que chacune de ces ambulances mobiles eut dans son voisinage une grande ambulance-hôpital où elle put adresser ses malades et ses blessés[1].

D'ailleurs, pour mieux faire comprendre notre pensée et afin de faire connaître la composition de chacune de nos ambulances mobiles, nous allons donner ici une note succincte de chacune de ces ambulances avec son personnel comme nous l'avons fait pour les ambulances fixes.

1. Ou un hôpital répartiteur.

Premier pansement sur le champ de bataille; application des gouttières d'immobilisation.

AMBULANCE MOBILE DE LA GARE OUEST-CEINTURE.

M. LE DOCTEUR LUNIER, MÉDECIN EN CHEF.

Elle comprend cinq escouades :

1re *Escouade :*

MM. Foucaud de l'Espagnery, chef; Mitivié, Valdès, Simon, Noël.

2e *Escouade :*

MM. Boutigny, chef; Darvaris, Barrault, Hibon, Péride.

3e *Escouade :*

MM. Laskowski, chef; Béral, Figueroa, Kohly, Jochelson.

4e *Escouade :*

MM. Joly, chef; de Courtys, Béchard, Mauvoisin, Auger.

5e *Escouade :*

MM. Chopard, chef; Jacquet, Goldenstein, Durand.

Il y avait de plus, cinq volontaires, hommes du monde, remplissant, selon les circonstances, les fonctions d'infirmiers, de brancardiers, aides, etc.: — ce sont

MM. Arnould, Desavenières, Max, Schweyer et Guyot-Sionnest.

Enfin cinq porteurs-infirmiers et une dame infirmière complétaient le personnel de cette ambulance mobile.

Nous avons établi successivement :

1° Un poste intra-muros à la gare de Ouest-Ceinture;

2° Six postes extra-muros à Vanves, à Clamart, à Montrouge, à Arcueil et à Cachan.

POSTE D'OUEST-CEINTURE.

C'était le poste central où l'on se réunissait tous les jours à midi pour prendre la garde et d'où l'on partait pour les postes extérieurs. On y avait déposé :

1° Cinq boîtes d'ambulance, dont une grande plus complète, pour le service du poste, et quatre plus petites, portatives;

2° Des brancards, des paillassons, des matelas, des drapeaux et enfin quelques médicaments.

On disposait pour y placer momentanément les malades, du bureau d'octroi garni de trois lits.

On se servait pour le transport des malades et des blessés, de fourgons et d'omnibus.

Chaque fourgon contenait :

Une petite boîte d'ambulance;

Deux brancards garnis;

Deux paires de bretelles;

Deux matelas recouverts de toile cirée, une couverture;

Un gros bidon plein d'eau;

Une cuvette en fer battu;

Une gourde remplie d'eau additionnée d'un vingtième d'eau-de-vie;

Un rouleau de paillassons (2 paillassons-gouttières pour jambes, 2 pour bras; 2 paillassons-lits);

Trois drapeaux à croix rouge, dont un fixé à la voiture.

Les voitures omnibus contenaient les mêmes objets, à l'exception des matelas.

Les voitures omnibus sont assurément moins commodes pour transporter les hommes atteints de blessures graves des membres inférieurs ou du tronc; mais on peut y placer plus de soldats blessés légèrement, et c'est heureusement le plus grand nombre.

Il est donc utile d'avoir de ces deux sortes de voitures sur le champ de bataille.

POSTE DE VANVES.

(Grande rue de Vanves, n° 5.)

Ce poste, placé à l'embranchement de la grande rue de Vanves à Paris et de celle qui conduit d'un côté à Issy et de l'autre à Montrouge, était occupé à titre permanent par un porteur-infirmier, chargé de recevoir les blessés et les malades qu'on amenait des différents corps casernés dans le voisinage. Le poste était muni d'une boîte d'ambulance, des brancards, paillassons, matelas, couvertures, etc.

PREMIER POSTE DE CLAMART.

(Rue de Paris, n° 77.)

Ce poste, établi en avant du fort d'Issy, à l'entrée de Clamart, était occupé de jour et de nuit par deux médecins et un brancardier; nous y avions une boîte d'ambulance, des brancards, paillassons, matelas, couvertures, etc. Il y avait de plus, dans le même corps de bâtiment, une remise pour nos voitures. Pendant le bombardement, les deux médecins qui occupaient ce poste, MM. Manvoisin et Simon, n'ont pas voulu le quitter bien qu'ils y fussent fort exposés et que je leur eusse conseillé de se replier. Le 8 janvier, à 7 heures du matin, un obus vint trouer le mur de façade et couvrir les deux médecins et l'infirmier de moellons et de platras : ils furent atteints tous les trois, mais surtout M. Simon qui fut blessé à la tête ; ils purent cependant quitter le poste et se replier sur celui de Vanves, qui fut dès lors de ce côté notre poste le plus avancé.

DEUXIÈME POSTE DE CLAMART.

(Rue de Sèvres, n° 21.)

Ce poste, établi à l'embranchement de la grande rue de Paris qui traverse le bourg de Clamart dans toute sa longueur et de celle qui conduit d'un côté à Châtillon et de l'autre à Meudon, n'était à proprement parler qu'un dépôt de matériel; il n'était donc point occupé et n'était guère destiné à servir qu'en cas de combat.

POSTE DE MONTROUGE.

(Collége Saint-Joseph.)

C'était le plus important de nos postes extérieurs. Le service y était fait de jour et de nuit par deux gardiens et une dame infirmière. Nous y avions une boîte d'ambulance, dix lits montés, une salle d'isolement pour les maladies contagieuses, des brancards, des paillassons et quelques médicaments. C'était principalement à ce poste qu'on nous amenait les blessés et les fiévreux des différents corps casernés à Montrouge et au Petit-Vanves. Vers le commencement de décembre ce poste fut transféré route de Châtillon, 74, où, sur la demande de l'intendance, nous installâmes une infirmerie pour la division Corréard. M. le docteur Valdès s'y installa dès lors à demeure comme chef de service de tous nos postes extérieurs.

POSTE D'ARCUEIL.

Ce poste, établi vers le milieu de novembre, au n° 4 de la route d'Orléans, à 300 mètres du fort de Montrouge, n'a pas tardé à prendre une grande importance, surtout après le départ de l'Ambulance internationale qui était établie dans le couvent des Dominicains. Il était occupé à titre permanent par deux médecins, MM. les docteurs Durand et Darvaris, et deux brancardiers qui ne l'ont quitté que le lendemain de la signature de l'armistice.

POSTE DE CACHAN.

(Place de Cachan.)

Ce poste, comme le 2e de Clamart, n'était à proprement parler qu'un poste de combat. Il était occupé de jour par l'un des brancardiers du poste d'Arcueil.

SERVICE DES POSTES.

Il y avait un médecin de garde à la gare d'Ouest-Ceinture; tous les autres se rendaient le soir de midi à six heures et le matin de huit à onze heures aux postes extérieurs : deux à Clamart, Vanves et Issy, deux à Montrouge, Arcueil et Cachan.

A midi et demi, départ des voitures : l'une pour Vanves et Clamart, l'autre pour Arcueil et Cachan. La première fraction d'escouade se tenait aux postes avancés de Clamart, Vanves, Issy, et se repliait à cinq heures en ramenant les blessés et les fiévreux au poste de Montrouge, et au besoin, directement, aux ambulances centrales.

La seconde fraction d'escouade faisait le même service pour les postes avancés d'Arcueil et de Cachan, elle se repliait également à cinq heures sur le poste de Montrouge.

SERVICES RENDUS.

Le service des escouades de cette Ambulance a commencé le 20 septembre. Depuis cette époque, des blessés ou des fiévreux ont été transportés dans les Ambulances centrales. Dans les différentes journées du 30 septembre (Chevilly et Cachan), du 13 octobre (Bagneux et Châtillon), du 21 octobre (Rueil), du 30 novembre (Villiers, Créteil, Champigny, l'Haÿ), du 19 janvier 1871 (Buzenval), elle a transporté un grand nombre de blessés soit chez eux, soit à l'Ambulance mère des ponts et chaussées, soit dans les hôpitaux répartiteurs. En dehors de ces services extraordinaires, cette ambulance mobile a quotidiennement relevé des blessés soit aux avant-postes d'Issy à Cachan, soit à la maraude, soit accidentellement, leur a donné les premiers soins et les a ensuite fait transporter dans des ambulances centrales.

Le transport des fiévreux n'a pas été moins important, et les régiments de ligne, les mobiles de divers départements, les gardiens de la paix, etc., ont tour à tour fourni un contingent considérable de malades, qui ont été transportés dans les hôpitaux intra-muros.

Du 25 septembre 1870 au 15 février 1871, le chiffre des malades transportés, dont le nom a été inscrit sur des registres à souche ou des états nominatifs, s'est élevé à 4085. Nous tenions du reste un compte exact et détaillé des blessés et des fiévreux que nous transférions, et nous en donnions copie aux différents chefs de corps. Nous avons desservi à peu près complétement pendant cinq mois la zone comprise entre la route d'Orléans à gauche et la route de Versailles à droite, depuis l'enceinte jusqu'aux postes avancés de Cachan, Bagneux, Châtillon, Clamart et le Val-Fleury.

A partir du 28 janvier, notre infirmerie divisionnaire et notre centre d'action ont été transférés rue de l'Arrivée, n° 8, près la gare Montparnasse.

1. Nous venons de donner avec détails l'histoire d'une de nos ambulances mobiles, afin de bien en faire comprendre le mécanisme. Pour les autres, nous serons sobres de détails pour éviter les répétitions.

AMBULANCE MOBILE DE LA MAISON-BLANCHE.

Cette Ambulance, placée du 23 septembre au 1er décembre sous la direction du docteur Andrieux, puis sous celle du docteur Bocquillon, était installée à la gare de la Maison-Blanche, chemin de fer de ceinture; elle était composée de cinq escouades, à la tête de chacune desquelles se trouvait un docteur dirigeant cinq élèves. Voici, à la date du 1er novembre, la composition de ce personnel :

1re *Escouade :*

M. Isard, docteur, chef d'escouade; élèves : MM. Gadey, Zdzitowieski, Bartozzewiecz, Staes, Jovite.

2e *Escouade :*

M. Rozier, docteur, chef d'escouade; élèves : MM. Leboucher, Jougla, Dubosq, Goldstein, Dorville.

3e *Escouade :*

M. Jacquème, docteur, chef; élèves : MM. Chauvin, Poussin, Mégevand, Mercadier, Kalbfleisch.

4e *Escouade :*

M. Andrieux, docteur, chef; élèves : MM. Petrini, Delguey, Ullé, Saint-Joseph, Lupus.

5e *Escouade :*

M. Bocquillon, docteur, chef; élèves : MM. docteur Rabejac, Bercaru, Ursulesco, de Roquetaillade, Hercod.

Deux brancardiers-porteurs et une estafette.

Le local réservé à l'Ambulance mobile de la Maison-Blanche était la salle d'attente des voyageurs. Elle contenait six lits fournis par la philanthropie des personnes du voisinage. Ces lits servaient au repos des médecins et élèves de service pendant la nuit, au pansement des blessés pendant le jour.

A Villejuif, l'un des points les plus tourmentés pendant le siége, toute une maison servait d'ambulance annexe; celle-ci se trouvait placée sur la route de Choisy-le-Roi, sous le feu de Bicêtre, entre les redoutes du Moulin-Saquet et des Hautes-Bruyères, et ne put, malgré son importance, mais à cause de sa situation, montrer avec éclat l'utilité des Ambulances de la Presse.

Chacun de ces postes est pourvu de nombreux brancards, de brancards-lits, de boîtes à pansement, de havresacs, de gourdes, de bandes, de charpie, de gouttières, de paillassons, des médicaments indispensables, etc.; en un mot, du même matériel que celui de Ouest-Ceinture.

Dans les divers combats qui ont été livrés sous Paris, cette ambulance a fonctionné avec une grande activité.

L'Ambulance mobile de la Maison-Blanche a conduit dans Paris, au moyen de ses trois voitures quotidiennes et d'autres voitures de la Presse, 1420 malades ou blessés, dont les noms ont été fidèlement enregistrés (militaires ou gardes recueillis aux postes avancés du Moulin-Saquet, des Hautes-Bruyères, de Vitry, de Villejuif, et sur toute la zone d'action qui s'étendait du chemin de Sceaux au chemin de fer d'Orléans).

Nombre approximatif envoyé dans les Ambulances de la Presse, 800.

Elle a soigné parmi la population du quartier, hommes, femmes et enfants, 160.

Le nombre des blessés que son personnel a pansés aux combats de l'Haÿ, de Chevilly, de Villiers, de Brie-sur-Marne, du Bourget, de Rueil et Montretout, où elle était réunie aux autres Ambulances mobiles, peut être évalué à 350. Tous ces blessés ont été ramenés dans l'intérieur de Paris par les voitures de la Presse.

Ce qui donnerait un total minimum de 1930 blessés ou malades soignés par les 30 médecins de cette Ambulance, depuis le 23 septembre 1870 jusqu'au 3 février 1871.

AMBULANCE MOBILE DE BAGNOLET.

CHEF D'AMBULANCE, DOCTEUR DEVAILLY.

L'Ambulance mobile de la Presse, établie rue de Bagnolet, 152[1], est divisée en cinq escouades composées chacune de cinq médecins, dont trois faisaient le service de jour et deux celui de la nuit, ayant à leur disposition des boîtes de secours garnies des objets nécessaires pour un premier pansement. Des brancards-lits, garnis de paillassons, de gouttières pour bras et jambes, de bidons complètaient le matériel réglementaire.

Trois hommes de peine, une voiture omnibus du chemin de fer d'Orléans, deux voitures-fourgons, fournies par M. Maugnin, 74, rue de la Roquette, deux estafettes, enfin un petit coupé envoyé par l'administration des Messageries générales, permettaient d'assurer d'une manière irréprochable le service de cette Ambulance.

Les rares combats livrés dans ce secteur expliquent le petit nombre de blessés recueillis tout d'abord. Cette circonstance a provoqué l'installation d'une seconde Ambulance annexe extra-muros; elle contenait quatre lits et était occupée, mais de jour seulement, par un

1. Pensionnat de M. Lebevec, qui avait mis à la disposition de l'Ambulance le matériel de son établissement.

élève en médecine, M. Boizard, et un homme de peine qui y passait la nuit.

Un registre à souche tient très-soigneusement compte des évacuations diverses qui ont été faites à l'Ambulance des Arts-et-Métiers, au ministère de la Marine, de la rue Mongenot ou bien encore à l'hôpital de Vincennes.

L'Ambulance mobile de Bagnolet, n° 152, avec ses postes-infirmeries de Romainville et d'Aubervilliers, a transporté, de la fin septembre 1870 au 28 janvier 1871, dans les hôpitaux et Ambulances avec les voitures de la Presse, 160 blessés, 3467 malades. Dans les combats de Montmesly, Villiers-sur-Marne, Champigny, le Bourget et Buzenval, plus de 500 blessés ont été pansés par le personnel de l'Ambulance, mais il a été matériellement impossible de noter les blessés transportés par les voitures de la Presse.

Cette Ambulance, dirigée par M. le docteur Devailly, se composait du personnel médical suivant :

1re *Escouade :*

MM. Gibert, Fleutiaux, Basset, Rivals, Baron.

2e *Escouade :*

MM. Devailly, Demouy, Darbez, Le Dreux, Lafage.

3e *Escouade :*

MM. Gros-Jean, Handvogel, Boizard, Feniau, Passerini.

4e *Escouade :*

MM. Lombard, Goudoin, Pinaud, Nicot.

5e *Escouade :*

MM. Lannoy, Rech, de Morand Bergeron, Passerini.

AMBULANCE DE ROMAINVILLE.

ANNEXE DE BAGNOLET.

C'est le 20 septembre que fut installée à Romainville une nouvelle Ambulance destinée à secourir les malades et les blessés de Bondy, de Bobigny, de Noisy-le-Sec, villages alors dépourvus de médecins. M. Boizard, étudiant en médecine, fut appelé à ce poste et s'est constamment montré à la hauteur de la mission qui lui fut confiée. Il secourut avec un égal zèle les malades et les blessés. Ni le froid, ni la neige, ni les obus ne l'arrêtèrent, et le Comité est heureux de donner ici un témoignage d'estime à ce jeune et vaillant médecin. Dans ce poste périlleux, il a donné aux malheureux habitants du pays plus de trois cents consultations, et il a secouru 1456 victimes de la guerre, lesquelles après avoir été pansées ou réconfortées ont pu, grâce à nos voitures, être hospitalisées, soit dans nos Ambulances, soit dans les hôpitaux. Forcé de quitter Romainville au moment du bombardement, M. Boizard établit une autre Ambulance à Bagnolet, où il continua à prodiguer ses soins aux malades et aux blessés. Jusqu'à la fin de la guerre, dans les derniers jours du siége, notre jeune confrère fut spécialement chargé de la grande Ambulance d'Aubervilliers, autre dépendance de celle de Bagnolet.

AMBULANCE MOBILE DE L'AVENUE FLANDRIN.

(BASTIONS 55 A 67.)

En jetant un coup d'œil sur le plan de Paris, devenu place de guerre, et en étudiant la situation des divers postes choisis par le Comité des Ambulances de la Presse, on constatera que leur choix a été heureux au point de vue stratégique.

L'importance du Mont-Valérien, qui commandait un des points les plus utiles au ravitaillement de Paris, et à sa jonction possible avec la province par la Seine, détermina l'installation d'une Ambulance mobile entre les remparts et le chemin de fer de ceinture, près la glacière de Passy, dans une maison libéralement offerte par M. Rouen, avenue Flandrin, n° 11. Le 21 septembre 1870 fut organisé le personnel de cette Ambulance, qui se trouva bientôt appelée à rendre de grands services dans le périmètre du 6e secteur et à justifier le choix de son emplacement. Son personnel a occupé, pendant la durée du siége, les postes avancés de Billancourt, Boulogne, Neuilly, Courbevoie, Puteaux, Suresnes, Nanterre, Rueil.

Quatre escouades composées de cinq membres furent organisées, sous la direction de M. Niox, chef et doyen

11

d'âge de l'Ambulance. Leur personnel était composé de docteurs et d'étudiants :

MM. Gretscher, Gonnard, Doudement, Popesco, Poncelet, Putel, Legrip, Michon, Nicholson, Fresnel, Vivier, Bujeon, Bousset, Bazire, Oustalet, Dublanchet, Joly, Mora, Vaqueret.

Quotidiennement, jour et nuit, les uns au poste de départ, les autres aux postes précités extra-muros, assurèrent le service jusqu'au 18 janvier 1871, date douloureuse de la dernière sortie tentée sans succès par l'armée de Paris, dans la région même que desservait cette Ambulance. Elle contribua à ramener les blessés aux pavillons de Longchamps, dont nous dirons plus loin l'organisation sans précédents; vaste théâtre de soins donnés avec une égale sollicitude aux blessés du siége de Paris ayant combattu l'invasion étrangère, et aux victimes de la guerre civile.

Chaque matin à huit heures, à la porte de l'Ambulance Flandrin, se trouvaient trois voitures destinées à se rendre aux postes extra-muros. On remarquait parmi quelques-unes offertes comme auxiliaires les grands fourgons du Louvre et des tapissières amenées par des habitants du XVIe arrondissement.

Le service quotidien a compris : 1° les soins à donner, au siége même de l'Ambulance, pour les habitants du quartier, plusieurs fractures et accidents causés par imprudence des gardes nationaux aux remparts; l'exercice des brancardiers au maniement des appareils, à l'enlèvement des blessés pour les poser sans secousse sur les brancards et dans les voitures.

2° Les excursions quotidiennes, matin et soir, avec voitures et personnel médical, aux avant-postes de troupes de toutes armes : mobile, ligne, artillerie, francs-tireurs, cavalerie, dont l'Intendance militaire avait donné la liste et indiqué les casernements. On ramenait à Paris les malades et blessés ayant besoin d'un séjour aux Ambulances fixes.

3° Les excursions imprévues, les jours de combat, sur le champ de bataille même.

Au nombre de ces dernières, il faut ranger les visites faites par l'Ambulance Flandrin, sur la demande du curé de Saint-Cloud, aux habitants et malades de l'hôpital, privés de secours et envahis par les avant-postes prussiens. Reçue d'abord au bout du fusil, l'Ambulance ayant fait connaître son but, gagna l'admiration des Prussiens pour le dévouement des médecins français, et obtint passage pendant une quinzaine de jours, pour ce pèlerinage, jusqu'à l'évacuation sur Versailles des derniers habitants de Saint-Cloud. Neuf blessés par les armes à feu furent entre autres soignés à Saint-Cloud même, par l'Ambulance Flandrin.

L'Ambulance accourait, au bruit du canon, rejoindre les autres escouades, plus près du combat, et mérita le surnom de Nomade, pour être arrivée sans avoir pu être prévenue à Châtillon, à Arcueil, à Champigny, au Bourget. On la vit toujours, non-seulement au fort de la mêlée, mais encore le lendemain de bonne heure, explorant les champs et les bois à la recherche des blessés qui n'avaient pu être trouvés la veille, à la nuit tombante et à cause des accidents de terrain qui les masquaient, comme à Buzenval et dans les coteaux de la Jonchère; 415 blessés ont été, par elle, répartis entre nos postes fixes d'Iéna, des Saints-Pères et des Arts-et-Métiers.

RÉSUMÉ GÉNÉRAL DU SERVICE MÉDICAL ET CHIRURGICAL DE L'AMBULANCE FLANDRIN

6e SECTEUR

Du 16 septembre 1870 au 28 janvier 1871

CONSULTATIONS au siége de l'Ambulance.	EXCURSIONS QUOTIDIENNES en dehors de l'enceinte.	EXCURSIONS SUR LE CHAMP DE BATAILLE — Pendant le combat.	EXCURSIONS SUR LE CHAMP DE BATAILLE — Le lendemain du combat pour rechercher les blessés.	TRANSPORT des blessés et des malades dans les hôpitaux et ambulances.
70, dont une fracture de l'avant-bras. 12 blessures par imprudence. 50 visites réclamées dans le secteur et ses divisions.	1° Aux trois postes avancés de l'Ambulance Flandrin : 1. Boulogne. — 2. Billancourt. — 3. Nanterre. 2° Aux divers endroits indiqués ci-après : Puteaux, Suresnes, Saint-Cloud, Mont-Valérien, Neuilly, Courbevoie, Rueil. Dans ces excursions : Visites aux diverses infirmeries et ambulances. Pansements des blessés et des malades. Consultations aux militaires et aux habitants privés de médecins.	Châtillon. Rueil. La Jonchère. Buzenval. Saint-Cloud. Cachan. Champigny. Villiers. Joinville-le-Pont. Petit-Brie. Le Bourget. Le 19 janvier. Rueil. La Jonchère. Buzenval. La Fouilleuse.	Rueil. La Jonchère. Buzenval. Champigny. Villiers. Joinville-le-Pont. Le 20 janvier. Rueil. Buzenval. La Fouilleuse.	Ligne. Artillerie. Marine. Garde nationale. Mobiles. { Aube. Seine-et-Marne. Seine-et-Oise. Morbihan. Côte-d'Or. Côtes-du-Nord. Drôme. Ille-et-Vilaine. Jusqu'au 1er janvier. 1115 Du 1er au 28 — 265 Total. . . . 1380

AMBULANCE MOBILE DU BOULEVARD PEREIRE, 119.

RÉSUMÉ DES TRAVAUX ET SERVICES DU PERSONNEL.

DOCTEUR CABANNELLAS, CHEF.

L'Ambulance mobile du boulevard Pereire a été inaugurée le 17 septembre et a fonctionné depuis ce moment et sans interruption sous la direction de M. le docteur Cabannellas.

Pendant toute la durée du siége, le poste a été occupé nuit et jour par les médecins de service.

Le personnel avec matériel et voitures s'est transporté tous les jours à tous les points principaux du secteur occupés par nos troupes, jusqu'aux avant-postes. Pendant les deux premiers mois, les nombreuses escarmouches qui avaient lieu entre les avant-postes ennemis et nos troupes fournirent un bon nombre de blessés, et dans les tranchées, comme aux postes fixes, il y avait des malades que nos médecins soignaient immédiatement et dirigeaient ensuite sur les Ambulances de Beaujon et de Monceaux. Le nombre des malades augmentant considérablement et notre centre d'activité s'étendant beaucoup, l'Ambulance dut créer deux postes annexes à Colombes et à Saint-Denis, afin que le service ne laissât rien à désirer. Le poste de Colombes fut occupé pendant deux mois par le docteur Olivieri, et celui de Saint-Denis, de création plus récente, par le docteur Mérandon. Ce dernier demeura à Saint-Denis pendant toute la durée du bombardement et dut pourvoir au transport de cinq cents malades, provenant des différents établissements hospitaliers de Saint Denis.

L'Ambulance du boulevard Pereire, indépendamment de son service régulier à Asnières, à Neuilly, à Courbevoie, à Colombes, à Champeret-Levallois, a donné ses soins à tous les soldats malades ou blessés (de toute arme et de tout grade) établis dans les nombreux baraquements et postes circonvoisins. Le total du nombre des malades et des blessés, relevés par les soins des médecins de l'Ambulance Pereire, tant dans le secteur qu'aux champs de bataille, a été de *trois mille cinq cents*.

Les chirurgiens-médecins et élèves qui sont demeurés attachés à l'Ambulance Pereire, depuis *sa fondation jusqu'à la fin*, sont : MM. les docteurs Cabannellas, de Langenhagen, Mérandon, Piel, Bachelet, Oliviéri, Campmas ; — les élèves Loustau, Tapret, Godebert, Taffin, Marty. — Une partie du personnel occupant des fonctions dans la garde nationale a dû se séparer de nous. Nous avons pourvu à son remplacement par les élèves Rabourdin, Watelet, Vieillard et Debout.

RAPPORT DU DOCTEUR MÉRANDON

SUR LES SERVICES RENDUS

PAR L'AMBULANCE DE SAINT-DENIS.

ANNEXE DE L'AMBULANCE PEREIRE.

M. le docteur Demarquay, directeur des Ambulances mobiles de la Presse (annexes du Ministère de la guerre), ayant reçu ordre du Ministère d'établir un poste médical à Saint-Denis, transmit cet ordre à M. le docteur Cabannellas, chef de l'Ambulance mobile établie boulevard Pereire, n° 119, qui me désigna pour ce service.

Je partis immédiatement pour ma destination.

A Saint-Denis, rue des Poissonniers, n° 20 (maison Coignet), je trouvai le poste établi depuis plusieurs jours et tout le matériel nécessaire : infirmiers, brancards, matelas, linge, etc.

M. de la Grangerie, secrétaire général du Comité, y avait envoyé M. Gaillardin comme chef du poste, chargé de l'administration, et M. Cherrier, cavalier estafette.

A partir du jour de mon installation, 7 janvier 1871, je me mettais en relations directes et offrais les services, lits et locaux des Ambulances de la Presse à M. l'amiral de la Roncière le Noury, à l'intendant militaire de la division de Saint-Denis M. Heuillet, à M. Moreau, maire de la ville, et au colonel Pietri, commandant dans l'Ile Saint-Denis les trois premiers bataillons des mobiles de la Seine.

Pendant les jours qui précédèrent le bombardement, je parcourais les localités, renouvelant mes offres de service et me mettant, au nom de la Presse, à la disposition de tout le monde et de tous, civils et militaires. Je poussais mes excursions jusque dans les forts de l'Est, de la Double-Couronne, de la Briche; à l'Ile Saint-Denis, à Villeneuve-la-Garenne, à la Courneuve. Je dois dire que partout je fus très-bien accueilli; je note en particulier les aimables réceptions de M. l'amiral de la Roncière le Noury, de M. l'intendant, des médecins de la Légion d'honneur et de M. le maire.

Voici la liste des blessés et malades transportés à Paris en ma présence et par les voitures de la Presse :

Avant le bombardement

301 malades et blessés provenant de la Légion d'honneur;

60 malades et blessés provenant de l'Ambulance militaire, située grande rue de Paris; médecin en chef : M. Autric, chirurgien de marine de 1re classe;

Une trentaine de malades provenant des Ambulances de l'Internationale de Saint-Denis, établies rue des Fontaines et rue des Poissonniers.

Pendant le bombardement, qui commença le 20 janvier, je reçus à l'Ambulance 50 militaires et civils blessés et malades répartis ainsi :

Fort de la Double-Couronne.	1 capitaine blessé.
	20 militaires blessés.
Fort de la Briche.	12 militaires blessés.
En ville.	4 marins.

Fort de la Briche	4 gardes nationaux mobilisés blessés. 2 artilleurs malades.
En ville.	2 femmes blessées. 1 jeune fille de treize ans blessée. 4 mobiles blessés;

une dizaine de blessés militaires que je pansais à l'Ambulance et renvoyais ensuite à leur fort ou leur campement; une dizaine de personnes blessées ou malades que je soignais en ville, rue Compoise et place de la Mairie.

Comme services rendus par l'Ambulance de la Presse établie à Saint-Denis, j'ajouterai encore l'évacuation sur Paris, pendant le bombardement et sous le feu de l'ennemi, d'une quarantaine de malades de l'Hôtel-Dieu de la ville; MM. Gaillardin, Cherrier et moi étant présents et offrant notre secours et nos consolations aux sœurs et aux malades effrayés.

Le transport à Paris des malades et le concours prêté par le médecin et le matériel de la Presse aux Ambulances particulières de la Société internationale.

Je note en terminant que l'Ambulance de la Presse est restée *la seule* à Saint-Denis, non-seulement pendant toute la durée du bombardement, mais encore 48 heures après l'occupation de cette ville par les Allemands.

Les Ambulances et hospices de la Légion d'honneur, de la marine, de l'Internationale et de la ville étaient venus mettre leurs malades et blessés en sûreté à Paris.

Je remercie MM. les docteurs Dussard et Paquelin, envoyés sur ma demande par le Comité, du concours qu'ils m'ont prêté pendant 24 heures chacun, ainsi que l'élève Vieillard envoyé par M. le docteur Cabannellas.

Le docteur Mérandon.

RÉSUMÉ DES AMBULANCES MOBILES

AMBULANCES MOBILES.

Désignation des Ambulances.		Nombre des blessés ou malades transportés.
Ambulances	d'Ouest-Ceinture.	4085
—	de la Maison-Blanche . .	1930
—	de Bagnolet.	4127
—	de l'avenue Flandrin . .	1380
—	du boulevard Pereire . .	3500
	Total.	15022

UNE AMBULANCE DE LA PRESSE EN CAMPAGNE.

Nous venons de voir par quels moyens le Comité avait assuré le service de nos Ambulances mobiles dans le périmètre de Paris et de nos forts. Grâce à cette organisation et surtout à celle de nos postes avancés, nous avons pu porter des secours efficaces aux victimes de la guerre, quelque nombreuses qu'elles fussent. C'est ainsi qu'à Aubervilliers, grâce au dévouement des médecins, ainsi qu'à Romainville, pendant la période de froid excessif, nous avons pu, chaque jour, hospitaliser, dans Paris, plusieurs centaines de malades, de blessés ou de congelés. Un traité, ou mieux des conventions faites avec l'administration du chemin de fer de Lyon, d'Orléans et de la Poste, nous ont permis de disposer d'un nombre de voitures suffisant pour un pareil service. Nous devons ajouter ici que le dévouement de tout notre personnel a été vraiment admirable dans l'accomplissement de sa douloureuse mission ; car il ne suffisait point de recueillir les malades, les blessés et les congelés, il fallait leur trouver un gîte. Or, les administrations de la Guerre et de l'Assistance publique n'avaient point eu le temps de créer un nombre de lits suffisants pour caser un si grand nombre de malades. Heureusement l'initiative privée avait créé un grand nombre de lits ; mais, soit insuffisance, soit défaut d'une surveillance rigoureuse, souvent les lits manquaient, et nous avons vu de nos médecins errer dans Paris avec des voitures pleines de malades avant de pouvoir leur trouver un abri; mais ces difficultés se sont encore accrues au moment du bombardement. Un certain nombre d'hôpitaux ou de baraquements ayant dû être évacués, il en est résulté une diminution dans le nombre de lits ; il a fallu à notre personnel si dévoué, redoubler de zèle, se multiplier pour faire face à une pareille situation, d'autant plus pénible et difficile que nous voyions, chaque jour, diminuer le nombre de nos chevaux sans cesse réquisitionnés par la boucherie de Paris, et cependant, en ce moment, comme nous le dirons plus loin, l'Intendance nous demandait souvent non-seulement de continuer notre service journalier, mais encore de l'aider dans l'évacuation d'hôpitaux fixes ou temporaires menacés ou abîmés par les bombes ennemies. Il ne nous appartient point de juger l'Intendance, cela nous demanderait de trop longues études, mais nous pouvons dire que nous l'avons trouvée aux prises avec de bien grandes difficultés, et qu'elle a dû faire face à des nécessités bien impérieuses. — Et, comme dans toutes ces choses, il s'agissait d'améliorer la situation du soldat, nous nous sommes associés de tout cœur à l'œuvre pénible que l'Intendance avait à accomplir.

Dès la veille des grandes actions qui se sont passées sous Paris, grâce à l'intendant général, M. Wolf, nous étions prévenus, afin de prendre silencieusement toutes nos dispositions. Tout d'abord, les chefs de service chirurgicaux des Ambulances fixes, ainsi que leur personnel, étaient priés d'être à leur poste, afin de recevoir les blessés. Cela fait, tout le personnel de nos Ambulances mobiles, excepté les escouades qui étaient de garde, était convoqué par tous les chefs des Ambulances mobiles le

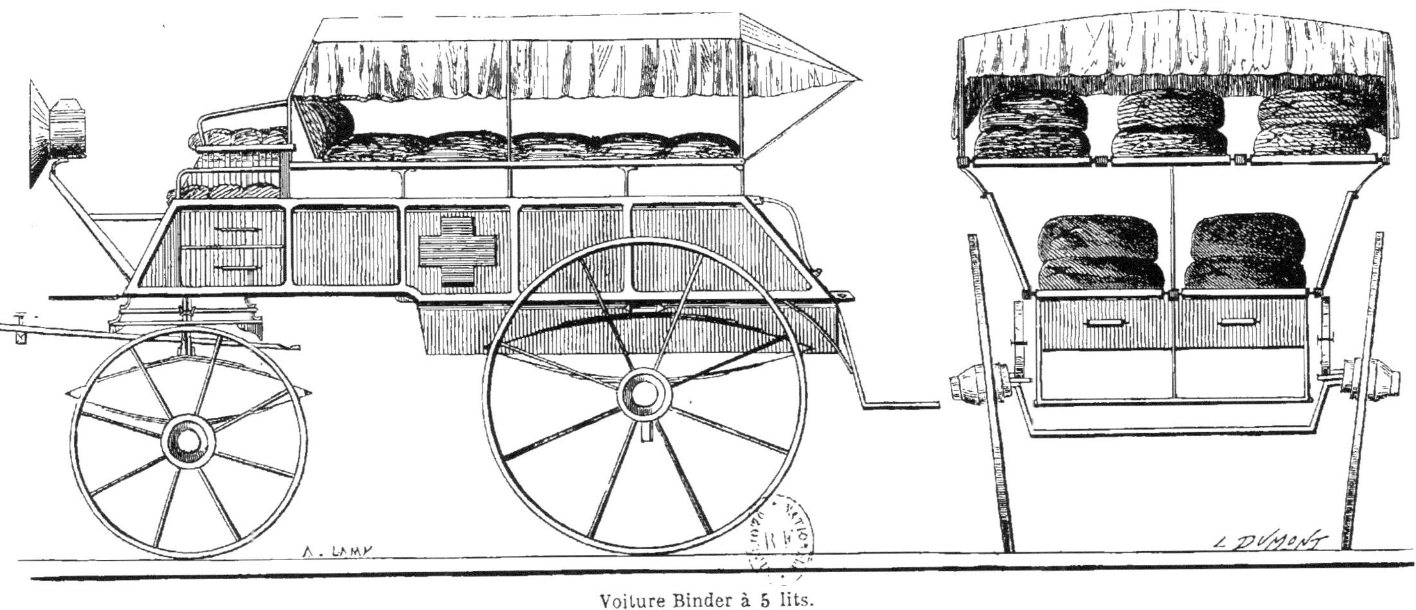

Voiture Binder à 5 lits.

matin, de grand matin, au lieu de nos réunions. Il en était de même des frères de la Doctrine chrétienne qui avaient accepté avec reconnaissance le rôle de brancardiers que nous leur avions confié. Ils répondaient avec empressement à notre appel, et nous pouvions réunir, en un instant, jusqu'à trois cents frères dévoués. Nous avons dit les services considérables qu'ils nous avaient rendus comme infirmiers, nous pouvons dire ici que comme brancardiers ils ont fait l'admiration de l'armée; ils réunissaient tout ce qu'il faut pour accomplir cette douloureuse mission, le courage, le sang-froid et une obéissance passive, mais intelligente, aux médecins qui les commandaient. Chaque médecin ou élève commandait une escouade de dix frères. Aussi, dès que le personnel médical et celui des brancardiers étaient réunis, chaque médecin reconnaissait son escouade de frères, montait en voiture, et l'ordre de départ était donné. Un mot maintenant sur notre matériel destiné au transport des blessés, à leur pansement et à leur alimentation. Ce n'est pas chose facile que d'organiser un matériel de guerre destiné à cet usage. Ainsi que nous l'avons dit plus haut, grâce à une convention passée avec les compagnies du chemin de fer de Lyon, d'Orléans et la Poste, nous disposions d'un matériel roulant considérable et qui fut élevé jusqu'à deux cents voitures, comme cela a eu lieu au combat de Champigny. Ces voitures, que tout le monde connaît, se composaient d'omnibus et de fourgons. Les premières servaient au transport des malades atteints de blessures légères. Les fourgons munis de matelas servaient au transport des malades gravement blessés.

Sous ce rapport, les intendances auront encore bien des progrès à réaliser. Les malades peu gravement blessés sont facilement transportés par les petits omnibus, dans la partie supérieure desquels il est facile de placer les sacs des soldats. Mais lorsqu'il s'agit de transporter des malades gravement atteints, les voitures dont dispose l'Intendance, celles de la Société internationale et de la Société américaine, qui sont les meilleures, et celles que nous avons fait faire par la maison Binder, laissent encore à désirer. C'est aussi l'opinion de mon savant ami le baron Mundy, qui a fait une étude attentive de ce sujet dans des brochures intéressantes et des conférences au Grand-Hôtel. Toutefois, cette voiture, modifiée et perfectionnée comme l'a fait M. Mundy, est, à mon sens, la meilleure voïture pour transporter au loin des malades gravement blessés. Le transport des blessés à de grandes distances est une question tellement importante, qu'elle mérite toute l'attention des intendances et du personnel médical militaire. Nous avons fait construire par M. Binder six voitures dont nous donnons le *fac-simile* (p. 173). Ces voitures sont solides, roulant facilement, bien suspendues, et sont divisées en deux compartiments. Le compartiment inférieur renferme deux matelas-lits, le supérieur, trois. Ces matelas sont fixes ou mobiles, c'est-à-dire roulant avec facilité ; le tout recouvert par une toile imperméable. Dans la caisse située au devant de la voiture se trouve un réservoir d'eau et tout ce qui est nécessaire au pansement des blessés, éponges, charpies, compresses, bandes, etc. Cette voiture modifiée peut devenir le modèle des voitures destinées aux blessés gravement atteints sur le champ de bataille. Le baron de Mundy lui a fait subir d'importantes modifications pour la rendre plus pratique en hiver. Disons, en terminant ce chapitre, que, sous ce rapport, bien des modifications doivent être introduites par les intendances dans les divers modes de transport des blessés, dont on trouvera un bon exposé

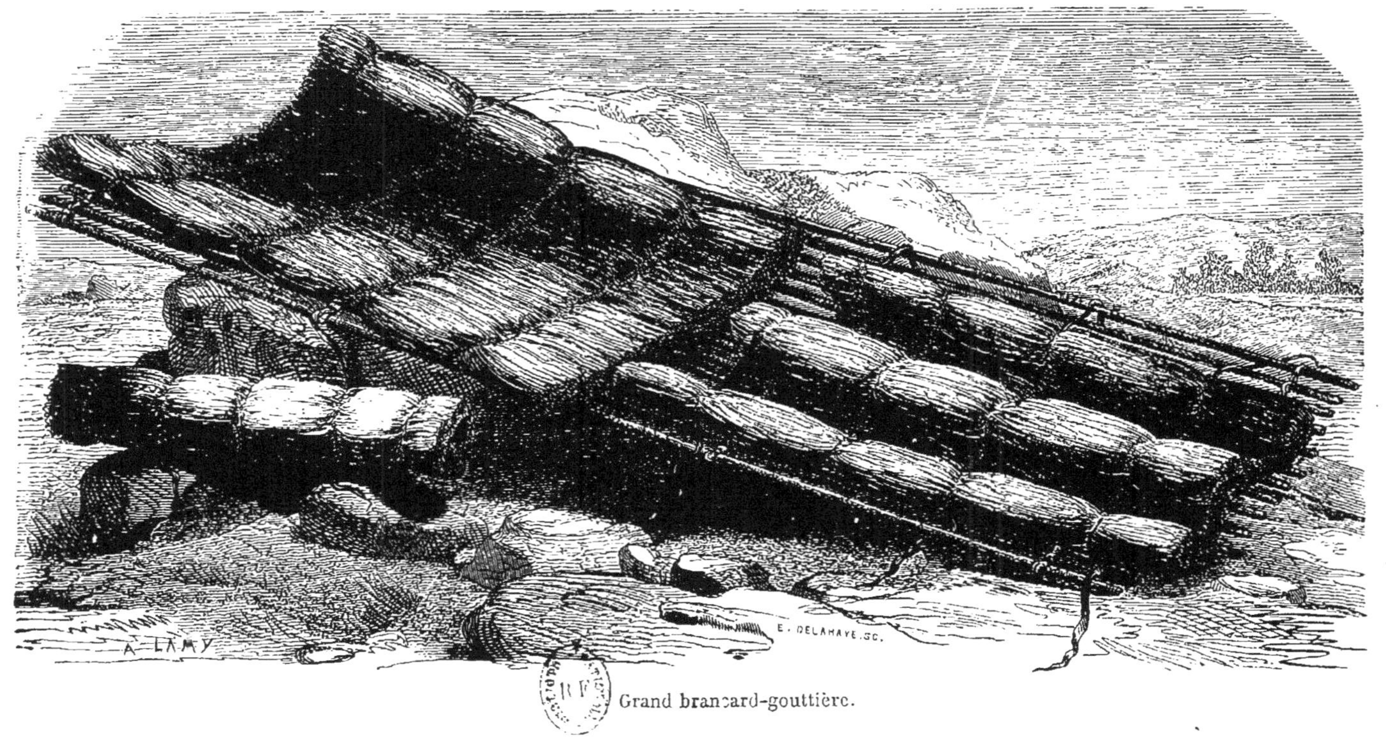

Grand brancard-gouttière.

Grands brancards-gouttières à anneaux

dans les *Premiers secours à donner aux blessés*, publiés par M. le docteur Bernard. Plusieurs fourgons étaient remplis de tous les éléments des pansements importants ou appareils de fracture; d'autres étaient remplis de munitions de bouche utiles aux malades et au personnel de l'Ambulance. J'ajouterai que chaque omnibus était muni des brancards nécessaires au personnel.

Des appareils très-simples imaginés ou préconisés par M. le docteur Bastien, ont été utilement employés par nous, tant sur le champ de bataille que dans les Ambulances.

Nous croyons devoir donner une description succincte de ces appareils :

APPAREILS DE TRANSPORT.

Deux modèles de brancards nous ont servi pendant la campagne. L'un et l'autre ont été employés avec avantage.

Le premier, le plus simple et le plus économique, est composé de deux fortes tiges de bois réunies entre elles par un treillis de légères traverses, reliées par un fil de fer. Des paillassons de jardin étendus sur ce treillis en font une couche moins dure. Le paillasson inférieur se soulève par le milieu, de façon à séparer les jambes du blessé, tandis que les bords externes de ce paillasson, relevés et attachés ensemble, forment deux gouttières destinées à maintenir les membres.

Le second modèle (*brancard-gouttière*), consiste en une sorte de claie d'osier assez résistante et assez souple à la fois, pour qu'en s'arrondissant elle enveloppe et soutienne le blessé d'une façon complète et qui facilite le transport, soit sur le brancard précédemment décrit, soit tout simplement à l'aide des poignées disposées aux extrémités et sur les bords de la claie-brancard.

Ces brancards perfectionnés, faits en bambou, seraient solides et légers, deux conditions indispensables à tout brancard. Sous ce rapport comme sous bien d'autres, il est important que tout ce qui sert au transport des blessés soit avantageusement modifié. Ajoutons, en terminant, que tout notre personnel médical et de brancardiers était muni d'un sac en toile contenant les éléments de tout pansement simple, et que chaque escouade était munie d'une boîte d'ambulance contenant tout ce qui était nécessaire à la contention d'une fracture, à l'arrêt d'une hémorrhagie. De plus, chaque Frère brancardier et chaque médecin était porteur d'un bidon — rempli d'un mélange d'eau-de-vie et d'eau — servant à étancher la soif des blessés et des malades en temps ordinaire.

A ces appareils se joint le sac d'ambulance renfermant les appareils dits contentifs, applicables aux membres supérieurs et inférieurs. On ne compte pas moins de quinze à vingt gouttières de dimensions différentes, pouvant servir de gouttières-écharpes, ou de gouttières-attelles : les unes, taillées dans des paillassons de jardin; les autres, en bois articulé, doublées de coussinets, sont réunies et toutes préparées à recevoir les membres blessés. Des bandes, de la charpie, etc., complètent le sac, qui est lui-même une gouttière plus large ingénieusement repliée de façon à former une sorte de valise qu'un des brancardiers porte sur le dos. Chacun des brancardiers portait en outre sur le champ de bataille une gouttière de bras et de jambe.

Les pièces que nous venons de décrire ne sont pas seulement employées pour les premiers pansements;

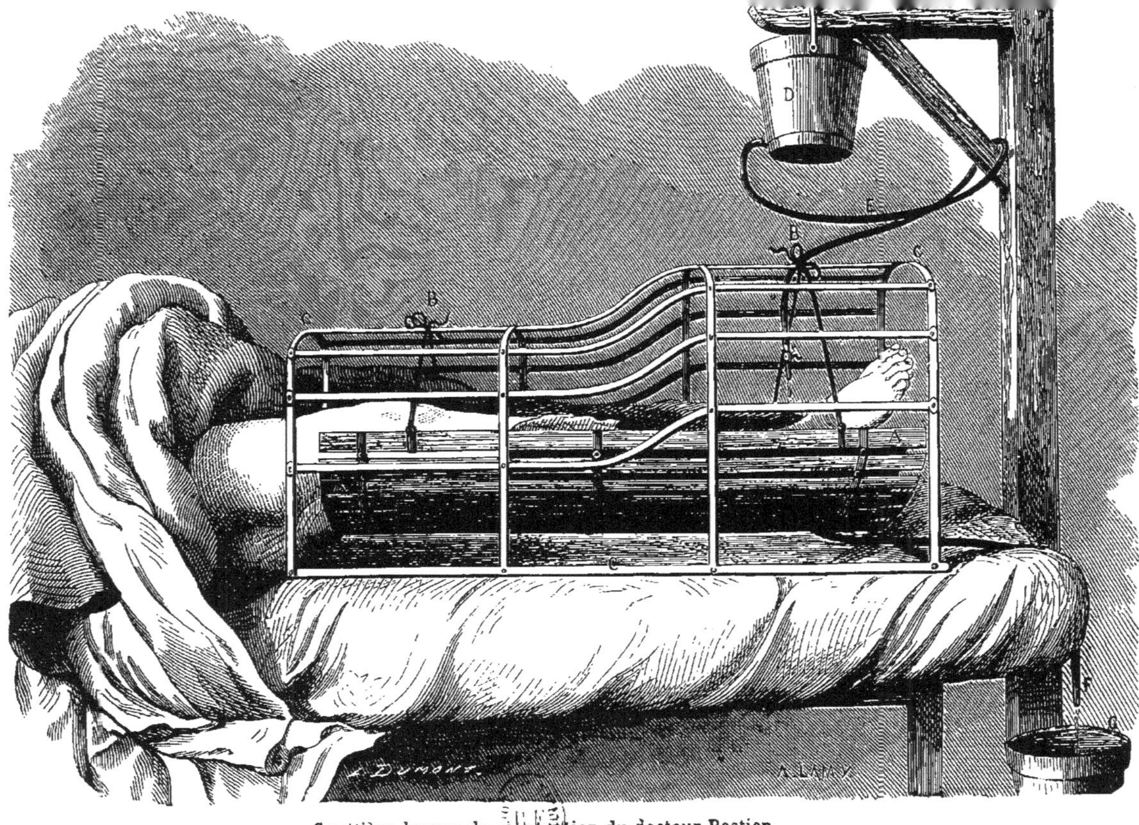

Gouttière-hamac de contention du docteur Bastien.

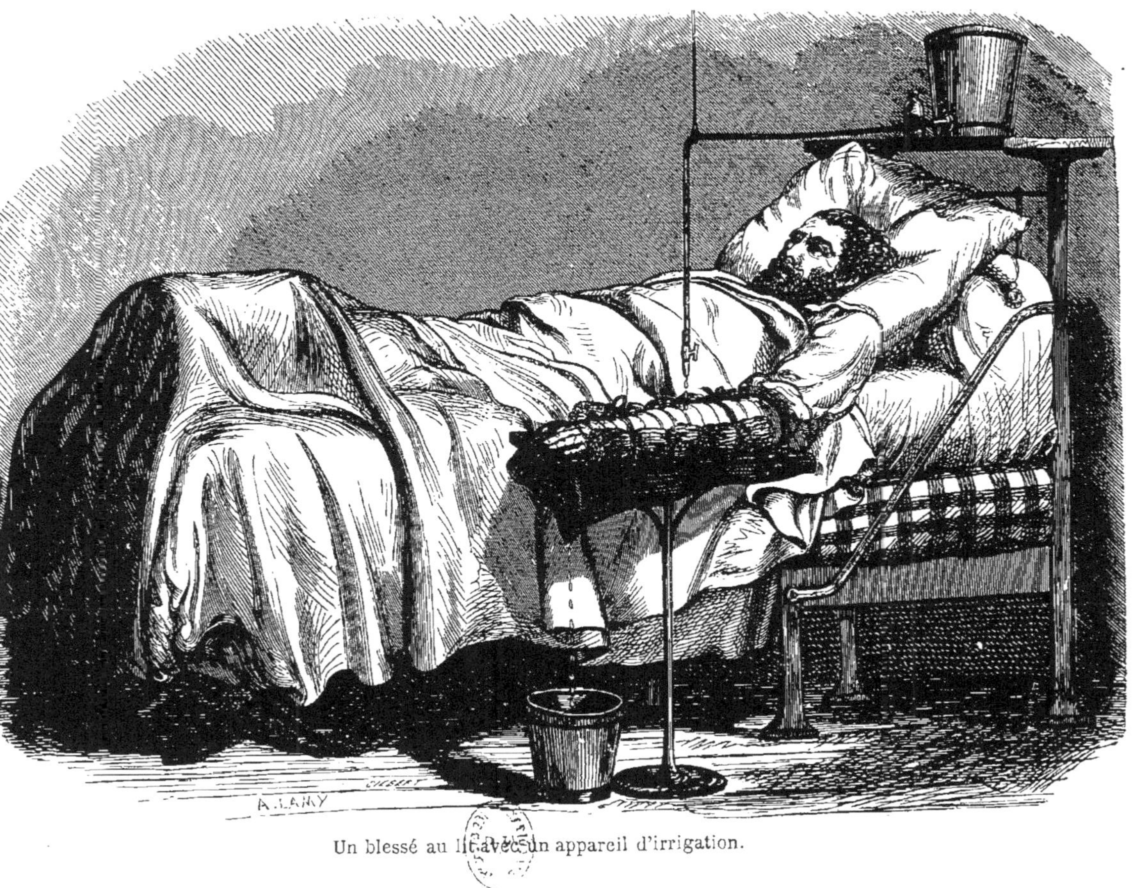

Un blessé au lit avec un appareil d'irrigation.

elles nous ont constamment servi pour les Ambulances pendant le traitement.

Nous devons aussi mentionner des appareils de contention appelés *gouttières-hamacs*, formés, comme les précédents, de tissu de paille ou de bois articulé. Ceux-ci sont particulièrement efficaces, surtout dans la saison des chaleurs, pour les cas de fractures des membres inférieurs avec ou sans plaie. Ces hamacs de contention permettent de tenir le membre soulevé à une certaine hauteur et de porter la jambe dans toutes les directions, faculté qui est un grand soulagement pour le malade. Un grand avantage résulte de l'écartement des feuilles de la gouttière articulée : cet écartement rend facile l'irrigation continue des plaies.

Un dernier appareil remplace, dans des conditions extraordinaires d'économie (8 fr. au lieu de 300 fr.), la gouttière de Bonnet. C'est une gouttière élastique composée d'attelles articulées ou d'osier garnies de ouate, recouvertes de toile cirée. Nous avons eu souvent, dans notre service spécial, l'occasion d'employer cet appareil, et, tout récemment encore, nous l'avons trouvé en usage dans un des principaux services des Ambulances de la Presse.

Les Frères brancardiers se rendant sur le champ de bataille.

Frères porteurs de brancards se rendant sur le champ de bataille munis de sacs à gouttières.

PARTIE SCIENTIFIQUE

PARTIE SCIENTIFIQUE.

Les médecins et chirurgiens attachés aux Ambulances de la Presse ont tous fait des recherches et des observations qui un jour, nous le savons, serviront à élucider certains points de la science. Mais ces travaux tout personnels ne pouvaient trouver place ici, notre travail ayant surtout pour but de faire connaître le fonctionnement de nos Ambulances, leurs moyens d'action et le résultat obtenu. Si nous nous abstenons de traiter aucun point de science médicale ou chirurgicale, il n'en est plus de même des questions d'hygiène qui jouent un rôle capital dans le traitement des maladies chirurgicales. Sans hygiène, en chirurgie, on n'obtient que des résultats déplorables. Ce point prime tous les autres.

C'est cette raison qui nous détermine à publier ici les recherches faites par l'un de nous dans son service aux ponts et chaussées sur les désinfectants, ainsi que les conférences qu'il a faites sur les divers modes d'hospitalisation des malades en campagne. Nous sommes surtout très-heureux de joindre à nos propres recherches les études si curieuses du savant éminent qui dirige le Conservatoire des Arts et Métiers. En effet, les travaux du général Morin sur la ventilation, qui ont eu tant de retentissement en Europe, sont, suivant nous, destinés à tenir une grande place dans l'étude qui se fera à l'avenir sur l'hospitalisation des malades et des blessés. Aérer les salles de nos hôpitaux, faire disparaître les miasmes et tous les éléments d'infection, sont avant tout les moyens de succès dans la pratique de la chirurgie. Le chirurgien le plus habile ayant à sa disposition tous les moyens de traitement convenables, échouera dans la plupart de ses opérations, si les opérés sont privés d'air, d'espace et de lumière.

Avec une pareille profession de foi, on comprend le plaisir que nous éprouvons à publier les recherches d'un savant illustre, recherches qui, suivant nous, sont appelées à jouer un grand rôle dans l'hygiène des grands hôpitaux.

Nous avons résumé, dans les quelques lignes qui suivent, nos recherches sur les désinfectants.

Dès la création de l'Ambulance des Ponts-et-Chaussées, et plus particulièrement lors de son ouverture en septembre 1870, nous nous sommes constamment préoccupés d'entretenir la pureté de l'air des salles à l'aide d'une ventilation largement faite, de soins minutieux de propreté et de l'usage de différents agents antiputrides et désinfectants.

Diverses préparations phéniquées furent employées avec de bons résultats, tant pour l'arrosage des parquets des salles et couloirs que des divers objets provenant des pansements.

Les plaies en suppuration étaient, à chaque levée d'appareil, lavées avec une solution étendue de permanganate de potasse alcoolisée.

En dépit de ces précautions, nos salles présentèrent, au commencement d'octobre, une odeur marquée; les préparations phéniquées devenaient insuffisantes. Notre savant confrère, le docteur Destrem, chimiste habile autant que médecin dévoué, nous proposa de détruire les miasmes disséminés dans l'atmosphère de l'Ambulance à l'aide des vapeurs produites par la liqueur de Libavius[1] au contact de l'air.

L'appareil employé à cet effet est des plus simples : un petit flacon à large tubulure reçoit une certaine quantité de liqueur de Libavius; on le ferme à l'aide d'un bouchon de caoutchouc vulcanisé percé d'un trou dans lequel passe une grosse mèche de coton. Le liquide ne tarde pas à gagner par capillarité la partie externe de la mèche, où il passe rapidement et d'une façon continue à l'état de vapeurs fumantes, ses points de contact avec l'air se trouvant ainsi considérablement multipliés.

Il faut avoir soin de ne pas trop garnir le flacon de liqueur, car les fumées s'échappant en trop grande abondance provoqueraient une vive irritation du larynx et de la trachée chez les personnes qui occupent la pièce que l'on veut désinfecter.

Un kilogramme de deutochlorure d'étain, réparti en six ou huit flacons fumigateurs, suffit à la désinfection de toutes nos salles pendant une semaine, sans qu'il en résultât aucun inconvénient.

Des flacons plus petits peuvent être placés dans les lits mêmes des malades : on les accroche aux cerceaux qui soutiennent les couvertures, en ayant soin de ne pas laisser les objets de literie en contact avec la mèche, car les vapeurs chlorhydriques qui se dégagent, quand elles sont trop concentrées, ne tardent pas à altérer les tissus.

En septembre, octobre et novembre, nous avons reçu à l'Ambulance des Saints-Pères un grand nombre de blessés très-gravement, avec de grands et affreux traumatismes, et nous les avons vus guérir en très-grand

1. Deutochlorure d'étain.

nombre, quelquefois après avoir désespéré de les sauver.

En observant bien, nous avons été convaincu que ces succès tenaient tant aux soins intelligents et dévoués du personnel, qu'aux lotions désinfectantes, journalières, qu'on a toujours fait sur les plaies, soit avec l'eau et l'alcool phénique, soit avec les dissolutions de permanganate de fer et de potasse. Mais, en décembre, malgré le grand soin qu'on prenait de ventiler les salles tous les jours, celles-ci contractant de nouveau une odeur désagréable, nous eûmes de nouveau recours à la liqueur de Libavius avec un plein succès. Simultanément nous faisions, autant que possible, de la désinfection *topique*, en multipliant les lotions antiputrides sur les plaies et en faisant entrer dans les pansements des poudres désinfectantes phéniquées, permanganatées ou bicarbonatées.

Ces dernières surtout sont utiles : elles dégagent, au contact des humeurs qui s'échappent des plaies et baignent les objets de pansement, une certaine quantité de gaz acide carbonique qui agit sur les surfaces traumatiques, tout à la fois comme antiputride et comme anesthésique.

Mais, malgré toutes ces précautions hygiéniques, dès la fin de novembre et en décembre, on observa plusieurs cas d'infection purulente, de gangrène et de pourriture d'hôpital. Aussitôt nous prescrivîmes un système désinfectant beaucoup plus complet et plus continu : M. Destrem fut chargé de vider successivement chaque salle pendant un jour et une nuit, pour les désinfecter à fond, et en détruire tous les miasmes putrides :

1° En répandant le matin un litre d'ammoniaque liquide dans chaque salle vide, qu'on laissait hermétiquement fermée pendant deux heures, pour détruire tous les miasmes; puis on ouvrait les croisées pour aérer la salle toute la journée;

2° *Le soir*, on refermait les croisées de la même salle pour la saturer pendant trois heures, en dégageant un courant très-abondant de chlore gazeux, produit avec du bi-oxyde de manganèse et de l'acide chlorhydrique, chauffés dans un ballon de verre, puis on rouvrait toutes les croisées pour ventiler la salle toute la nuit.

Pendant tout le reste du temps qu'a duré l'Ambulance des Ponts-et-Chaussées, 28, rue des Saints-Pères, et celle des pavillons de Longchamps, outre le grand soin que nous avons eu de faire bien ventiler les salles tous les jours, nous avons continué à faire un grand usage des désinfectants, comme dernier moyen de conserver la pureté de l'air et d'éviter les mauvaises odeurs. Nous avons, en dernier lieu, donné la préférence à l'acide phénique, dissous dans l'alcool à saturation et mêlé à de l'alcoolat de benjoin, pour donner à notre courant désinfectant d'acide phénique une odeur agréable. A cet effet, on a placé quatre vases plats aux quatre coins de chaque salle, et on les a regarnis tous les jours une ou deux fois.

Tous les malades et le personnel des Ambulances ont reconnu les effets utiles de ces émanations de vapeurs tout à la fois bienfaisantes et agréables. Presque toujours ce moyen a été suffisant pour effacer, ou tout au moins pour masquer les mauvaises odeurs des plaies en suppuration, même dans les salles contenant des malades à grands traumatismes dus aux armes à feu, avec fractures comminutives des os, et par conséquent à suppuration très-abondante et à odeur forte, et enfin pour diminuer même très-notablement les mauvaises odeurs répandues par les plaies atteintes de gangrène ou de pourriture d'hôpital. Le point essentiel pour réussir dans l'emploi de ces divers agents désinfectants est d'en continuer l'usage tous les jours sans interruption.

Nous avons fait entrer certains désinfectants solubles, tels surtout que l'acide phénique, dans la composition de l'eau, froide ou tiède, qui servait aux irrigations continues, — *dans les cas où elles sont indiquées*, — nous y ajoutions aussi parfois de la teinture de benjoin ou d'arnica.

Nous savions que dans les Ambulances, comme dans tous les établissements hospitaliers où sont accumulés un grand nombre de malades, il y a deux points, plus ou moins isolés, mais dont l'existence est forcée : les latrines et les amphithéâtres où on dépose les morts, pour les ensevelir et étudier les lésions anatomiques. Ces locaux sont une cause fatale de mauvaises odeurs se répandant jusqu'aux salles habitées.

Nous avons veillé à ce que la désinfection en fût poursuivie avec le plus grand soin.

Tous les jours, dès le plus grand matin, on faisait des lotions abondantes dans ces divers locaux isolés, et notre chef des désinfections générales avait le soin d'y répandre un courant de *chlore gazeux* ou de *liqueur fumante de Libavius*, entretenu continuellement, ou au moins renouvelé matin et soir. Grâce à ces précautions, nous avons pu admettre dans les chambres mortuaires le public qui venait reconnaître quelque parent victime de la guerre. Bien des fois, après les grands combats, les cadavres apportés des champs de bataille, réunis aux blessés morts à l'Ambulance, se sont élevés à soixante et quatre-vingts, qu'il fallait garder plusieurs jours, jusqu'à ce qu'on en eût établi l'identité. Sans les précautions que nous avons prises, toute visite dans ce véritable charnier eût été rendue impossible ; c'eût été un obstacle repoussant. Aussi l'*Illustration*, en racontant les soins que les Ambulances de la Presse ont pris de l'ensevelissement des morts des armées, ne manque pas de reproduire, dans le tableau descriptif de la chapelle, transformée en chambre mortuaire, à côté du personnel soigneux et charitable qui remplissait cette mission délicate et méritoire, la *lampe de Libavius* sur son piédestal, et continuellement fumante, nuit et jour, comme pour rendre les honneurs funèbres aux décédés, et conserver la salubrité dans ce local et ceux qui l'avoisinaient.

SECOURS AUX BLESSÉS PENDANT LA GUERRE.

APERÇU HISTORIQUE ET STATISTIQUE SUR LES HÔPITAUX IMPROVISÉS[1].

Avant de prendre possession des pavillons de Longchamps, j'ai voulu me rendre compte, au point de vue pratique, des résultats que l'on avait obtenus par le mode d'hospitalisation, ainsi que par le séjour sous la tente. J'ai fait sur ce sujet quelques conférences qui ont été résumées et publiées par mon élève et mon ami le docteur Cousin; tous les documents que j'aurais pu utiliser n'ont point été cités dans ces leçons, mais, tout

1. Lorsque le Ministre de la guerre nous eut gracieusement offert les pavillons de Longchamps, nous eûmes à cœur d'étudier avec soin les avantages que présentait ce mode d'hospitalisation. Cela fait, nous nous sommes fait un devoir d'exposer aux nombreux élèves qui visitaient l'Ambulance des Saints-Pères, les résultats de nos études. M. Cousin, jeune médecin distingué, et plein d'avenir, recueillit ces conférences et leur donna une forme. Le journal la *France* les ayant publiées, nous pensons qu'il est convenable de les reproduire, elles auront au moins le mérite d'indiquer à ceux qui voudraient étudier ce sujet avec soin quelques indications utiles à connaître.

incomplètes qu'elles sont, elles donnent à mon sens une idée assez exacte du sujet. On trouvera d'ailleurs dans le *Petit Manuel de Secours aux blessés*, publié par MM. Baillière, et dans les *Annales d'Hygiène*, d'autres éléments à consulter.

L'histoire des hôpitaux improvisés se rattache directement à l'histoire de la médecine militaire; c'est à l'initiative d'un des membres les plus illustres du corps des officiers de santé de l'armée française qu'est dû l'emploi des hôpitaux sous toile et des hôpitaux baraqués en temps de guerre [1].

Il est vrai de dire que, dans les diverses grandes guerres de ce siècle, les chirurgiens militaires, en raison de l'encombrement des hôpitaux-bâtiments, eurent recours à l'hospitalisation sous tente des blessés et des malades; mais ce n'était là qu'une ressource extrême, un moyen exceptionnel, et, en dépit des bons résultats obtenus, l'usage de ces sortes d'hôpitaux ne fut jamais généralisé jusqu'à l'époque de la guerre d'Orient.

Pour suivre l'ordre chronologique des faits, nous citerons les essais tentés en Espagne, en 1812, par Bell et Hennen, qui traitèrent sous la tente un certain nombre de blessés.

On eut aussi à se louer, au rapport de Malgaigne, des hôpitaux improvisés à Paris en 1814, dans des abattoirs inachevés, sans portes ni fenêtres, et dans des conditions d'installation que beaucoup regardaient alors comme devant être désastreuses pour les blessés; il n'en fut rien cependant, et la mortalité dans ces établissements, qui

1. Voyez Michel Lévy, *Traité d'Hygiène*, 5e édition, 1869, tome II, page 542. — Chantreuil, *Hygiène hospitalière*, ici *Arch. de Méd.*, 1868, tome II, page 385 et suiv. — Ch. Sarazin, *Essai sur les Hôpitaux*, 186[illegible]. — L. Bernard et Demarquay, *Premiers secours aux blessés*, etc.

reçurent 6000 malades, fut inférieure à la mortalité des hôpitaux permanents.

Lors de la guerre d'Orient, les effets de l'encombrement furent tels; le choléra, le typhus, la dyssenterie, le scorbut, la pourriture d'hôpital et l'infection purulente firent tant de victimes que, cédant aux instances de M. Lévy, l'installation d'hôpitaux sous tente fut décidée. Les résultats furent, on peut le dire, merveilleux, surtout si on les compare à ceux obtenus dans les hôpitaux-bâtiments sous les mêmes influences climatériques. Une épidémie de choléra s'étant manifestée, en 1854, à Constantinople, et plus particulièrement aux hôpitaux de Péra et de Rami-Tschifflick, M. Michel Lévy parvint à l'arrêter deux fois, en faisant soigner les cholériques sous la tente; la contre-épreuve fut non moins concluante, car le mauvais temps ayant nécessité la suppression des tentes et la rentrée des malades dans les hôpitaux, 14 cas intérieurs se produisirent.

Lors du choléra de Varna, les hôpitaux intérieurs reçurent (en septembre 1854) 2314 cholériques, et la mortalité s'éleva à 100 sur 160 malades; il se produisit en outre un grand nombre de cas intérieurs, et 17 officiers de santé succombèrent à la maladie. Au contraire, les hôpitaux sous tente, établis au nombre de trois, à six kilomètres environ de Varna, ayant reçu 2635 cholériques, la mortalité ne s'éleva qu'à 100 sur 376; aucun des médecins ne mourut et il n'y eut pas de cas intérieurs.

La pourriture d'hôpital, qui fit de si grands ravages dans les hôpitaux turcs, ne se montre que très-rarement, au dire de Quesnoy, sur les blessés traités sous la tente.

Un célèbre chirurgien russe, Pirogoff, a également constaté que les accidents qui surviennent si souvent chez les blessés en temps de guerre, furent moins communs en Crimée sous la tente que dans les hôpitaux-bâtiments.

Quant aux hôpitaux baraqués, Michel Lévy rapporte qu'il put grouper impunément et sans développer de foyers typhiques, 1800 malades dans des baraques construites sur la terrasse de Guthani, dans l'enceinte du vieux sérail; et si, sous les murs de Sébastopol, les hôpitaux baraqués donnèrent de moins bons résultats chez les Français, c'est qu'ils furent établis, comme le fait remarquer M. Michel Lévy, dans des conditions défectueuses à tous les points de vue; tandis que les Anglais, dont les pavillons étaient mieux installés et bien ventilés, jouirent, à une certaine époque, d'une immunité remarquable.

L'expérience tentée avec succès par M. Lévy, pendant la guerre d'Orient, a reçu une nouvelle sanction durant la guerre d'Amérique, où l'on put, grâce à des dispositions hygiéniques bien entendues, grâce aussi aux libéralités de la nation, agglomérer sans inconvénient d'énormes quantités de blessés et de malades, sans jamais développer de foyer d'infection ni de contagion. Les réformes hospitalières indiquées par l'illustre hygiéniste français, les améliorations signalées par Miss Florence Nithingale, reçurent d'intelligentes et larges applications.

On s'était surtout servi, pendant la guerre de Crimée, d'abris en toile; les Américains adoptèrent presque exclusivement le système des baraques. Celles-ci, groupées méthodiquement, de façon à assurer la promptitude et la régularité des divers services, constituèrent d'immenses hôpitaux d'une construction peu coûteuse, et d'une incontestable salubrité; ainsi le West Philadelphia hospital contenait 3124 lits; le Mal Cletlan hospital renfermait 1040 lits; Hammond hospital, 1700 lits; les pavillons de Lincoln hospital disposaient de 1200 lits; il y eut à l'hôpital général U. S. Fort Monroë 3750 lits, qui, joints aux 3509 de l'hôpital Satterlée de Philadelphie, aux 3320 lits de l'hôpital Mower et aux lits dont disposaient quelques autres hôpitaux moins considérables, donnent, pour l'armée des États-Unis, un total de 136 894 lits répartis en 202 hôpitaux généraux. Et, disons-le de suite, en dépit de cette énorme agglomération de malades, les lois de l'hygiène furent si bien observées dans l'installation de ces divers hôpitaux, que la mortalité ne dépassa pas, tant en médecine qu'en chirurgie, 6 pour 100 dans les établissements de première ligne, et 2,9 pour 100 dans ceux de seconde ligne: « Mortalité si bénigne, dit Michel Lévy, qu'il n'y en a pas d'exemple dans les armées d'Europe. »

Plus d'un million de malades furent, en l'espace de quatre ans, soignés dans les baraques, et la mortalité générale ne dépassa pas 8 pour 100. Ainsi, au dire de Hammond, l'érysipèle et l'infection purulente ne firent que de rares apparitions dans les baraques, et la proportion des cas de pourriture d'hôpital fut de 200 sur 100 000 blessés. A l'hôpital de Chesnut-Hill, qui renfermait 1040 malades, la mortalité ne fut que de 4 pour 100.

Sans contester la valeur des statistiques américaines, M. Demarquay fait observer qu'à la suite des diverses grandes batailles qu'ils livrèrent, les belligérants firent toujours transporter leurs blessés à l'aide de bateaux ou de chemins de fer disposés *ad hoc*, à de grandes distances du lieu de l'action, et que les conditions matérielles exceptionnellement favorables où se trouvaient ainsi placées les victimes de la guerre, expliquent les beaux résultats obtenus dans les hôpitaux improvisés; d'ailleurs, il est bon de tenir compte de ce fait fort important au point de vue de la statistique, à savoir que les blessés atteints de lésions assez graves pour entraîner la mort dans un délai de 24 à 72 heures, n'étaient pas transportés au delà des Ambulances de première ligne.

Les hôpitaux improvisés ont également rendu d'incontestables services pendant les récentes guerres d'Allemagne ; ainsi, les blessés traités sous la tente lors de la guerre du Sleswig ne furent que très-rarement atteints par la pourriture d'hôpital, et Krauss rapporte qu'en Hongrie les blessés placés dans de semblables conditions ne présentèrent aucun cas spontané de diphthérite des plaies.

Dans l'hôpital baraqué de Langensalza, établi pour 1092 blessés, on ne vit, dit Stromeyer, que deux cas de typhus : un sur un amputé de la jambe, et l'autre sur un infirmier; — le choléra qui ravageait la ville resta inconnu dans les baraques, ainsi que la pourriture d'hôpital; — les blessures les plus graves guérirent, et d'autres qui d'ordinaire sont rapidement mortelles n'amenèrent la mort que tardivement.

Non contents de recourir à l'hospitalisation sous tente et en baraque en temps de guerre, les Allemands en ont aussi fait l'essai le plus heureux au voisinage des grands hôpitaux permanents ; cependant les résultats obtenus ont été moins beaux que ceux fournis par les statistiques américaines, ce qui s'expliquerait facilement, suivant M. Demarquay, par l'influence qu'exerce l'atmosphère nosocomiale dans laquelle se trouvent ainsi plongées les tentes et baraques annexes. On lira avec fruit le remarquable mémoire de Chantreuil sur ce sujet, travail d'où nous extrayons les détails qui vont suivre : le premier hôpital annexe sous tente fut établi en 1863, à l'hôpital Béthanien de Berlin ; en 1866, une épidémie de pourriture d'hôpital ayant éclaté à la Charité de Berlin, des tentes furent dressées où l'on plaça seize malades atteints de cette affection; trois seulement moururent, les autres guérirent. — Pendant l'été de la même année, le docteur Bœrvindt fit établir à Francfort sur le Mein trois tentes sur le modèle de celles de la Charité de Berlin; 88 malades y furent traités, entre autres 53 blessés et 31 typhiques; sur les 53 blessés, il y avait 47 blessures par armes à feu, avec lésions osseuses; 4 seulement moururent, ce qui donne 7,5 pour 100 de mortalité. Quant aux typhiques, 3 seulement succombèrent. En somme, la mortalité générale n'y dépasse pas 9 pour 100.

Nous ne citerons que pour mémoire les hôpitaux sous tente (Ambulance américaine) et baraqués (Ambulances du Luxembourg, du Jardin-des-Plantes, de Passy), installés à Paris depuis le commencement du siége. Établies suivant les meilleures données scientifiques et expérimentales, confiées à la direction des médecins et des chirurgiens les plus éminents de la capitale, ces Ambulances offriront à nos blessés un asile aussi salubre que possible, et tout porte à penser que nous n'aurons pas à déplorer, grâce aux précautions prises, les effets si funestes de l'encombrement, surtout dans une ville assiégée, en proie à une influence épidémique des plus accentuées (variole, fièvre typhoïde).

Et cependant, comme le fait si judicieusement observer M. Demarquay, il ne faut pas attribuer par avance aux nouveaux hôpitaux des succès qui pourront tenir bien plus à la nature des patients, à la gravité moindre du traumatisme, qu'à l'emploi de telle ou telle méthode thérapeutique ou de tel ou tel système d'hospitalisation. Il sera donc important, si on veut arriver à des conclusions de quelque valeur, de catégoriser les blessés selon le siége, l'étendue, la gravité du traumatisme; on obtiendra ainsi des statistiques sérieuses qui permettront de faire la part de l'hygiène hospitalière et de ne lui attribuer que ce qui lui appartient en réalité.

TENTES ET BARAQUES.

Quelques détails sur la construction et l'installation des hôpitaux improvisés compléteront utilement, croyons-nous, l'aperçu historique et statistique qui faisait l'objet de notre précédent article.

1° *Tentes.* — Les tentes, dont il existe divers modèles, sont des abris en toile souvent insuffisants pendant la saison rigoureuse, mais qui, l'été, au printemps et même au début de l'automne, sont habités sans inconvénients par les malades et les blessés [1].

Elles offrent ce grand avantage de pouvoir être installées rapidement, d'être déplacées vite et à peu de frais. — Le nombre de lits que peut recevoir une tente varie nécessairement suivant les circonstances et les exigences du moment; en règle générale, M. Michel Lévy conseille de ne pas placer sous une tente un nombre de malades supérieur à la moitié du nombre des hommes valides qu'elle pourrait recevoir : ainsi une tente pour seize hommes ne doit pas renfermer plus de huit malades. Dans le but d'éviter la pénétration de la pluie, d'atténuer en été l'ardeur des rayons solaires, de

1. L'Ambulance américaine, établie au voisinage de l'arc de triomphe de l'Étoile, est installée sous tente; les résultats obtenus par le docteur Swinburn sont excellents, et, malgré les froids intenses qui ont régné cet hiver, la température des divers pavillons n'a pas été inférieure à 15° centigrades, grâce au système de chauffage adopté, et grâce aussi à la mise en usage des doubles toits en toile.

Intérieur d'une salle des pavillons de Longchamps.

diminuer en hiver les chances de refroidissement, le même hygiéniste veut qu'on superpose deux toiles l'une à l'autre pour une seule tente.

Quant à l'agencement des tentes entre elles pour constituer une sorte d'hôpital, et à l'intervalle qui doit séparer chacune d'elles de sa voisine, les circonstances et les localités en décident. Autant que possible, les divers pavillons seront établis sur un sol sec, élevé; leur orientation sera telle, qu'ils puissent recevoir facilement le vent le plus habituellement régnant dans la contrée; l'intervalle de séparation ne sera pas inférieur à quinze mètres.

En Allemagne, certains abris en toile, construits près des hôpitaux-bâtiments, sont munis d'un plancher établi sur un sol battu et recouvert de charbon de bois concassé et de gravier ou de sulfate de fer ; un poêle à l'intérieur, ou même un calorifère en sous-sol [1], permet de les chauffer au besoin et d'y maintenir une température constante.

L'écoulement des eaux est assuré par une rigole qui circonscrit la tente à sa base et communique par une pente convenable avec un canal de déversement.

En général, les toiles imperméables ne valent rien pour la construction des hôpitaux de cette nature; la toile à voile ordinaire protége suffisamment contre les intempéries et facilite la circulation de l'air.

En campagne, les tentes ne servent guère comme hôpitaux que d'une façon temporaire et même exceptionnelle ; cependant, dans certains camps, comme par exemple le camp de Châlons, elles servent d'infirmeries régimentaires.

2° *Tente-baraque.* — La tente-baraque est, comme

1. Comme l'Ambulance américaine de Paris.

son nom l'indique, construite partie en toile, partie en planches; les règles qui président à l'installation de ces abris, à leur groupement, à leur orientation, au choix de la localité où il convient de les placer, sont les mêmes que pour les tentes et pour les baraques ; ce ne sont, en somme, que des baraques à parois en toile surmontées d'un toit en bois assez semblable à celui qui

La pharmacie des pavillons de Longchamps.

recouvre la plupart de nos marchés publics ou de nos gares de chemins de fer ; les Allemands désignent cette sorte de toiture sous le nom de *reiterdach* (toit de chevalet).

Grâce à cette disposition, la ventilation des tentes-baraques est large et facile ; on peut aisément les chauffer, mais le transport en est difficile.

Certains hôpitaux allemands ont dans leurs cours et

La tisanerie des pavillons de Longchamps.

leurs jardins des abris de ce genre, qui rendent à ces établissements les plus signalés services en temps d'épidémie.

3° *Baraques.* — Nous serons bref en ce qui concerne les baraques proprement dites ; il en existe un grand nombre de modèles qui tous sont copiés sur le type américain, avec de légères variantes. Des pavillons, entièrement en bois, peu coûteux et faciles à établir, réunis en groupes plus ou moins nombreux et diversement agencés, constituent d'excellents hôpitaux improvisés. Tous les éléments dont se compose un hôpital baraqué sont d'ordinaire construits sur un modèle uniforme. Nous ne décrirons ici que le modèle adopté pour l'hôpital temporaire de Passy, que le Ministère de la guerre a mis si gracieusement à la disposition des Ambulances de la Presse.

Chaque baraque, de forme rectangulaire, est en bois; le toit, en planches recouvertes de carton bitumé, est surmonté d'un *reiterdach ;* l'intervalle compris entre le grand et le petit toit est fermé par des châssis vitrés au nombre de vingt sur chaque face, et qui, s'ouvrant à volonté, facilitent la ventilation; les parois latérales de la baraque sont percées de vingt fenêtres, dix de chaque côté; le sol, bien battu, est recouvert d'un plancher surélevé et exactement joint. Une porte se trouve à chaque extrémité de la salle et donne issue sur les cours par l'intermédiaire d'un couloir, dans lequel on rencontre, *à l'entrée* et *à gauche :* 1° une pièce pour la réserve du combustible destiné au chauffage de la salle, plus un cabinet bien aéré pour déposer les objets de pansement ayant servi ; 2° une salle de bain avec baignoire et appareil pour chauffer l'eau.

A droite. — Un vestibule-vestiaire donnant sur deux cabinets à l'anglaise, un urinoir, un lavabo.

A la sortie se trouve, d'un côté, la salle destinée à l'infirmier de garde; de l'autre, la salle d'opération.

Chaque pavillon est chauffé à l'aide de deux grands poêles en fonte.

Il existe vingt et un pavillons semblables, renfermant chacun vingt lits, si largement espacés qu'on peut, au besoin et sans inconvénient, en doubler le nombre.

L'hôpital improvisé de Passy comprend, en outre, une pharmacie parfaitement organisée, une tisanerie, des cuisines, des caves, un vestiaire général, un parloir, une salle de garde, des cabinets confortables pour les chefs de service, une buanderie, etc., etc. On y a construit également une chapelle.

Tout a été prévu dans l'installation de cet hôpital pour assurer à nos blessés les meilleures conditions hygiéniques sans lesquelles le dévouement et le savoir des illustres chirurgiens qui dirigent les Ambulances, les soins empressés des élèves, l'abnégation du personnel hospitalier pourraient devenir inutiles dans les conditions fâcheuses où la mauvaise fortune nous a placés. Et cependant, comme nous le faisait remarquer M. Demarquay, en dépit des efforts tentés soit par la ville, soit par l'Intendance, soit par les diverses sociétés de secours, pour arriver à une hospitalisation convenable des malades et des blessés, il est à craindre que nous n'obtenions pas les beaux résultats signalés par les statistiques américaines.

En effet, dans une ville assiégée, toutes les conditions de la vie ordinaire sont changées; l'alimentation difficile, défectueuse; l'agglomération d'êtres humains en proie à des influences morales dépressives, dans un espace forcément restreint, donnent naissance à des éléments morbides spéciaux que l'hygiène et la thérapeutique ont peine à atteindre.

La cuisine des pavillons de Longchamps.

Aussi l'expérience des hôpitaux improvisés que l'on tente aujourd'hui à Paris ne sera-t-elle pas définitivement concluante, et les statistiques obtenues ne pourront-elles pas être mises en parallèle avec les statistiques émanées du nouveau continent.

Nous devons d'ailleurs reconnaître que les succès signalés par les Américains n'ont pas été atteints dans les hôpitaux annexes créés en Allemagne, en Angleterre et même à Paris, au voisinage des hôpitaux-bâtiments. Et, sans incriminer en aucune façon les statistiques publiées au delà de l'Atlantique, les résultats qu'elles signalent sont tellement importants, qu'on doit, suivant M. Demarquay, en chercher la raison, non pas tant dans le système d'hospitalisation que dans le transport des blessés et des malades à de grandes distances et dans la création d'hôpitaux de première ligne, pour les cas graves, et d'hôpitaux de deuxième ligne sur lesquels sont dirigés les blessés et les malades moins sérieusement atteints; — quant aux lésions traumatiques et aux maladies qui paraissent devoir entraîner la mort dans un temps peu éloigné et rendent le transport à peu près inutile, les Américains, ne les plaçant pas dans leurs hôpitaux baraqués, ne les ont pas non plus fait entrer en ligne de compte dans leurs statistiques.

Paris, une fois débloqué, pourra aussi exporter, en quelque sorte, ses malades et ses blessés, et l'encombrement devenant moindre, les conditions matérielles et morales de l'existence devenant meilleures, médecins et chirurgiens pourront avoir l'espoir d'obtenir à leur tour d'aussi brillants succès que leurs confrères du Nouveau-Monde.

Tentes des Ambulances américaines

NOTES DU GÉNÉRAL MORIN

SUR LES MOYENS DE VENTILATION APPLIQUÉS

EN 1870-1871[1].

L'Ambulance du Conservatoire des Arts et Métiers a été installée dans une vaste salle destinée à servir de galerie de modèles et dont la construction n'était pas encore terminée. Des plafonds, dont les poutres et les solives brutes étaient encore apparentes, des fenêtres et une porte provisoires, des murs sans enduit ni peinture, en rendaient l'aspect peu flatteur à l'œil; mais elle était vaste, élevée, bien éclairée sur ses longs côtés, exposée au nord et au midi, et offrait les apparences d'une salubrité naturelle, que l'on a cherché à rendre plus

1. Nous donnons ici la note que M. le général Morin a bien voulu nous communiquer au sujet des recherches qu'il a faites à l'Ambulance des Arts et Métiers sur la ventilation des salles.

Tous les médecins connaissent les beaux travaux de ce savant sur l'hygiène hospitalière; nous avons cru néanmoins qu'il était utile de compléter la note si obligeamment rédigée par M. le général Morin en donnant un extrait de son remarquable manuel du chauffage et de la ventilation (*Manuel pratique du chauffage et de la ventilation*, par A. Morin, Paris, Hachette, 1868). Ceux de nos confrères qui nous liront pourront ainsi se remémorer bien des détails d'une haute importance pratique, et les gens du monde y puiseront sans nul doute d'utiles enseignements.

complète par quelques dispositions simples et rapidement improvisées.

La longueur de cette salle située au 1er étage est de 42[m],58, sa largeur de 10[m],40, sa hauteur, sous poutres, de 71[m],65. Ces dimensions correspondent à une capacité de 3387[mc],65. Elle a été partagée en deux, dont chacune avait par conséquent 1693[mc],82 de volume, répartis pour la première entre un compartiment d'entrée, consacré au service de lingerie, de préparation des appareils, et la salle proprement dite des malades, et pour la seconde entre deux divisions inégales, consacrées aux blessés et communiquant par une large baie.

La première salle était sous la direction de M. le docteur Labbé, la seconde sous celle de M. le docteur Cusco. M. le docteur Ricord s'était chargé de la direction générale.

La literie avait été presque en totalité fournie par les habitants du voisinage du Conservatoire, et l'Ambulance était à peu près complétement organisée quand la Société de la Presse se chargea de pourvoir à ses besoins ultérieurs.

L'économat a été confié à M. Campion, conservateur des collections du Conservatoire, qui a bien voulu s'en charger.

Les soins donnés aux blessés ont été partagés entre les sœurs de l'Espérance et les frères de la Doctrine chrétienne.

Une cuisine avec office et des lieux d'aisance étaient installés sur le même palier que la salle des blessés.

Une salle d'opérations, vaste et bien éclairée, avait été disposée au même etage et assez loin pour que les plaintes des patients ne pussent venir troubler le repos des autres blessés.

Des chambres de service et des dépôts d'armes ou d'effets étaient réservés dans les combles.

Les sœurs ainsi que les frères de la Doctrine chrétienne étaient convenablement logés dans des appartements particuliers.

Les deux salles, d'une capacité de 3387^{mc},60, avaient été destinées à recevoir 60 lits, ce qui correspondait à un espace cubique de 56^{mc},46 par lit, et comme la totalité de ces lits n'a été que très-accidentellement occupée, la proportion moyenne a été encore plus grande. L'on avait soin d'ailleurs de placer le plus tôt possible dans une salle auxiliaire et éloignée, pouvant recevoir huit à dix lits, les hommes atteints de blessures légères.

Une chambre pour un médecin interne de service et une salle de réunion pour les conférences des médecins avaient été disposées dans un bâtiment séparé.

Aucun appareil de chauffage n'existant dans ces salles, il fallait y pourvoir lorsque le froid commença à se faire sentir, et l'on dut recourir à l'usage des poêles. Mais la rareté du combustible, et surtout la mauvaise qualité de celui qui était fourni, apportaient souvent un obstacle à ce que l'on pût maintenir dans les salles une température de 15° à 16°. Pendant les jours froids de l'hiver si rigoureux que l'on eut à passer, il arriva souvent que la température intérieure descendit au-dessous de 10°. Cette difficulté du chauffage a eu aussi naturellement une influence nuisible à la ventilation.

D'une autre part cependant bien des chirurgiens pensent que l'abaissement de la température des salles des blessés est plutôt favorable que nuisible, pourvu que les malades, dans leurs lits, bien couverts, soient à l'abri de tout refroidissement.

La salubrité des salles de blessés était une des principales préoccupations de la direction du Conservatoire, et pour l'assurer autant qu'il dépendait d'elle, sans s'engager dans des dépenses d'installation, pour laquelle les ressources lui auraient manqué, elle avait adopté les dispositions suivantes :

Dans le plafond, dont les bois bruts étaient encore apparents, il fut facile de ménager au-dessus des murs de refend et de la cloison séparatrice des salles, sept orifices, ayant ensemble une section de $2^{mq},19$

Dans la salle du fond on en ouvrit un huitième de $0,\ 76$

ce qui fournit pour l'évacuation une section totale de $2^{mq},95$

En admettant que les moyens employés pour produire l'appel pussent déterminer une vitesse moyenne de passage de $0^{m},40$, en $1''$, on pouvait espérer que le volume d'air évacué s'élèverait par heure à

$$2^{mq},95 \times 0^{m},40 \times 360 = 4248^{mc};$$

et à raison de 60 lits, à $70^{mc},8$ par heure et par lit, en supposant tous les lits occupés.

Le volume de 4248^{mc} d'air évacué des deux salles qui avaient ensemble une capacité de $3378^{mc},65$, correspondait d'ailleurs à un renouvellement complet de l'air obtenu 1,25 fois par heure.

Dans le grenier les orifices d'évacuation furent mis, par groupes, en communication avec trois gaînes horizontales en planches et avec trois cheminées, également en planches, débouchant à l'intérieur même de la toiture et ne la dépassant pas. Cette disposition était dictée par l'économie.

La première de ces cheminées correspondant aux deux

orifices au-dessus du mur de refend d'entrée de la première salle avait seulement une section de 0^{mq},1290

La seconde, destinée à évacuer l'air fourni par les quatre orifices correspondant à la cloison de séparation des salles, avait 0, 2457

La troisième, qui servait pour les deux orifices du fond de la seconde salle, avait 0, 3272

L'ensemble de ces sections était donc de 0^{mq},7029; ce qui, pour une évacuation de 4248^{mc} par heure ou de 1^{mc},18 par seconde, devait correspondre à une vitesse moyenne de 1^{m},67 en 1'' dans les cheminées.

Cette vitesse a été facilement obtenue et dépassée avec quatre becs seulement dans la première cheminée, même quand la température extérieure étant de 10°, celle de l'intérieur était de 13° et leur différence de 3° seulement.

Elle aurait donc été atteinte et dépassée aussi pendant toute la saison du chauffage, si l'on avait pu continuer à se servir de la chaleur développée par le gaz et faire varier d'ailleurs le nombre de becs allumés selon la différence des températures extérieure et intérieure.

Malheureusement le service de l'éclairage au gaz fut interrompu avant que l'on eût pu compléter les expériences, et l'on fut obligé de remplacer ce moyen énergique, commode et sûr, de produire l'appel par l'emploi plus dispendieux et bien moins régulier de lampes de pétrole dont la prudence et les dimensions des cheminées d'évacuation obligeaient à restreindre le nombre.

En conséquence on disposa dans ces cheminées des lampes de ce genre dont le nombre a été successivement élevé jusqu'à 20 et 24, ce dernier chiffre n'ayant pu être dépassé, sans inconvénients graves, par suite des dispositions locales.

Des expériences faites avec des anémomètres sensibles et prolongés longtemps ont donné les résultats suivants :

RÉSULTATS D'EXPÉRIENCES SUR LA VENTILATION

DES SALLES

DE L'AMBULANCE DU CONSERVATOIRE DES ARTS ET MÉTIERS.

DATES. 1870	VOLUMES D'AIR ÉVACUÉS.			TOTAL.	TEMPÉRATURES		DIFFÉRENCE.	NOMBRE DE LAMPES.			TOTAL.	Nombre de lits occupés.	Volume d'air évacué par lit et par heure.
	1re cheminée.	2e cheminée.	3e cheminée.		extérieure.	intérieure.		1re cheminée.	2e cheminée.	3e cheminée.			
22 déc.	710mc,43	1373mc,71	1729mc,91	3714mc,05	— 5°	+ 12°	17°,0	3	5	12	20	30	124mc
23 »	700 ,01	1036 ,80	1522 ,12	3258 ,91	— 4	+ 10	14 ,0	3	5	12	20	30	106
24 »	699 ,87	1573 ,51	1736 ,38	4009 ,95	— 6	+ 7	13 ,0	3	5	12	20	28	143
		Moyennes	. . . . .	3660 ,97	. . . .	. . . .	14 ,7						

Il résulte de ces expériences qu'avec 20 lampes à pétrole brûlant en moyenne chacune 20 grammes par heure et développant dans le même temps ensemble 4800 unités de chaleur, on a pu faire évacuer de ces salles, dont la température n'excédait celle de l'air extérieur que de 14°,7, 3660^{mc},97 d'air par heure, ou en renouveler l'atmosphère plus d'une fois pendant cet intervalle de temps, ce qui d'ailleurs a été suffisant pour en assurer la salubrité.

On voit aussi que le nombre des malades n'ayant été pendant ces journées d'expérience que de 28 à 30, le volume d'air évacué par heure et par malade a pu sans inconvénient dépasser 100^{mc}.

Si, au lieu de lampes à pétrole, on avait pu continuer à se servir de gaz et qu'on eût allumé pour les deux orifices et la cheminée de la 1re salle 8 becs

Les quatre orifices voisins de la 1re et de la 2e salle	16
Les deux orifices du fond de la 2e salle	8
Total.	36 becs

brûlant ensemble 6^{mc},40 de gaz développant 38 400 unités de chaleur par heure, on aurait obtenu avec beaucoup plus de régularité qu'avec des lampes une évacuation d'environ 4000^{mc} à 5000^{mc} d'air à l'heure, selon les variations de la température. L'on aurait pu d'ailleurs se réserver le moyen d'allumer dans certains cas un plus grand nombre de becs.

Quoi qu'il en soit et malgré l'imperfection forcée des moyens dont on disposait, l'on voit que quand l'excès de la température intérieure de la salle sur celle de l'air extérieur atteignait 14° à 15°, on obtenait avec le secours de vingt lampes à pétrole une évacuation d'air vicié suffisante pour maintenir la salubrité dans cette salle, même quand elle renfermerait 60 blessés, dont plusieurs avaient des plaies en pleine suppuration.

Il convient toutefois de dire que pendant environ une heure après le pansement, il y avait principalement dans le voisinage des lits des blessés gravement atteints une odeur assez sensible; mais elle était promptement dissipée en moins d'une heure, de sorte que durant le reste du jour et pendant la nuit l'air paraissait exempt de cette odeur particulière aux salles de blessés dans les hôpitaux ordinaires.

Ajoutons enfin que les fenêtres de cette salle ne pouvaient être ouvertes et que ce n'est que dans les journées de température douce et pour l'agrément des malades que l'on a quelquefois ouvert des vasistas.

Introduction de l'air nouveau. — Au moyen des dispositions que l'on vient d'indiquer on avait pu assurer l'évacuation de l'air vicié, mais il fallait aussi pourvoir à son remplacement par de l'air nouveau et éviter autant que possible des difficultés particulières aux circonstances locales.

L'on ne disposait, en effet, comme on l'a dit, d'aucun calorifère ni d'aucun moyen de chauffage, qui pût permettre d'introduire de l'air plus ou moins chauffé dans la saison d'hiver. L'on ne pouvait l'emprunter à la salle inférieure pourvue d'appareils de chauffage à l'eau chaude, sans en altérer les plafonds récemment établis avec recherche. Il ne restait donc d'autre ressource que d'admettre cet air à la température extérieure le plus loin possible des lits, c'est-à-dire, par le plafond, en prenant les précautions convenables pour que cet air, plus ou moins froid, en descendant le long des murs et des fenêtres ne produisît pas sur la tête des malades, dont les lits étaient adossés à ces murs, une sensation désagréable.

Pour satisfaire à ces conditions, l'on a adopté les dispositions suivantes :

En profitant des facilités qu'offrait la construction encore apparente du plafond, on y a pratiqué sur le côté sud six orifices allongés de $3^{m},55$ sur $0^{m},25$ en moyenne de largeur, offrant ensemble une surface d'introduction d'air de $5^{mq},32$. Un septième orifice a été réservé dans une large ouverture préparée sur la même face et dans le dernier compartiment de la seconde salle. Il offrait une section libre de passage de $0^{m},25$.

On a donc pu admettre l'air nouveau par sept orifices présentant ensemble $5^{mq},55$ d'ouverture.

Pour introduire 4248^{mc} d'air par heure ou $1^{mc},180$ en une seconde, équivalents au volume extrait, il suffisait donc que l'air eût une vitesse de $\frac{1^{mc},180}{5^{mq},57} = 0^{m},21$.

On pouvait donc penser que cet air affluant à une distance de $7^{m},65$ avec une si faible vitesse qui serait rapidement éteinte, il n'en résulterait aucun inconvénient pour les malades.

C'est, en effet, ce qui arriva par les temps calmes et tant que la température extérieure ne s'abaissa pas au-dessous de 10°. Mais la prise d'air de ces orifices se faisant directement sous la couverture en tuiles, du côté du bâtiment exposé aux vents violents du sud-ouest, l'introduction se produisait quelquefois, par suite des rafales, avec trop de vivacité, et dans les temps froids cet air descendait le long des murs, en couches trop froides, qui occasionnèrent quelques plaintes.

L'on a évité cet inconvénient accidentel en disposant sous les orifices et dans toute la largeur de chacun des diaphragmes formés par une toile assez forte, de $1^{m},00$ de largeur, fixée par une de ses lisières sur le côté extérieur et clouée par l'autre sur une latte suspendue à des cordes au moyen desquelles on pouvait à volonté l'éloigner ou la rapprocher du plafond, de manière à augmenter ou à restreindre le passage libre qu'elle laissait à l'air, qui arrivait ainsi dans les salles en nappes minces horizontales et parallèlement à la surface du plafond.

A l'aide de cette disposition, l'inconvénient de l'introduction de l'air extérieur, même très-froid, a complétement disparu.

Quelques-unes des fenêtres qui éclairent cette salle sur ses deux faces, et dont une partie ne sont que provisoires, laissaient passer par leurs points des courants d'air gênants pour les malades. On y a remédié en faisant coller de la toile sur tous leurs points : ce qui ne pouvait avoir d'inconvénients, puisque l'introduction de l'air était assurée directement.

Tel est l'ensemble des dispositions simples adoptées seulement à titre provisoire et d'urgence, pour transformer en ambulance une vaste salle établie pour une tout autre destination, et assurer en même temps les autres besoins de son service [1].

Ouverte le 23 septembre 1870, cette Ambulance n'a été fermée que le 17 mars 1871, et pendant tout cet intervalle de temps il ne s'y est manifesté aucune infection épidémique. A part l'odeur spéciale que déterminent au moment des pansements les plaies en suppuration et qui, avant d'être entraînée vers les orifices d'évacuation, se répandait pendant quelque temps dans le voisinage des lits des blessés, l'air des salles a toujours paru pur

1. Les expériences faites par le célèbre directeur du Conservatoire des Arts et Métiers méritaient d'être mentionnées, et afin de les rendre plus accessibles à l'intelligence de tous les lecteurs, nous avons cru devoir reproduire un chapitre de son remarquable ouvrage sur la ventilation, où cette question très-importante est traitée au point de vue des hôpitaux : des dessins rendent le sujet très-compréhensible.

et exempt de celle qui est particulière aux salles d'opérés dans les hôpitaux.

Aucun cas d'infection purulente, par épidémie, n'a été signalé, et si, parmi les blessés amputés, il y a eu un nombre de décès regrettables, nous ne pensons pas qu'on puisse l'attribuer à aucune circonstance particulière au local.

L'Ambulance a reçu 164 blessés. Le nombre des journées de traitement s'est élevé à 5254, ce qui correspond à 32 par malade.

Il y a eu 6 résections, 11 amputations et 30 décès sur $\frac{30}{164}=0,12$.

Nous devons d'ailleurs ajouter que, d'une part, la disette de combustible, en s'opposant au maintien d'une température normale de 15 à 16°, et de l'autre la privation de l'emploi du gaz, qui n'était que très-imparfaitement suppléé par celui des lampes à pétrole, ont été des obstacles considérables à une marche normale de la ventilation.

Les résultats obtenus pouvant cependant être regardés comme satisfaisants, l'on pense que les dispositions adoptées pour l'Ambulance du Conservatoire des Arts et Métiers pourraient, dans des circonstances analogues, être imitées avec avantage, en se rapprochant d'ailleurs autant que possible des indications contenues dans le *Rapport du Comité consultatif d'hygiène et de service médical des hôpitaux*, inséré au bulletin officiel du Ministère de l'intérieur, n° 5, 28e année, 1865.

En ce qui concerne les installations provisoires et d'urgence, les règles à suivre nous paraissent se résumer ainsi qu'il suit :

1° Déterminer le nombre de lits par la condition que la capacité cubique correspondante à chaque lit soit au moins de 50 mètres cubes.

2° Calculer le volume d'air à évacuer à raison de 60 à 80 mètres cubes par heure et par lit et quelque vaste que soit la salle, de façon que l'air y soit renouvelé au moins une fois par heure.

3° Ouvrir des orifices d'évacuation nombreux répartis sur la plus grande partie de la salle et dont la section sera calculée de manière que la vitesse moyenne de sortie de l'air soit $0^m,40$ à $0^m,56$ en 1″. Ces orifices peuvent être ouverts dans le plafond

4° Mettre, par groupes, les orifices d'évacuation de communication avec des cheminées en planches, dont la section sera déterminée par la condition que la vitesse de l'air y soit de 1 mètre en une seconde ; donner à ces cheminées 5 à 6 mètres de hauteur s'il se peut ; y disposer des becs de gaz, brûlant chacun $0^{cm},150$ à $0^{mc},200$ à l'heure, à raison d'un par lit, sauf à n'en allumer qu'une partie quand l'abaissement de la température extérieure favorisera l'action de l'appel.

5° Ouvrir, le plus loin possible des lits, des orifices de prise d'air extérieur, dont la section sera calculée de manière que la vitesse moyenne n'excède pas $0^m,25$ en une seconde. Disposer, s'il est nécessaire, au-dessous de ces orifices des châssis en voliges ou en lattes minces garnis de toile, beaucoup plus larges qu'eux, et qui obligent l'air à s'introduire parallèlement à la surface du plafond.

VENTILATION DES HOPITAUX[1].

Dispositions générales et proportions à adopter pour la ventilation des hôpitaux. — L'on ne se propose, dans ce qui suit, que de faire connaître les proportions des parties principales des passages et des conduits qu'il est nécessaire de ménager dans les salles d'hôpital que l'on veut ventiler pour assurer facilement l'évacuation de l'air vicié et l'introduction de l'air nouveau.

Ces proportions s'appliquent d'ailleurs aux diverses dispositions que les conditions locales peuvent conduire les architectes à adopter.

Le volume d'air à extraire et à introduire dans les salles de malades pouvant, selon les circonstances, varier de 50 à plus de 100 mètres cubes par heure et par lit, on prendra pour base de calcul des proportions des appareils à établir celui de 80 mètres cubes par heure et par lit.

Lorsque les conditions locales le permettront, l'évacuation par appel de l'air vicié aura lieu, en général, de préférence par des conduits descendants, ouverts derrière la tête des lits, à hauteur du plancher, mais dans les parois verticales des murs et au nombre d'un au moins pour deux lits dans les hôpitaux ordinaires, et d'un par lit pour les hôpitaux d'accouchement.

Lorsque l'on emploiera pour mode de chauffage la circulation de l'eau chaude, et que les dispositions adoptées, ainsi que le voisinage des cheminées d'appel le permettront, l'on cherchera à utiliser pour l'appel une partie de la chaleur des petits fourneaux et des réservoirs d'eau chaude nécessaire aux besoins courants.

Mais il ne faudrait pas que l'utilité de ces petits réservoirs, qui n'ont qu'une très-faible capacité, conduisît à adopter exclusivement, comme l'a fait L. Duvoir, l'appel par en haut, qui est moins avantageux

1. On consultera avec fruit sur ce sujet les *Études sur la ventilation* du même auteur (2 vol. in-18. Hachette, Paris).

Avantages de l'appel par en bas. — On se rappellera que la disposition qui résultera de l'appel par en bas, atténuera beaucoup l'affaiblissement occasionné dans les murs par les conduits d'évacuation. Ainsi, pour un bâtiment ayant trois étages de salles, comme ceux de l hôpital Lariboisière, les trumeaux du second étage ne recevraient aucun conduit d'évacuation, puisque le leur propre partirait du plancher, ceux du premier étage ne seraient traversés que par un seul conduit venant du second étage, et ceux du rez-de-chaussée ne seraient évidés que par les deux qui correspondraient au premier et au deuxième étage.

Les épaisseurs des murs étant plus grandes aux étages inférieurs, ces évidements seront toujours à proportion moins fâcheux dans le système de l'appel par en bas que dans celui de l'appel par en haut, qui oblige, au contraire, à établir le plus grand nombre de conduits dans les trumeaux des étages supérieurs, où les murs ont le moins d'épaisseur.

Cette considération est un motif de plus et qu'apprécieront les architectes pour préférer l'appel par en bas à celui qui se ferait par en haut.

Les figures 1 et 2, qui ne représentent que des indications d'ensemble, font voir avec évidence l'avantage que présente l'appel par en bas sur l'appel par en haut, au point de vue de l'affaiblissement que produisent dans les murs les passages des conduits d'évacuation de l'air. L'appel par en bas donne d'ailleurs, comme on le sait, la facilité d'utiliser toute la hauteur de la cheminée d'évacuation, au bas de laquelle se rendent les conduits, pour donner à l'appel toute l'activité désirable. Il constitue un moyen plus économique d'utiliser la chaleur dépensée pour le produire.

Pour un bâtiment d'une construction analogue à celle de l'hôpital Lariboisière, dont les trumeaux ont au rez-de-chaussée $3^{m},05$ de largeur moyenne sur $0^{m},80$ d'épaisseur ou $2^{mq},44$ de section, si les deux conduits venaient du premier et du deuxième étage, en descendant vers les caves, ils exigeraient au plus dans les murs, en y comprenant les languettes de séparation et même le parement intérieur en briques de champ, une tranchée de $2 + 0^{m},30 + 0^{m},05 = 0^{m},05$ de large sur $0^{m},22 + 0^{m},05 = 0^{m},27$ de profondeur, ou en tout $0^{mq},1755$ de section, c'est-à-dire $\frac{1}{14}$ de la section totale du trumeau seul, ce qui ne peut avoir aucune influence sur la stabilité d'un édifice bien construit et bien ancré.

A l'inverse, si l'évacuation se faisait par en haut, les trumeaux du deuxième étage qui n'auraient que $3^{m},05 + 0^{m},60 = 1^{mq},83$ de section, devraient être transversés par trois conduits exigeant une tranchée de $3 + 0^{m},30 + 0^{m},10 = 1$ mètre de large sur $0^{m},27$ de profondeur ou

$0^{mq},27$ de section ; ce qui équivaudrait à $\frac{1}{67}$ de celle de la maçonnerie. Cela ne serait pas encore inadmissible.

Dans le cas où les conduits d'introduction d'air nouveau devraient être aussi pratiqués dans les trumeaux, ce que l'on pourra éviter quelquefois dans les hôpitaux dont les salles n'auront qu'un nombre de 12 à 14 lits, l'on verrait encore que l'affaiblissement des murs par le pas-

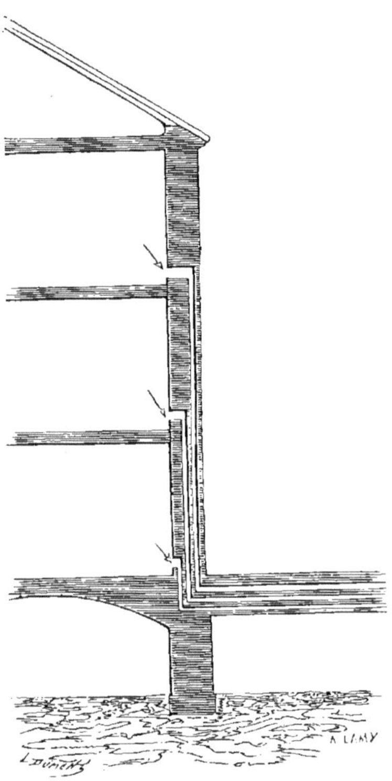

Coupe et élévation d'un système de ventilation (fig. 1).

sage de tous les conduits ne compromettrait pas la solidité des murs convenablement reliés entre eux et ancrés.

Cas où les murs n'auraient pas une épaisseur suffisante. — Lorsque la nature des matériaux employés ou des conditions locales ne permettent pas de donner aux murs des épaisseurs suffisantes pour y pratiquer ces passages avec sûreté, l'on pourra établir les gaînes d'évacuation et d'arrivée de l'air en saillie à l'intérieur des salles, en les construisant en maçonnerie légère de briques.

Alors, pour diminuer le moins possible la largeur disponible de ces salles et ne pas nuire à leur aspect, on restreindra l'épaisseur des gaînes en leur faisant occuper à peu près toute la largeur extérieure des trumeaux.

Emplacement des gaînes d'évacuation. — On prendra les dispositions

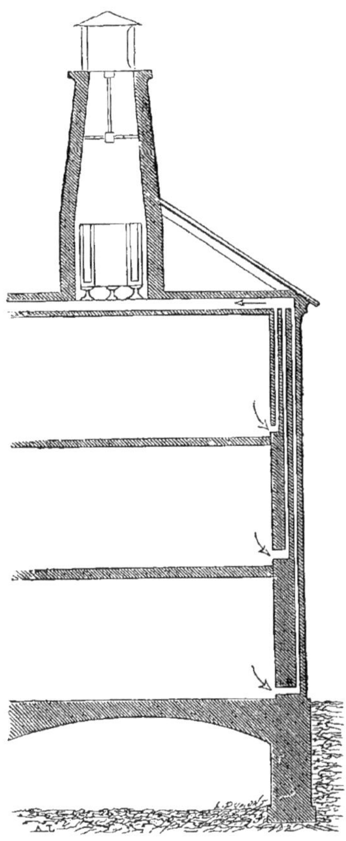

Coupe et élévation d'un système de ventilation (fig. 2).

nécessaires pour que les gaînes ou conduits d'évacuation ne soient pas traversés par les poutres ou solives du plancher, ce qu'il sera facile d'éviter à l'aide des chevêtres.

S'il n'y avait pas de caves sous les bâtiments, ce qui d'ailleurs n'est pas indispensable, l'on établira des arceaux assez grands pour donner les sections de passage nécessaire, et ils seront, à l'extrados, recouverts, ainsi que le reste du rez-de-chaussée, d'une aire de béton avec enduit de bitume, pour préserver le rez-de-chaussée de l'humidité.

Si quelques difficultés s'opposaient à ce que les conduits d'évacuation descendissent au-dessous du sol du rez-de-chaussée, on les terminerait à hauteur de ce sol. Ce n'est que dans des cas exceptionnels ou pour des bâtiments existants, offrant des obstacles particuliers, que l'on dirigerait ces conduits de bas en haut vers les étages supérieurs ou vers les combles.

Dans tous les cas, les conduits d'évacuation de l'air vicié correspondant à des lits placés aux différents étages les uns au-dessus des autres, resteront isolés dans leur parcours vertical, et ils ne seront réunis par groupes, dans des conduits collecteurs, partiels et horizontaux, qu'après y être demeurés séparés par des languettes sur une étendue de trois à quatre mètres, au delà du débouché de ceux qui seront les plus voisins de la cheminée générale d'évacuation, afin de s'opposer, autant que possible, à l'établissement des communications d'un étage à un autre.

Proportions des gaînes d'évacuation et des conduits collecteurs. — On calculera la section à donner aux premiers conduits d'évacuation, en comptant sur l'extraction d'un volume d'air de 80 mètres cubes par heure ou de $\frac{80^{mc}}{3600} 0^{mc},0222$ en une seconde par lit et sur une vitesse moyenne de passage de $0^{m},70$ en une seconde, ce qui conduit à leur donner $\frac{0^{mc},0222}{0^{m},10} = 0^{m},0320$ de section par lit; et comme on peut admettre que dans les hôpitaux ordinaires il suffira d'un conduit pour deux lits, il devra avoir $0^{mq},064$ de section, ou, par exemple, $0^{m},22$ de profondeur sur $0^{m},30$ de largeur.

Pour les hôpitaux de femmes en couches, le volume d'air à évacuer par lit étant de 100 mètres par heure, ou de $8^{m},027$ par seconde, la section des premiers conduits sera de $0^{m},040$.

Dans les premiers conduits collecteurs qui réuniront les précédents par groupes, on admettra que la vitesse moyenne sera de 1 mètre à $1^{m},80$ en une seconde, et l'on calculera leur section d'après cette base et d'après le nombre de lits dont ils devront assurer l'assainissement.

Les seconds conduits collecteurs, si l'on en établit pour réunir tout l'air vicié évacué par les précédents, seront proportionnés en y supposant une vitesse moyenne de $1^{m},40$ à $1^{m},50$.

Cheminée d'évacuation. — Enfin, dans la cheminée générale d'évacuation, on admettra que la vitesse moyenne doit être d'environ $1^{m},80$, et qu'à sa partie supérieure elle sera au moins de 2 mètres en une seconde, afin de la mettre à l'abri des bourrasques.

Au bas de la cheminée on établira une grille de fer entourée d'un rebord en briques, et qui sera complétement isolée des parois, afin que l'air affluant des conduits collecteurs puisse en partie circuler autour, et ne s'échauffer qu'à une température modérée, mais suffisante.

Dans tous les cas, l'on devra ménager une entrée directe ouvrant à l'extérieur à la base de la cheminée, et par laquelle le chauffeur viendra alimenter le feu. S'il était obligé de faire son service par les galeries d'évacuation, il courrait risque d'être asphyxié, ou au moins fort incommodé.

La température intérieure moyenne de la cheminée doit en toute saison excéder d'une quantité constante, de 20 à 25° en général, celle de l'air extérieur pour donner à l'appel et en tous temps la même énergie. Le feu du foyer d'appel devra être beaucoup plus énergique l'été que l'hiver.

Des dispositions analogues proportionnées d'après les mêmes bases seront prises dans le cas où la répartition adoptée pour les divers pavillons conduirait à n'établir qu'une seule cheminée d'évacuation pour un plus grand nombre de bâtiments.

Des moyens que l'on fera connaître plus tard pourront permettre de constater la régularité de marche du feu.

Cas où l'on peut faire l'appel au niveau du plancher. — Quand la disposition générale adoptée pour les bâtiments comprendra une galerie de promenade le long d'une des faces, l'appel pourrait être exercé à hauteur de chaque étage, et de manière à éviter l'ouverture d'aucun conduit vertical dans les murs, en plaçant, pour l'évacuation de l'air vicié, en un point de cette galerie, la cheminée d'évacuation, vers laquelle les conduits partiels seront dirigés en passant dans des entrevoux disposés au plafond des corridors. (Fig. 3.)

Une pareille disposition permettrait d'utiliser, plus facilement que toute autre pour activer la ventilation, une partie de la chaleur des petits réservoirs d'eau chaude nécessaire au service et pour les bains, celle des fourneaux à cataplasmes, celle des tuyaux de fumée, des fourneaux de cuisine, etc.

Dans ce cas, chaque pavillon aurait sa cheminée générale d'évacuation menant à hauteur de chaque étage l'air vicié, qui en proviendrait, dans des gaînes spéciales isolées les unes des autres, jusqu'au-dessus de l'étage supérieur. Au bas de chacune des gaînes collectives, on pourrait disposer un petit foyer auxiliaire d'appel, qui ne servirait que pour le cas où son action serait indispensable pour obtenir un appel assez énergique.

Il doit être d'ailleurs entendu que, dans tous les cas, la surface intérieure des gaînes devra être recouverte d'un enduit aussi bien lissé que possible, pour diminuer la résistance de ces parois au mouvement de l'air, et que des ouvertures ou regards y seront ménagés, pour permettre de les nettoyer au moins deux fois par an, afin d'enlever les toiles d'araignées et autres obstacles susceptibles de gêner la circulation de l'air.

En général, il serait convenable de faire surmonter la cheminée d'évacuation par un appareil à girouette, dont le vent dirigerait le tuyau d'évacuation du côté d'aval, ce qui permettrait d'utiliser l'action des courants d'air les plus énergiques, au profit de l'appel qu'ils contrarieraient sans cette précaution.

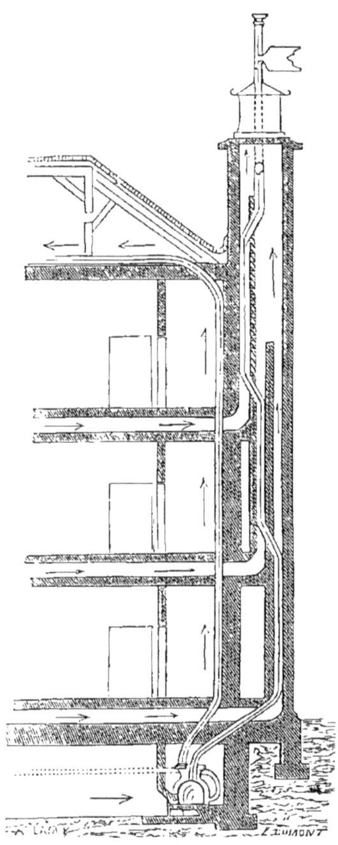

Coupe et élévation d'un système de ventilation (fig. 3).

Les proportions et les dispositions générales que l'on a indiquées seront aussi observées, lorsque l'on aura été obligé de faire l'appel de l'air vicié, soit au niveau des salles, comme on l'a indiqué plus haut, soit par la partie supérieure des bâtiments, ainsi que cela peut arriver, surtout quand il s'agit de bâtiments existants.

Toutes les fois que les conditions locales le permettront, les tuyaux de fumée des appareils de chauffage seront dirigés dans la cheminée générale d'évacuation pour utiliser la chaleur abandonnée par leurs parois. Ils y seront isolés et seront en fonte.

Utilisation de la chaleur perdue des buanderies et des cuisines. — Les foyers de chaudières de la buanderie seront, s'il est possible, établis à la base même de cette cheminée, afin d'utiliser au profit de la ventilation la chaleur acquise dans les foyers par les gaz produits de la combustion.

Application des règles précédentes. — Supposons qu'il s'agisse d'un hôpital de 100 lits répartis dans deux pavillons auxquels l'on ne donnerait qu'une même cheminée d'évacuation, qu'il y ait deux étages contenant ensemble 50 lits par pavillon, distribués dans quatre salles de 12 lits et deux chambres à un lit.

Dans cette hypothèse, chaque salle contiendrait 6 lits sur chaque face, et il y aurait trois conduits d'évacuation de $0^{m},064$ de section ou de $0^{m},34$ sur $0^{m},30$ intérieurement.

Ces conduits verticaux descendront au-dessous du sol du rez-de-chaussée, et se réuniront deux à deux au nombre de 6, dans de premiers collecteurs horizontaux, destinés à livrer passage à l'air appelé par les premiers, et qui chacun devront évacuer $12 \times 0^{m},222 = 0^{m},266$ en une seconde, à la vitesse de 1 mètre en une seconde. Ils auront donc une section de $0^{mq},266$ ou $0^{m},52$ sur $0^{m},52$ par exemple.

L'un de ces conduits, qui évacuerait en outre l'air des deux chambres à un lit, ou $14 \times 0^{m},0222 = 0^{m},31$, devrait avoir $9^{mq},31$ de section ou $0^{m},52$ sur $0^{m},60$.

Si ces conduits n'arrivent pas directement à la base de la cheminée, et si les dispositions générales adoptées obligent à réunir les premiers collecteurs de chaque pavillon dans un deuxième collecteur, on aura pour le volume d'air auquel celui-ci devrait donner passage $50 \times 0^{m},0222 = 1^{m},11$, avec une vitesse de $1^{m},40$. Sa section transversale sera égale à $\frac{1^{mc},11}{1^{m},40} = 0^{m},77$ ou $0^{m},80$ et pourra avoir $0^{m},90$ sur $0^{m},90$.

Si la cheminée générale doit évacuer l'air vicié des deux pavillons, ou pour 100 lits 8000 mètres cubes par heure ou $2^{m},222$ en une seconde, la vitesse moyenne de $1^{m},80$ en une seconde, la section sera égale à

$$\frac{2^{m},222}{1^{m}.80} = 1^{m},24$$

et son diamètre moyen sera $1^{m},255$. Celui du sommet sera réduit à $1^{m},19$ pour y obtenir la vitesse de 2 mètres en une seconde.

Introduction de l'air nouveau. — Les orifices d'introduction de l'air nouveau, chaud ou frais, seront toujours pratiqués près du plafond, et répartis aussi uniformément que possible dans toute l'étendue des salles, à raison d'un pour deux lits, s'il se peut, ou d'un au moins pour quatre lits.

Quand ils seront ouverts dans les parois verticales des murs, ils seront munis de cloisons directrices, en forme de jalousies inclinées à 20 ou 25° à l'horizon, de bas en haut, afin de faire affluer l'air dans ce sens vers le plafond.

La section transversale des conduits verticaux ou autres sera calculée de manière que l'air les parcoure avec une vitesse qui n'excède pas 1^m à $1^m,20$. Celle des passages immédiats d'affluence de l'air dans les salles sera déterminée par la condition que la vitesse dirigée vers le plafond n'atteigne aussi que 1^m à $1^m,20$ en une seconde.

Dans le cas où l'air affluerait de haut en bas dans le sens vertical, par des ouvertures ménagées dans le plafond même, ce qui peut arriver si l'on emploie des doubles planchers ou quand on aura un grenier servant de chambre à air, la somme des sections libres de passages par les orifices devra être calculée par la condition que la vitesse n'excède pas $0^m,50$ ou $0^m,60$ en une seconde.

Lorsque l'on se servira pour le chauffage de calorifères ordinaires, l'air chaud qu'ils fourniront devra être introduit avant son entrée dans les salles, dans une chambre de mélange, où l'on pourra faire arriver de l'air extérieur en proportion convenable, pour modérer, selon les besoins, la température de l'air à fournir aux salles.

Pour assurer le mélange de l'air extérieur avec l'air chaud fourni par l'appareil de chauffage, il convient de diriger l'air chaud fourni par l'appareil de chauffage, il convient de diriger l'air frais au moyen de languettes plus ou moins longues, selon le cas, au-dessus du courant d'air chaud. Il arrive alors que le premier, plus dense que le second, tendant à s'abaisser, tandis que le second, plus léger, s'élève, le mélange se produit nécessairement.

Cette disposition s'appliquerait aussi bien à des orifices isolés et directs d'accès de l'air chaud et de l'air frais dans les salles qu'à ceux d'affluence dans les chambres de mélange. Ces languettes devront être faites en briques, posées à plat et avoir au moins $0^m,05$ d'épaisseur.

Dans la saison du chauffage, la température de l'air affluent devrait, pour une ventilation salubre, différer aussi peu que possible de celle que l'on veut maintenir dans les salles, et qui doit être habituellement de 15 à 16 degrés.

Ces chambres de mélange pourront être formées soit par des entrevoux pratiqués au-dessus des calorifères, soit dans des corridors ou des pièces de petites dimensions.

Des registres seront disposés dans les chambres de mélange, pour permettre de faire varier à volonté et selon les besoins la température de l'air qu'elles fournissent.

Des dispositions analogues seront prises lorsqu'on emploiera des appareils de chauffage, par l'eau chaude ou par la vapeur.

Si l'hôpital est convenablement isolé et situé dans une position salubre, les prises d'air extérieur pourront être faites soit à fleur de sol, au milieu de pelouses de verdure ou de jardins, comme à Vincennes et à l'hôpital d'accouchement de Saint-Pétersbourg, soit à hauteur des divers étages.

L'on ne devra recourir aux cheminées d'appel descendant pour prendre l'air à une certaine hauteur, que dans les cas où la proximité de bâtiments plus ou moins insalubres donnerait lieu de craindre l'infection de l'air à la surface du sol.

L'on aura soin de placer la cheminée de prise d'air aussi loin que possible de celle d'évacuation générale. La section de cette cheminée, et en général celle de tous les orifices extérieurs de prise d'air, sera calculée de façon que la vitesse d'introduction n'y excède pas 0^{m},60 en une seconde, afin que l'appel qu'elle exercera dans son voisinage ne s'étende qu'à une petite distance.

Les conduits d'arrivée de l'air pris ainsi à une certaine hauteur devront être munis de registres ou de portes qui permettent de les fermer, si cela est nécessaire.

Pour la saison d'été, où l'action de l'appel sur l'introduction de l'air n'est plus favorisée par l'élévation de température que le chauffage communique à l'air nouveau, l'on devra ménager dans les murs des bâtiments des orifices auxiliaires disposés comme les précédents, et particulièrement ouverts sur les faces exposées au nord et au levant, et munis de moyens de fermeture intérieure à ressorts de rappel, qui permettent de les ouvrir ou de les clore à volonté. L'air ainsi introduit pouvant, pendant la nuit, être trop frais, il importe que sa vitesse d'arrivée soit dirigée de bas en haut vers le plafond, et de 0^{m},60 en une seconde environ, afin qu'elle s'éteigne rapidement avant qu'il arrive aux orifices d'évacuation. Cette disposition est préférable à celle des fenêtres anglaises.

La manœuvre de tous les registres sera disposée de manière qu'elle ne soit qu'à la disposition exclusive des agents préposés au service.

Lorsqu'un dispositif quelconque de ventilation par appel aura été établi, l'on constatera par des expériences spéciales faciles à faire dans la cheminée générale d'évacuation, ou, si l'on veut, dans les conduits partiels, si le volume d'air prescrit est réellement évacué, et quel est l'excès correspondant de la température de l'air extérieur ; et si pour cet excès, qui, en général, différera peu, comme on l'a dit plus haut, de 20 à 25 degrés, l'on a obtenu la ventilation voulue, on prescrira de régler le chauffage de la cheminée de façon qu'en tous temps sa température dépasse de la même quantité celle de l'air extérieur.

L'on fera connaître plus tard des moyens de contrôle qui faciliteront à cet effet la surveillance de MM. les directeurs des hôpitaux.

Dispositions pour la ventilation d'été. — Lorsque les salles de l'hôpital seront chauffées à la fois par des calorifères généraux et par des cheminées pour lesquelles on devra préférer les dispositions des cheminées ventilatrices décrites au n° 13, qui détermineront à la fois l'évacuation de l'air vicié et la rentrée d'une proportion assez considérable d'air nouveau, convenablement chauffé, l'on devra à leurs orifices d'introduction en ajouter d'autres assez nombreux et disposés, comme on l'a dit, pour la ventilation d'été.

Les cages des escaliers, les antichambres et autres pièces donnant accès dans les salles, devront être chauffées à une température qui, pour ces dernières surtout, devra être au moins égale à celle des salles. L'on atténuera ainsi l'effet des rentrées d'air produit par ces ouvertures sous l'action de l'aspiration. Il serait donc convenable d'établir des calorifères généraux pour ces locaux, même quand on se servirait de cheminées à l'intérieur des salles.

Emploi de la chaleur des appareils d'éclairage. — Dans les hôpitaux éclairés au gaz, il sera bon d'utiliser la chaleur développée par les becs employés pour activer l'appel. On y trouvera le double avantage de rendre la ventilation plus énergique, et de rejeter au dehors les produits insalubres de la combustion. On appliquera particulièrement ce qui précède aux cabinets d'aisances, qui devront avoir de doubles portes fermant de dehors en dedans, dans le sens de l'appel.

Les cuisines et les lieux d'aisances des hôpitaux devront être isolés des salles, et ventilés par aspiration d'une manière énergique, par des moyens analogues à ceux que l'on indique pour les locaux.

Dispositions à prendre en cas d'encombrement ou d'épidémie. — Lorsque l'appel sera déterminé par une circulation d'eau chaude ou de vapeur, dont l'énergie ne peut être augmentée beaucoup au delà de la marche normale, comme celle des foyers ordinaires, il sera prudent de disposer dans la cheminée générale d'appel des becs de gaz, que l'on n'allumerait que dans les cas d'un encombrement momentané où la crainte d'influences épidémiques le rendrait nécessaire.

On calculerait alors le nombre de becs et leur consommation, d'après la proportion approximative de 500 mètres cubes d'air évacué par mètre cube de gaz brûlé.

Ce moyen auxiliaire n'est pas économique, et ne doit être employé que dans des circonstances exceptionnelles.

AMBULANCES DE LA PRESSE.

SERVICE PHARMACEUTIQUE.

Le Comité directeur des Ambulances de la Presse, après avoir assuré l'alimentation des blessés, pourvu aux besoins des services de médecine et de chirurgie, devait, pour achever son œuvre, organiser sur des bases tout à la fois larges et économiques un service pharmaceutique complet.

Afin d'obtenir des médicaments sur lesquels nous pussions compter d'une façon absolue, il fallait les fabriquer nous-mêmes; et pour arriver à ce résultat avec le moins de frais possible, il fallait nous assurer le concours gratuit d'un personnel nombreux de pharmaciens choisis parmi les plus instruits et les plus honorables.

Il fallait installer dans chacune de nos Ambulances une pharmacie pourvue de tous ses ustensiles et de toutes les substances simples et composées; et pour alimenter toutes nos pharmacies, il était nécessaire de créer des magasins généraux et un laboratoire central. M. Jules Ferré, pharmacien à Paris, fut chargé de réaliser le programme que s'était tracé le Comité.

M. Onfroy, au nom d'une grande compagnie d'assurance dont il est directeur, voulut bien mettre à notre disposition de vastes magasins, bien disposés pour l'usage auquel nous les destinions et possédant en outre l'avantage d'être placés au centre de Paris.

C'est dans un immeuble de la Nationale, situé au n° 15 de la rue de la Chaussée-d'Antin, que M. Ferré installa son laboratoire, ses magasins ; et dans un délai de quelques jours, la pharmacie centrale des Ambulances de la Presse fut en état de fournir à nos malades tous les médicaments simples et composés dont voici la nomenclature :

DROGUERIE.

Amadou.
Amandes amères.
Amandes douces.
Amidon.
Alcool.
Aloès pulvérisé.
Aloès entier.
Axonge.
Baume de Copahu.
Baume de Tolu.
Benjoin.
Beurre de cacao.
Camphre.
Cannelle de Chine.
Charbon végétal pulvérisé.
Charbon d'os lavé.
Cire blanche.
Cire jaune.
Coton cardé.
Cubèbe pulvérisé.
Dextrine.
Essence de menthe.
Essence de roses.
Essence de romarin.
Essence de lavande.
Essence de thym.
Farine de lin.
Farine de moutarde.
Fécule de pomme de terre.
Girofles.
Glycérine.
Gomme blanche.
Gomme pulvérisée.
Goudron.
Graine de lin.
Gruau.
Huile d'amandes douces.
Huile de foie de morue.
Huile de ricin.
Huile de croton.
Ipéca pulvérisé.
Ipéca entier.
Lycopode.
Miel.
Muse.
Opium.
Orge mondé.
Orge perlé.
Pains azymes.
Quinquina gris.

Quinquina jaune.
Quinquina rouge pulvérisé.
Réglisse pulvérisée.
Rhubarbe.
Safran gâtinais.
Scammonée pulvérisée.
Réglisse (suc).

HERBORISTERIE.

Arnica.
Bardane (racine).
Bourrache (feuilles).
Camomille (fleurs).
Chicorée (feuilles).
Chiendent.
Fleurs pectorales.
Gentiane.
Guimauve (racine).
Lichen.
Mauve (fleurs).
Mercuriale (feuilles sèches).
Oranger (feuilles).
Pavots.
Quassia.
Réglisse (bois).
Ronces (feuilles).
Roses de Provins.
Salsepareille coupée.
Séné (feuilles).
Thé vert.
Thé noir.
Tilleul (fleurs).

PRODUITS CHIMIQUES.

Acétate d'ammoniaque.
Acétate de morphine.
Acétate de plomb.
Acide acétique cristallisable.
— azotique pur.
— citrique.
— chlorhydrique.
— phénique.
— pyroligneux.
— sulfurique.
— tartrique.
Alun calciné pulvérisé.
Alun pulvérisé.
Ammoniaque.
Bi-carbonate de soude pulvérisé.
Borax pulvérisé.
Bromure de potassium.
Calomel.
Carbonate d'ammoniaque.
Carbonate de soude.
Caustique Filhos.
Chaux vive.
Chloral.
Chlorate de potasse.
Chloroforme.
Chlorure de chaux.
Chlorure de zinc.
Codéine.
Couperose verte.
Émétique.
Éther sulfurique.
Hydrochlorate de morphine.
Hyposulfite de soude.
Iode sublimé.

Iodure de potassium.
Litharge pulvérisée.
Nitrate acide de mercure.
Nitrate d'argent cristallisé.
Nitrate d'argent fondu.
Nitrate de potasse pulvérisé.
Oxyde blanc d'antimoine.
Pâte de Canquoin.
Permanganate de potasse.
Perchlorure de fer.
Plâtre fin.
Potasse caustique.
Proto-iodure de mercure.
Sel ammoniac pulvérisé.
Silicate de potasse liquide.
Sous-acétate de plomb liquide.
Sous-nitrate de bismuth.
Sublimé pulvérisé.
Sulfate de magnésie.
— de fer.
— de quinine.
— de soude
— de zinc.
Tannin.

PRODUITS PHARMACEUTIQUES.

Alcool camphré.
Alcoolat de Mélisse.
— de menthe.
— de roses.
— vulnéraire.
Alcoolature d'aconit.
Baume du Commandeur.
Baume de Fioraventi.
Baume Opodeldoch.
Baume tranquille.
Cérat.
Collodion.
Cynoglosse (Masse pilulaire de).
Diascordium (Poudre opiacée de).
Eau distillée.
— de fleurs d'oranger.
— de laurier cerise.
— de menthe.
— phéniquée.
— de roses.
Emplâtre de savon.
— vésicatoire.
— de Vigo.
Extrait de belladone.
— d'ipéca.
— d'opium.
Extrait de quinquina gris.
Extrait de ratanhia.
Granules de strychnine.
— de vératrine.
— de digitaline.
Huile camphrée.
Laudanum de Rousseau.
— de Sydenham.
Miel rosat.
— de mercuriale.
Moutarde Rigollot.
Onguent mercuriel double.
Os calcinés pulvérisés.
Sirop de sucre.
— de baume de Tolu.
Sparadrap.
Solution de permanganate de potasse.
Taffetas d'Angleterre.
Teinture d'arnica.
— de cannelle.
— de digitale.
— de gentiane.
— de quina.
Vin aromatique.
— diurétique.
— de quina.

PRODUITS DIVERS.

Cartes blanches.
Eau-de-vie.
Papier brouillard.
— filtre.
Peaux blanches.
Pinceaux.
Seringues à injections.
Seringues à oreilles.
Sparadrap officinal.
— des hôpitaux.
Sucre phéniqué.
Taffetas ciré.
— marinier.

Pour assurer dans les divers services de médecine et de chirurgie, une bonne préparation des médicaments magistraux prescrits au lit du malade, des pharmaciens, remplissant les fonctions d'internes sous la direction d'un pharmacien en chef, furent chargés d'assister aux visites, d'exécuter les prescriptions et de les distribuer eux-mêmes à chacun des blessés.

Les pharmaciens ou élèves en pharmacie qui nous ont aidés dans notre tâche avec un zèle et un dévouement dont nous sommes heureux de pouvoir les remercier ici, ont été au nombre de cinquante-quatre.

Voici leurs noms :

PHARMACIE CENTRALE.

RUE DE LA CHAUSSÉE-D'ANTIN, 15.

Pharmacien en chef.	FERRÉ (Jules), pharmacien de 1re classe ancien interne des hôpitaux de Paris.
Internes en pharmacie.	DURAND-BOIZARD (Paul), étudiant en pharmacie. CHAPÈS (Numa), étudiant en pharmacie. MATRAT (Léger), étudiant en pharmacie. LEBEAULT (Paul), étudiant en pharmacie. JAMES (Léon), étudiant en pharmacie. BOUILLETTE (Paul), étudiant en pharmacie. SWIFT (Garcia), étudiant en pharmacie. MIJOTTE (E.), chargé de l'Économat.

AMBULANCE DES PONTS-ET-CHAUSSÉES.

RUE DES SAINTS-PÈRES, 28.

Pharmacien en chef.	LEBAIGUE (Eugène), pharmacien de 1re classe, ex-interne des hôpitaux.
Internes en pharmacie.	LETAILLEUR (Charles), étudiant en pharmacie. LEDANOIS, pharmacien de 1re classe.

AMBULANCE DES ARTS-ET-MÉTIERS.

RUE SAINT-MARTIN.

Pharmacien en chef . . CELLIER (Henry), pharmacien de 1re classe.

Internes en pharmacie . TRAVERSE (Émile), pharmacien, ancien interne des hôpitaux.
SABATHÉ (Louis), étudiant en pharmacie.

AMBULANCE DE L'AVENUE D'IÉNA.

AVENUE D'IÉNA, 3.

Pharmacien en chef . . RAYNAL (Antoine), pharmacien de 1re classe.

Internes en pharmacie . LORRETTE (Jean), pharmacien de 1re classe.
VAUCHERET (Hippolyte), étudiant en pharmacie.

AMBULANCE DE Mme HEINE.

RUE DE MONCEAUX, 24.

Pharmacien en chef . . DETHAN (Adhémar), pharmacien de 1re cl.

Internes en pharmacie . DURIEZ (Émile), pharmacien de 1re classe, ex-interne des hôpitaux de Paris.
DETHAN (Edmond), élève en pharmacie.

AMBULANCE THENARD.

RUE DE SÈVRES, 17.

Pharmacien . . . . . . ARNAUD (Maurice), pharmacien de 1re classe.

AMBULANCE CHÉNIER-DUCHÊNE.

RUE SAINT-DOMINIQUE, 190.

Pharmacien en chef . . GUYOT (Edmond), pharmacien de 1re classe, lauréat de l'École de pharmacie, ex-interne des hôpitaux de Paris.

Interne en pharmacie. . MAHOUDEAU (Auguste), étudiant en pharmacie.

AMBULANCE DES IRLANDAIS.

RUE DES IRLANDAIS.

Pharmacien en chef . . DESNOIX (Charles), pharmacien de 1re classe, ancien interne lauréat des hôpitaux de Paris.

Interne en pharmacie. . PELISSE (Claude), pharmacien de 1re classe.

AMBULANCE DE TOURNEFORT.

RUE TOURNEFORT.

Pharmacien en chef . .	MUSSAT (Émile), pharmacien de 1re classe, ex-interne des hôpitaux, licencié ès sciences.
Internes en pharmacie .	GIRARD (Maurice), pharmacien, docteur ès sciences. MASSIGNON (Pierre), étudiant en pharmacie.

AMBULANCE DE Mme DE BÉHAGUES.

AVENUE BOSQUET, 15.

Pharmacien en chef . .	PETIT (Charles), pharmacien de 1re classe, lauréat de l'École de pharmacie de Reims.
Interne en pharmacie. .	LABORDETTE (François), pharmacien de 1re cl.

AMBULANCE DE L'ATHÉNÉE.

RUE DE L'ATHÉNÉE.

Pharmacien	MEYNET (Paul), pharmacien de 1re classe.

AMBULANCE DES HALLES.

RUE DES HALLES, 13.

Pharmacien . . . . . . Sonnerat (Émile), pharmacien de 1re classe, ex-interne des hôpitaux.

AMBULANCE SAINT-MAURICE.

RUE OUDINOT.

Pharmacien en chef . . Jouanin (Albert), pharmacien de 1re classe.

Internes en pharmacie . Gasselin (Henry), pharmacien de 1re classe. Sabourdy (Auguste), pharmacien de 1re classe.

AMBULANCE DE L'HOTEL LAMBERT.

RUE SAINT-LOUIS-EN-L'ILE, 2.

Pharmacien en chef . . Mentel (Eugène), pharmacien de 1re cl.

Interne en pharmacie. . Belin (François), pharmacien de 1re classe, ex-interne des hôpitaux.

AMBULANCE DE CHARONNE.

BOULEVARD DE CHARONNE, 41.

Pharmacien . . . . . LEDANOIS (Xavier), pharmacien.

AMBULANCE DU GRAND MAGASIN DU LOUVRE.

RUE SAINT-HONORÉ.

Pharmacien . . . . . . DUNOD, pharmacien de 1re classe.

AMBULANCE SAINT-PAUL.

RUE SAINT-ANTOINE.

Pharmacien en chef . . ARBELIN (Édouard-Émile), pharmacien de 1re classe, ex-interne des hôpitaux.

Interne en pharmacie. . BORDOGNI (Eugène Willent), étudiant en pharmacie.

AMBULANCE LEDUC.

RUE DU FAUBOURG-POISSONNIÈRE, 106.

Pharmacien en chef . . CHAMPIGNY (Armand), pharmacien de 1re classe, lauréat des hôpitaux et de l'École de pharmacie.

Interne en pharmacie. . DÉJARDIN (Eugène-Constant), pharmacien de 1re classe, ex-interne des hôpitaux.

AMBULANCE TURBIGO.

RUE TURBIGO, 51.

Pharmacien. . . . . . JAUNET (Émile), pharmacien de 1re classe, ancien interne des hôpitaux.

AMBULANCE DU BAZAR DU VOYAGE.

RUE DE LA PAIX.

Pharmacien . . . . . . VIGROUX (Léon), pharmacien de 1re classe.

AMBULANCE PILTÉ.

RUE MONSIEUR, 15.

Pharmacien . . . . . . COMBARIEU (Pierre-Fortuné).

AMBULANCE DE LONGCHAMPS.

A PASSY.

Pharmacien en chef.	CHEVRIER (Antoine), pharmacien de 1re cl.
Internes en pharmacie.	MOUYSSET (Charles-Paul-Auguste-Oconnel), pharmacien de 1re classe. DAMON (Dominique), pharmacien de 1re cl. LOUVET (Edgar), pharmacien de 1re classe, ex-interne des hôpitaux. MICHEL (Ferdinand), pharmacien de 1re cl. DEBONNAIRE (Alphonse), pharmacien de 1re cl. PEYROULX, pharmacien de 1re classe. FRÉBAULT (Élie), étudiant en pharmacie. LETAILLEUR, id.

Pendant toute la durée du siége une voiture à deux chevaux et un cocher ont été mis gratuitement à la disposition de la pharmacie centrale par M. Moisset-Foye et par M. Grandmanche.

Les écritures ont été tenues par M. E. Mijotte.

La pharmacie centrale a reçu :

De M. Leroux, plusieurs kilog. d'éponges.

De M. Armand, un liquide désinfectant.

De M. Millaud, une caisse élixir des alpines.

De M. Bertrand Roure, de l'eau de fleurs d'oranger.

De MM. Delaporte frères, un hectolitre d'eau-de-vie.

De Mme Leperdriel, du taffetas et du sparadrap.

De M. Monpelas, du vinaigre de toilette.

De M. Guétrot, de la teinture d'arnica.

De M. Blanc, divers médicaments composés.

De M. Rafin, de l'eau de Cologne.

De M. Ricqlès, de l'alcoolat de menthe.

De M. de Montigny, du vin, des lits, de la vaisselle.

De M. Storck, divers médicaments composés.

Nous remercions toutes ces personnes bienfaisantes, au nom de nos chers blessés dont elles ont contribué à alléger les souffrances.

FUSION

DES AMBULANCES DE LA PRESSE

ET

DE LA SOCIÉTÉ DE SECOURS AUX BLESSÉS

Paris, le 29 mars 1872.

MONSIEUR LE PRÉSIDENT,

La Société de secours aux blessés est une œuvre qui sera l'honneur de ce siècle : elle a su rallier pendant la guerre tous les cœurs vaillants que le combat n'appelait pas, mais qu'attirait la charité; elle a déployé pour la première fois, sur les champs de bataille, une bannière respectée par les deux camps; impuissante à supprimer un fléau vieux comme l'humanité, elle a cherché à en adoucir les horreurs et elle y a réussi.

Autour de vous, les volontaires de cette grande armée du dévouement ont rivalisé d'émulation dans le bien, de courage dans le péril, d'abnégation dans l'accomplissement des plus humbles devoirs : qu'ils le veuillent ou non, ceux-là vous appartiennent, car vous leur avez montré l'exemple et ils vous ont suivi. Nous sommes du nombre de ces collaborateurs indépendants, nous avons marché côte à côte avec vous et vous nous avez distingués : cet éloge explique et autorise la démarche que nous venons faire aujourd'hui.

Disons en deux mots quel fut le rôle de notre association. Plus de vingt-trois mille hommes blessés et malades transportés par nos soins ou hospitalisés dans nos services, près de trois cent mille journées de traitement, voilà le résultat : moins de douze cent mille francs dépensés, voilà le moyen. Les récompenses de l'État, le témoignage des chefs d'armée, la reconnaissance publique des blessés sortis de nos mains, nous prouvent à nous-mêmes que nous avons pu remplir notre mission selon le vœu général.

Notre situation financière est excellente : notre liquidation finie et nos comptes approuvés, il nous reste encore plus de cinquante mille francs en caisse, outre les sommes à retirer de la loterie organisée par vos soins et dont une décision ministérielle nous attribue le cinquième.

Telles sont, Monsieur le Président, les conditions dans lesquelles nous réclamons l'honneur de nous fondre avec vous.

Nous ne voulons pas créer un schisme dans la charité; nous ne voulons pas séparer la sœur cadette de son aînée, et, puisque vous nous avez précédé dans la carrière, nous ne saurions mieux faire que de nous réunir à vous pour terminer votre course. Vous êtes une société constituée, reconnue par l'État, vous vous appuyez sur des ressources durables; nous, nous ne sommes qu'un groupe; sortis des événements, nous disparaissons avec eux pour renaître avec vous, le jour où vous ferez appel à notre patriotisme. Vous trouverez, par centaines, dans les archives des *Ambulances de la Presse*, des médecins distingués, pleins du plus admirable dévouement; et, par centaines aussi, des journaux qui, à Paris, en province, à l'étranger ont plaidé la cause des blessés et soutenu l'institution, désormais impérissable, qui se félicite et qui s'honore de vous conserver à la tête de ses Conseils.

Veuillez, Monsieur le Président, recevoir l'assurance de mes sentiments de très-haute considération et de mon entier dévouement.

Signé à la minute :

EDMOND TARBÉ. RICORD.

Pour ampliation,

Le membre du Comité délégué, Secrétaire général,

DE LA GRANGERIE.

MONSIEUR LE PRÉSIDENT,

Je viens au nom de mes collègues du Comité des Ambulances de la Presse, et en mon nom, vous remercier de la bienveillante lettre que vous m'avez adressée.

Nous sommes heureux et fiers de la fusion qui vient de s'accomplir entre nos deux sociétés.

En nous accueillant parmi vous, vous nous avez donné la preuve que nous avions bien mérité, et que désormais ce n'était plus à côté de vous que nous devions marcher, mais au milieu de vous.

Soyez sûr, Monsieur le Président, que vous pourrez toujours compter sur nous et sur tous nos moyens d'action.

Veuillez, Monsieur le Président, transmettre nos sentiments de haute considération à nos collègues du Conseil général et recevoir pour vous l'assurance de notre respect et de notre affectueux dévouement.

Le président du Comité des Ambulances de la Presse,

Signé : RICORD.

MM. RICORD, EDMOND TARBÉ, DE LA GRANGERIE.

Paris, le 10 avril 1872.

MESSIEURS,

J'ai communiqué au Conseil de la Société, dans sa séance d'hier, la proposition de fusion que vous m'avez fait l'honneur de m'adresser.

Notre Conseil a accueilli et adopté avec une cordiale satisfaction la pensée qui a inspiré votre proposition: il m'a chargé de vous exprimer ce sentiment et il a décidé que vos lettres seraient transcrites textuellement sur le procès-verbal de la séance.

Quoique séparés dans notre organisation, nous avons coopéré ensemble à un grand but patriotique et humanitaire: nous avons été témoins du courageux dévouement que vous avez déployé, et de la part qui vous était réservée dans le spectacle consolant des merveilles de la charité française.

Dans la période de paix qui s'ouvre, le concours des lumières et de l'expérience des hommes éminents qui, dans votre société, Messieurs, représentent la science médicale et la puissante initiative de la Presse, nous sera d'un grand secours pour accomplir les devoirs de notre mission. Nous continuerons ensemble à adoucir les souffrances prolongées des victimes de la guerre et à perfectionner notre organisation en vue des éventualités de l'avenir.

Nous recevons les comptes que vous déposez entre nos mains : soumis au même contrôle et à la même publicité que les nôtres, ils témoignent de l'ordre et de l'économie qui ont présidé à votre gestion, et ils obtiendront, nous n'en doutons pas, l'approbation de tous.

Agréez, Messieurs, les assurances de notre haute et affectueuse considération.

Le président de la Société de secours aux blessés militaires,

Signé : COMTE DE FLAVIGNY.

APPENDICE.

Sous le titre d'Appendice, nous reproduisons certains documents qui sont intéressants à consulter au sujet de notre œuvre. Nous signalerons particulièrement plusieurs articles intéressants du docteur Decaisne, rédacteur scientifique du journal *la France*, articles relatant certains faits qui, un jour, pourront avoir un grand intérêt. Lorsque les préliminaires de paix furent signés, notre illustre président, dont la bonté et la générosité sont inépuisables, a réuni dans une série de déjeuners très-intimes tout le personnel médical de nos Ambulances. Là des discours ont été prononcés à des points de vue bien différents. Ne pouvant les reproduire tous, nous en donnerons seulement deux à titre de documents, et en raison de l'accueil bienveillant avec lequel ils ont été écoutés : celui du docteur Demarquay et celui de M. Colignon.

TOAST DU DOCTEUR DEMARQUAY.

MESSIEURS,

Je porte un toast aux Ambulances mobiles de la Presse.

Mes chers confrères et chers camarades, si je demande la permission de vous porter un toast, c'est que personne, mieux que moi, n'a pu apprécier votre courage, votre dévouement et les services que vous avez rendus. Vous êtes l'âme de notre œuvre ; c'est par vous et par votre association au dévouement des frères de la Doctrine chrétienne que nous vivrons dans le souvenir des générations présentes et dans celles de l'avenir. Oui, je puis le dire, associé à ces simples et courageux brancardiers, nous avons plusieurs fois excité l'admiration de l'armée. Par votre courage et votre discipline, votre action sur le champ de bataille a été glorieuse ; grâce à vous, plus de 5000 blessés ont été pansés et secourus. Mais ce courage et cette discipline sur le champ de bataille sont faciles aux cœurs vraiment français. Mais ce qui l'est moins, c'est le dévouement constant et la persévérance dans le devoir.

Sous ce rapport, je puis le dire avec fierté, car, moi aussi, j'appartiens aux Ambulances mobiles, aucune Société de secours ne nous a surpassés. En effet, chaque jour, par la pluie et par la neige, on voyait partir de chaque ambulance mobile l'escouade qui allait porter secours aux fiévreux, cette autre victime de la guerre, aussi intéressante que le blessé ; ni la gelée, ni la neige, ni la maladie contagieuse ne vous arrêtaient. Grâce à vous, 16 000 malades auxquels l'Intendance aurait difficilement porté secours, ont été recueillis, réchauffés et, finalement, hospitalisés. Que de fois, dans ma pensée et dans mon cœur, quand j'allais visiter vos postes avancés, vous ai-je comparés à ces pieux anachorètes dont la vie obscure et cachée est toute consacrée à secourir le voyageur égaré et perdu dans la neige ! Non, de pareils services ne peuvent s'effacer du souvenir de l'armée, qui vous a vus et admirés.

Ici me revient un souvenir de la vie de Dupuytren qui me fournit l'occasion d'un rapprochement. En 1815, la France subissait pour la seconde fois l'invasion étrangère. Le canon retentissait jusque sur les marches de l'Hôtel-Dieu. Dupuytren, qui tenait alors le sceptre de la chirurgie française, et qui était le représentant le plus autorisé de l'enseignement officiel, partit de l'Hôtel-Dieu suivi de ses nombreux élèves, et vint aux avant-postes porter les secours de son art aux blessés. Cette conduite d'un jour de Dupuytren remplit d'admiration ses élèves et ses rivaux. Aussi tous les biographes de ce grand chirurgien ont-ils insisté sur ce fait mémorable de sa vie. Eh bien ! messieurs, ce dévouement d'un jour de Dupuytren que toute la génération a glorifié, m'engage à terminer ce toast en vous proposant de boire à la santé de notre bien-aimé et vénéré maître, M. Ricord, qui, pendant cinq mois, n'a cessé de nous montrer l'exemple du courage et du dévouement. Cette fois, ce n'est plus le plus autorisé de l'enseignement officiel qui paye de sa personne et donne l'exemple, cet honneur était réservé au plus grand et au plus vénéré représentant de l'enseignement libre : à M. Ricord, qui aura donné à la génération présente le noble exemple du courage et du dévouement.

TOAST DU DOCTEUR COLIGNON.

A vous, maître illustre et vénéré !

A vous, monsieur le professeur Ricord, à vous merci, mille fois merci, au nom de tous, au nom surtout de ceux qui devront à vos exemples de savoir comment on peut faire grand et beau !

Votre souvenir restera gravé dans la mémoire de ceux que vous appeliez tout à l'heure encore « vos chers élèves », comme l'expression à la fois la plus complète et la plus pure de la science souveraine, unie à la loyauté et au désintéressement d'un grand caractère !

A vous aussi, nos maîtres en chirurgie ! A vous, savant professeur Demarquay, nos bien sincères remercîments ! Votre bienveillance nous a été précieuse ; elle nous a encouragés, nous, les jeunes, et de vos exemples ressortiront pour nous de grandes et sérieuses leçons !

A vous, monsieur de la Grangerie ! Merci pour le zèle et le dévouement dont vous avez fait preuve pendant cette période si difficile.

Merci encore à vous, mes bien chers Frères, que nous avons constamment trouvés debout, aux champs de bataille comme au chevet des blessés ! Votre humilité même ajoute à la splendeur de l'évangélique charité !

Nous, les derniers venus dans la carrière, nous qui suivions de nos efforts et de notre zèle ceux que nous saluons aujourd'hui du témoignage bien humble de notre admiration et de notre reconnaissance, nous garderons de cette époque néfaste, à défaut d'une gloire militaire que nous n'avons pas cherchée, nous garderons un souvenir, une puissante consolation ; soldats de la lutte éternelle que la mort livre incessamment à la vie, nous avons, sans distinction de patrie, au seul nom de la science et de la fraternité, partagé nos secours entre nos frères malheureux et nos ennemis vainqueurs ; nous n'avions qu'un drapeau, celui de l'humanité, aussi chacun de nous, au souvenir du siége de Paris, aura-t-il le droit de dire avec un légitime orgueil :

J'étais des Ambulances de la Presse !

LES MÉDECINS AU COMBAT DE BAGNEUX.

La journée de jeudi a montré une fois de plus le dévouement et l'intrépidité des médecins de Paris sur le champ de bataille. Les Ambulances mobiles de la Presse française étaient accourues au bruit du canon avec l'ensemble et l'entrain qu'on leur connaît. Le feu était si vif que l'Ambulance de l'ouest-ceinture a dû attendre plusieurs heures sans pouvoir avancer, et le bruit courait que deux de nos confrères, le docteur Lunier et M. Jochelson, entraînés par leur ardeur, avaient été faits prisonniers à Bagneux. Il n'en était rien. Ces deux braves médecins avaient cru pouvoir arborer le drapeau des Ambulances sur l'église de Bagneux, mais ils durent le retirer sur l'observation que leur fit un officier bavarois, que cela pourrait faire croire que l'ennemi cherchait à s'abriter sous la protection du drapeau de Genève. Les deux médecins regagnèrent donc nos lignes au milieu de la fusillade.

Aussitôt que le feu eut cessé, les diverses ambulances s'avancèrent à travers la campagne pour rechercher les blessés. Ricord est là comme toujours, et, avec la fougue et l'intrépidité de la jeunesse, il marche à la tête des Ambulances de la Presse. A un certain moment, on est averti qu'un détachement prussien est à quelques pas et qu'il faut s'arrêter. Le docteur Ricord se détache avec le docteur Goldenstein, qui s'adresse à l'ennemi en allemand. Deux Bavarois conduisent les médecins français à leur chef, à qui M. Ricord demande si les Prussiens ont beaucoup de blessés français en leur pouvoir. L'officier répond qu'ils en ont peu, mais qu'il ne peut pas les rendre, que d'ailleurs ils seront bien soignés. L'officier donne sa carte au docteur Ricord, qui, lui aussi, lui donne son nom, « et, ajoute le *Gaulois*, à qui nous empruntons une grande partie de ces détails, nous entendons dans la phrase de politesse dont l'officier accueille le nom du directeur des Ambulances de la Presse, ceux de deux savants allemands, Langenbeck et Chelius, médecins du roi Guillaume. » En rebroussant chemin, les médecins des Ambulances de la Presse furent pour ainsi dire pris un moment entre les combattants. C'étaient quelques soldats français qui, restés dans Châtillon, continuaient le feu auquel les Prussiens répondaient. On fut donc obligé de regagner la route, et quand le feu cessa, chacun ramena ses blessés dans Paris.

Dans cette journée de jeudi, la moitié du personnel des Ambulances mobiles de la Presse était accourue sur le lieu du combat. Les ambulances fixes elles-mêmes avaient voulu avoir leur part du danger; nous citerons entre autres l'Ambulance des Ponts-et-Chaussées et les docteurs et élèves de son personnel : MM. Duhomme, Wœlker, Barlemont, Sicard, Letailleur et Decaisne fils.

Tous ceux qui ont vu M. Ricord dans la journée de jeudi s'accordent pour dire que son courage touche parfois à la témérité, et son jeune bataillon, à qui il donne si brillamment l'exemple, lui demande respectueusement de se ménager davantage.

En terminant, nous croyons utile d'adresser à qui de droit la réflexion suivante : à la suite des ambulances, on voit souvent sortir, les accompagnant sous un prétexte ou sous un autre, des gens de toute espèce qui conduisent des voitures, et qui n'ont rien à voir avec la convention de Genève. C'est là un abus qu'il faut réprimer, si l'on ne veut pas exposer nos ambulances au feu de l'ennemi, qu'on accuserait ainsi à tort de violer la convention.

Tout en rendant hommage au zèle et au dévouement des gardes nationaux, il nous paraît aussi important et au même degré de leur interdire d'accompagner les ambulances sous un prétexte quelconque ; il y a là un danger qui se comprend facilement et sur lequel nous n'avons pas besoin d'insister.

(*La France*, 16 octobre 1870.)

LES BRETONS A L'AMBULANCE.

Le Comité des Ambulances de la Presse, avec un sentiment de délicatesse qu'on ne saurait trop louer, a consacré exclusivement deux de ses hôpitaux aux malades bretons de la garde mobile qui sont dans nos murs. Il a voulu réunir sous le même toit, entourer des mêmes soins intelligents et dévoués ces braves enfants de l'Armorique, dont le cœur patriotique et français bat à l'unisson du nôtre pour la défense commune, mais qui ne parlent pas la même langue. Il a compris qu'en leur créant, pour ainsi dire, une nouvelle famille au milieu de nous, en leur donnant des médecins qui parlent breton, il combattrait efficacement la nostalgie, ce mal du pays dont on meurt quelquefois, et qui atteint le Breton plus que personne.

Appelé hier à visiter à l'Ambulance du Louvre un malade à qui le docteur Demarquay avait pratiqué la veille une grave opération, j'ai pu voir avec quelle remarquable intelligence et avec quelle sollicitude le service est organisé. J'ai surtout été touché des tendres soins que ces braves enfants se prodiguent les uns aux autres, de l'ordre parfait qui règne dans les salles et de cet air de famille qu'on y respire. J'ai vu, entre autres, deux mobiles du Morbihan qui visitaient un de leurs camarades gravement atteint d'une maladie de poitrine, et je n'oublierai jamais avec quelle émotion, quels regards humides de larmes, ils le consolaient et recevaient ses dernières recommandations pour ceux qu'il a laissés au pays et qu'il ne doit plus revoir. Malgré moi, je me rappelais les vers de mon pauvre Brizeux, le poëte des genêts et de la lande embaumée, un Breton, lui aussi, qui ne voulait pas mourir à Paris :

Oh! ne quittez jamais, c'est moi qui vous le dis,
Le devant de la porte où l'on jouait jadis,
L'église où, tout enfant, d'une voix douce et claire
Vous chantiez à la messe auprès de votre mère,
Et la petite école où traînant chaque pas,
Vous alliez le matin, oh! ne la quittez pas!
Car une fois perdu parmi ces capitales,
Cet immense Paris aux tourmentes fatales,
Repos, douce gaieté, tout s'y vient engloutir,
Et vous le maudissez sans en pouvoir sortir.

Ce sont les sœurs de l'Espérance qui font ici le service d'infirmières, et qui là, comme partout où elles passent, en ces temps de misères profondes, éclairent la nuit sombre d'un rayon doux comme leur nom.

J'ai été frappé, en causant avec les mobiles du Finistère et du Morbihan, de leur air honnête et loyal, et de trouver un caractère ferme et mâle et une énergie remarquable sous ces figures juvéniles et empreintes d'une certaine rêverie. J'ai reconnu là les enfants de la vieille Bretagne, patrie des cœurs chrétiens, des cœurs vaillants, des courages indomptés, patrie de Duguesclin et de Duguay-Trouin, « terre de granit recouverte de genêts, » et j'ai compris comment ces héros de vingt ans combattirent et tombèrent à Châtillon, sous les balles prussiennes, au cri de la vieille devise bretonne, de la devise de Trochu, le vaillant : « Avec l'aide de Dieu, pour la patrie! »

(*La France*, 19 novembre 1870)

UNE VISITE DU GOUVERNEUR DE PARIS A L'AMBULANCE.

Il y avait grand émoi, dimanche, vers trois heures, rue des Saints-Pères, et la foule encombrait les abords de l'École des ponts et chaussées, où le Comité des Ambulances de la Presse a établi un de ses principaux hôpitaux. C'était le général Trochu qui venait visiter les blessés, que la science et la charité ont recueillis et entourent, dans ce bel établissement, des soins les plus dévoués et les plus intelligents.

Le gouverneur de Paris, avec un état-major peu nombreux, dans lequel on remarquait M. le baron Larrey, M. Wolf et M. Bibesco, a été reçu par le personnel de service, à la tête duquel se trouvaient MM. les docteurs Ricord, Demarquay et Jules Guérin, ainsi que Mgr Bauer, l'infatigable et vaillant aumônier en chef des Ambulances de la Presse. Ces messieurs firent les honneurs de la maison au général qui, s'approchant du lit de chaque malade, l'interrogea avec le plus grand soin sur son état, la nature de sa blessure, le combat où il l'avait reçue, et enfin ses états de services. Le général Trochu décerna la croix d'honneur à un jeune sous-officier, Strintz (Émile-Albert), âgé de vingt-sept ans, du 51e de ligne, 9e régiment de marche, atteint d'une fracture de la cuisse ; il accorda la médaille militaire à un soldat du 63e de ligne, atteint d'une balle ayant traversé le bassin, et la même récompense au nommé Pouchet, du 101e régiment de ligne, atteint d'une balle au genou, tous les trois en voie de guérison.

Les progrès de la chirurgie conservatrice, dus surtout aux études persévérantes des chirurgiens français dans ces dernières années, frappèrent vivement l'illustre général qui, avec cette intelligence que chacun lui connaît, s'en entretint avec les docteurs Ricord, Demarquay et Guérin. Les résultats d'une des opérations les plus hardies tentées dans ces dernières années et faite il y a quelque temps sous nos yeux, par M. Demarquay, avec la rare habileté qui caractérise le célèbre chirurgien, ont attiré surtout l'attention du gouverneur de Paris. Il s'agit d'une résection considérable du genou, qui conservera la cuisse à un brave soldat, aujourd'hui en voie de guérison.

Le docteur Jules Guérin, qui est ici à la tête d'un service spécial, montra au général les résultats du traitement des plaies par armes à feu par l'occlusion pneumatique dont il est l'inventeur, et que nous suivons avec un vif intérêt depuis le commencement du siége.

Avant de se retirer, le général a remercié, en termes chaleureux, les chefs de service et tout le personnel de l'Ambulance, sans oublier personne, pour tous les soins qu'ils prodiguent à nos soldats. Nous sommes certains que la reconnaissance publique ratifiera ces éloges du gouverneur de Paris aux Ambulances de la Presse, dont on apprend chaque jour à connaître la science et le dévouement à toute épreuve dans l'intérieur de Paris et au milieu des dangers du champ de bataille. Une pauvre mère nous l'a bien prouvé dimanche dernier; elle visitait son fils blessé au moment même où le général Trochu parcourait les salles; tout à coup elle aperçoit et reconnaît le docteur Goldenstein, un des médecins les plus dévoués de nos Ambulances, et elle fond en larmes en disant à son fils : « Bénis-le, mon enfant, c'est lui qui t'a sauvé, c'est lui qui t'a ramassé à Châtillon. »

Pendant cette trop courte visite, qui a singulièrement relevé le moral des blessés, chacun a été touché de la façon toute paternelle avec laquelle le gouverneur de Paris consolait et réconfortait nos malades, et l'on voyait parfois passer sur cette fière et mâle figure de soldat comme un éclair de tendresse et de charité qui vous allait droit au cœur. Aussi un des malades que nous félicitions sur la récompense dont il avait été l'objet nous disait-il : « Monsieur le docteur, j'en suis bien heureux, mais ce que m'a dit le général m'a fait encore plus de bien. »

Ah! si un jour l'ingratitude publique méconnaissait les services qu'il a rendus à la France, en assumant sur sa tête, en ces temps de détresse profonde, les plus terribles responsabilités, que M. le gouverneur de Paris se rappelle comme une consolation les mots touchants de ce brave homme, en attendant que la Bretagne reconnaissante inscrive sur son livre d'or le nom de Trochu à côté de ceux de ses plus nobles et de ses plus dignes enfants.

(*La France*, 9 novembre 1870.)

LES FRÈRES DES ÉCOLES CHRÉTIENNES PENDANT LE SIÉGE.

A l'heure où chacun se dévoue dans la mesure de ses forces à la chose publique, on s'accorde généralement pour donner au soldat et au médecin la première place. Mais à côté d'eux, et dans une sphère plus modeste, mais admirable, viennent se placer ces ouvriers de la charité qui accomplissent dans l'ombre et le silence leur tâche quotidienne, et savent résoudre, souvent sans s'en douter, les plus grands problèmes sociaux par la pratique de ces vertus chrétiennes qui planent au milieu de la tourmente comme un phare éclatant et radieux au-dessus des convoitises, des égoïsmes et des folies de cette société aux abois.

Cette pensée me revenait à l'esprit l'autre jour, en visitant l'ambulance établie par les frères de la Doctrine chrétienne dans leur maison de la rue Oudinot et annexée aux Ambulances de la Presse. Il y a là plus de deux cents lits consacrés aux malades et aux blessés, et il est impossible de ne pas être vivement touché des soins admirables et de la sollicitude dont ils sont entourés. Là comme dans toutes les Ambulances de la Presse où les frères font le service d'infirmiers, j'ai été frappé de l'intelligence avec laquelle ils apprennent en quelques jours à panser et à soigner les malades et à organiser un service d'ambulance.

L'établissement de la rue Oudinot avant les derniers combats livrés sous Paris n'était destiné qu'à des fiévreux, comme disent les médecins, lorsque tout à coup, à cause de l'affluence des blessés, on fut obligé d'installer 85 lits pour un service chirurgical. La chose fut faite en un clin d'œil, les 85 lits occupés immédiatement, et quelques heures après les frères avaient pourvu à tous les besoins et pansaient nos braves soldats comme s'ils n'avaient jamais fait que cela.

Il ne manquait qu'un chirurgien, — le chirurgien devient rare en ce moment, — lorsque la Providence, prenant en pitié l'anxiété des pauvres frères, envoya juste à point, rue Oudinot, un homme que nous avons tous appris à aimer et à admirer, un homme que tous les malheureux bénissent en ces jours d'angoisse et de misère, qu'on trouve partout où il y a une douleur à soulager, un blessé à sauver, Ricord lui-même enfin, la science et la bonté en personne. L'illustre praticien fit en quelques heures les opérations les plus urgentes, ce qui permit d'attendre jusqu'au lendemain matin le chirurgien qui devait prendre la direction de l'ambulance.

On pourra juger des services que rendent les frères de la Doctrine chrétienne, quand on saura qu'ils soignent en ce moment dans Paris plus de 1400 blessés.

Mais leur zèle va plus loin, et tous ceux qui les ont vus à l'œuvre sur le champ de bataille ont été saisis d'admiration devant leur intrépidité et leur mépris pour le danger. A chaque combat, plus de deux cents frères vont souvent au péril de leur vie, et sous le feu de l'ennemi, ramasser les blessés, et on les a vus plusieurs fois rentrer dans Paris portant dans les plis de leur pauvre robe la preuve irrécusable et glorieuse de leur courage et de leur charité. « Croyez-moi, mon frère, disait le général Ducrot, au combat du 30 novembre, à l'un d'eux, qui, pour sauver un blessé, s'était avancé au milieu des balles prussiennes, croyez-moi, l'humanité et la charité ne demandent pas qu'on aille aussi loin. »

Quoiqu'il n'y ait rien à ajouter à un pareil témoignage, je dirai que les novices et les frères, les jeunes gens et les vieillards rivalisent ici de courage et de dévouement. On peut voir le vénérable frère Philippe, le supérieur général, oubliant ses soixante-dix-huit ans, conduire ses religieux en dehors de Paris et, jour et nuit, servir lui-même ses pauvres malades, les consoler et les fortifier avec ce doux sourire et cette sensibilité exquise qui lui attire tous les cœurs.

Ah! soyez bénis pour tout le bien que vous faites, humbles serviteurs des enfants du peuple! Vous avez, je vous le jure, ô mes frères les *ignorantins*, vous avez la vraie science, la science de la charité, de l'abnégation et du dévouement, la science qui fait les héros, et Paris et la France délivrés diront que vous avez bien mérité de la patrie.

(*La France*, 6 décembre 1870.)

LES AMBULANCES DE LA PRESSE

DANS LES DERNIERS COMBATS.

Tout Paris a pu apprécier depuis trois mois les services rendus par les Ambulances de la Presse et reconnaître le zèle infatigable des membres du Comité et des médecins qui sont venus se grouper autour d'eux. Nous avons plusieurs fois entretenu nos lecteurs du bien que cette œuvre de science et de charité a fait partout où elle a passé, et la voix publique est unanime pour reconnaître la supériorité d'une organisation qui a fait largement ses preuves.

Mais c'est surtout dans les derniers combats livrés sous Paris que les Ambulances de la Presse ont donné la mesure de leurs ressources et montré ce que peuvent la science et le dévouement aidés d'une administration qui sait tout prévoir.

Le 29 novembre, à sept heures du matin, les Ambulances de la Presse étaient réunies au Champ de Mars, ayant à leur tête Mgr Bauer comme aumônier, M. Ricord et M. Demarquay comme chirurgiens en chef, suivis d'une cinquantaine de médecins et élèves, parmi lesquels nous citerons : MM. Cousin, Duhomme, Barlemont, Woelker, Bastien, Dussart, Urba, Cabannellas, Le Danois, Bocquillon, Sicard, Lejeault, Letailleur, Decaisne, Kohly, Figueroa, etc. M. le docteur Lunier, qui depuis l'investissement a relevé à lui seul plus de 800 blessés sur le champ de bataille, était à Créteil avec toute son escouade. Cent cinquante frères des Écoles chrétiennes environ se trouvaient aussi au lieu du rendez-vous avec cent quarante voitures ou fourgons des compagnies de l'Ouest, Lyon et Orléans. On attendit patiemment les ordres de l'Intendance militaire jusqu'à trois heures de l'après-midi. C'est alors qu'on vint annoncer aux Ambulances qu'on n'aurait besoin de leur secours que le lendemain, le général Ducrot n'ayant pas passé la Marne le 29, comme on le sait.

Le lendemain, vers neuf heures et demie du matin, tout le personnel se trouvait à Joinville-le-Pont.

La première ambulance fut établie près de l'hôtel de la Tête-Noire avec l'intendance, à la tête de laquelle se trouvait M. de la Grangerie, l'habile organisateur de nos ambulances. Les escouades de chirurgiens se formèrent immédiatement et partirent avec un certain nombre de Frères pour aller planter le drapeau de la convention de Genève, les uns à la Fourche de Champigny, les autres sous les murs mêmes de Champigny.

Depuis dix heures du matin jusqu'à une heure avancée de la nuit, les chirurgiens de nos ambulances, avec un courage et un mépris du danger au-dessus de tout éloge, ramassèrent les blessés, les pansèrent sur place et les firent transporter à Paris, aidés par les frères des Écoles chrétiennes, qui ne quittèrent le champ de bataille qu'à la dernière heure.

On revint coucher à Joinville, et le lendemain, à huit heures du matin, tout le monde était à son poste. M. Ricord alla établir d'autres ambulances à Petit-Bry. De jeunes chirurgiens qui le suivaient, l'ayant perdu de vue, demandèrent de ses nouvelles à un officier bavarois, qui leur dit : « Un peu plus haut, je viens de le reconnaître. » En ce moment, Ricord était littéralement sous le feu de l'ennemi. Ce jour-là les Ambulances de la Presse firent des prodiges et furent l'objet de l'admiration de toute l'armée.

Le soir, il fallut songer à enterrer les morts. Mgr Bauer se chargea de ce soin avec les frères des Écoles chrétiennes. Lugubre et navrant spectacle que n'oublieront jamais ceux qui y ont assisté, que celui de ce prêtre et de ces religieux récitant les prières des morts devant quatre ou cinq trous béants, éclairés par la pâle lumière de la lune!

Le lendemain, la journée fut encore plus rude, s'il est possible, et l'on vit Demarquay, vaillant et intrépide comme toujours, se multiplier et organiser des ambulances sur tous les points les plus périlleux, jusque dans la nuit, aidé du personnel de l'Ambulance des Ponts-et-Chaussées : MM. Cousin, Barlemont, Duhomme, Wœlker, Lejeault, etc. Il fut décidé que Mgr Bauer se rendrait chez le général Ducrot pour lui demander l'autorisation d'aller comme parlementaire réclamer ce qui restait entre les mains de l'ennemi de nos blessés et de nos morts.

Le courageux prélat partit avec un clairon, un porte-fanion, les chirurgiens de l'Ambulance, des frères des Écoles chrétiennes, et se dirigea vers les hauteurs de Champigny. La sonnerie d'usage fut faite et il fut répondu qu'il ne restait que quelques blessés dans l'église de Champigny. On voulut explorer la gauche du village de Cœuilly et le clairon sonna une seconde fois, mais aussitôt il fut accueilli par une vive fusillade, qui heureusement n'atteignit personne. On fut obligé de battre en retraite sur Champigny, en emportant les derniers blessés bavarois, prussiens et français que l'on avait relevés.

Il serait impossible de raconter tous les traits de courage et de dévouement qui signalèrent cette campagne des Ambulances de la Presse, qui ont soigné et pansé plus de 1500 blessés. Pendant quatre jours, le docteur Demarquay a montré sur le champ de bataille de la chirurgie ce courage froid, sans fougue et sans faiblesse, la première qualité du vrai praticien, et a prouvé une fois de plus que notre grand art n'est qu'une des mille formes de la charité : la science, en un mot, apportant son concours au dévouement.

Armand Gouzien, le secrétaire général des Ambulances de la Presse, et qui a tant fait pour leur organisation, était là aussi, apportant partout le concours de sa rare intelligence et de son infatigable activité.

Disons aussi que les médecins de nos ambulances ont appris à apprécier un de nos confrères les plus distingués de l'armée, le docteur Sarrazin, chirurgien en chef du corps d'armée du général Ducrot, qui, par les soins et la sollicitude dont il entourait ses blessés, a montré que chez lui le cœur est à la hauteur de la science.

Somme toute, cette campagne glorieuse pour nos armes l'a été aussi pour notre rude et noble profession, et nous pouvons dire que les médecins des Ambulances de la Presse et les médecins de Paris ont acquis un titre de plus à la reconnaissance publique.

(*La France*, 10 décembre 1870.)

LE DOCTEUR LUNIER A AUBERVILLIERS.

Un ennemi terrible et d'un nouveau genre, le froid est venu, au commencement de cette semaine, s'abattre tout à coup sur l'armée de Paris, menaçant de faire dans les rangs des vaillants défenseurs de la capitale des ravages prenant les proportions d'un véritable désastre. Grâce aux sages et promptes mesures prises par le gouvernement, on put, Dieu merci, arrêter le mal dans sa marche.

Cependant un assez grand nombre de nos soldats avaient été atteints de congélations plus ou moins graves, et des secours intelligents durent être immédiatement organisés. Chacun se mit donc à l'œuvre, médecins militaires et médecins civils, et tous les malades purent être soignés en temps utile, et l'on peut dire que c'est surtout à la promptitude avec laquelle les soins leur furent donnés, qu'un grand nombre de nos soldats durent d'échapper à la mutilation des membres et d'autres à la mort elle-même.

Parmi les Sociétés de secours aux blessés, les Ambulances de la Presse accoururent, comme toujours, des premières sur le lieu du danger, et établirent à Aubervilliers une de ces ambulances mobiles qui, depuis le commencement du siége, ont rendu de si grands services.

Dans un vaste bâtiment de la route de Flandre, le docteur Lunier reçut en deux jours plus de 600 soldats atteints de congélation, qui furent tous traités sur place avec tous les soins minutieux que réclament les accidents qui ont fait le sujet de nos deux derniers articles. Tous ceux qui ont vu notre confrère à l'œuvre sont unanimes pour déclarer qu'il a été vraiment héroïque, et ils ne savaient ce qu'ils devaient le plus admirer de sa science ou de sa charité. Ceux qui le connaissent ne s'en étonneront pas, à coup sûr, et il nous suffira d'ajouter que M. Lunier n'a pour ainsi dire pas quitté le champ de bataille depuis bientôt quatre mois, et qu'à lui seul il a ramassé jour et nuit plus de 900 blessés dans les combats sous Paris.

Outre les soldats atteints de congélation dont nous avons parlé plus haut, l'Ambulance d'Aubervilliers, que nous avons visitée hier, a reçu des forts environnants, dans les journées des 24, 25, 26, 27, 28 décembre, 1400 malades atteints de dyssenterie, de bronchite, de fluxions de poitrine et de fièvres diverses, qui ont été dirigés sur Paris dans les divers établissements hospitaliers. Ce nombre énorme de malades atteste, hélas! les ravages que la rigueur de la saison a faits dans les rangs de l'armée en quelques jours, et, si l'on ne connaissait pas le dévouement et le zèle des médecins des Ambulances de la Presse, on s'étonnerait qu'avec un personnel relativement fort restreint, on ait pu pourvoir à tous les soins que réclament nos malheureux soldats et à leur transport rapide dans Paris. Nous sommes heureux de pouvoir donner ici les noms de ceux qui aident le docteur Lunier dans sa laborieuse tâche : ce sont MM. les docteurs Chopart, Faneau, Jacquey et Figueroa, et les médecins auxiliaires Noël, Chopard (Adolphe), Mier, Arnould, Schweguer et Auger, qui tous ont fait leurs preuves pendant le siége.

Ricord, le chirurgien en chef des Ambulances de la Presse, qu'on est toujours sûr de trouver sur le lieu du danger, et dont le nom restera attaché au siége de Paris, se trouvait, le 24 décembre, à l'Ambulance, suivant silencieux et d'un œil attentif les soins ingénieux que l'infatigable docteur Lunier prodiguait à un malheureux atteint de congélation et qu'on avait apporté là entre la vie et la mort. Peu à peu le patient se ranime, il donne quelques signes de vie ; la science a triomphé. Le docteur Lunier, entouré de ses jeunes médecins, n'abandonne pas encore son malade, lorsque Ricord, n'y tenant plus : « Levez-vous, » dit-il à notre confrère, et il l'embrasse avec une émotion qui va droit au cœur des assistants. Tous les médecins avaient compris que cette accolade du maître bien-aimé s'adressait à chacun d'eux comme la plus douce des récompenses.

Quant à moi, malgré le peu d'autorité de ma pauvre personne, permettez-moi, mes vaillants confrères, de vous remercier de tout mon cœur et de toutes mes forces pour ces malheureux soignés et sauvés par votre science et votre charité, et aussi pour tout l'honneur que vous faites à notre rude et noble profession.

(*La France*, 31 décembre 1870.)

LES AMBULANCES DE LA PRESSE SOUS LA COMMUNE.

Chacun sait les éminents services rendus pendant le siége par les Ambulances de la Presse française. Il ne s'est pas livré un seul combat sous Paris qui n'ait été témoin du courage et de l'intrépidité de leurs médecins, et cette belle œuvre était devenue populaire pendant cette lutte gigantesque et à jamais néfaste. Qui ne se rappelle, en même temps, ces frères de la Doctrine chrétienne, leurs auxiliaires dévoués, humbles ouvriers de la charité, accomplissant dans l'ombre leur tâche quotidienne et sachant au besoin mourir comme des héros? Tous ceux qui vous ont vues à l'œuvre ne vous oublieront jamais, vous aussi, admirables infirmières, douces sœurs de l'Espérance qui, nuit et jour, au chevet de nos blessés, avez calmé tant de douleurs et séché tant de larmes.

Mais ce qu'on ignore, et ce qui vaut la peine d'être raconté, ce sont les péripéties par lesquelles a passé cette Société de secours aux blessés, depuis le 18 mars jusqu'au jour de l'entrée de l'armée de Versailles dans Paris.

Au moment où se produisit l'insurrection du 18 mars, les Ambulances de la Presse considéraient comme terminée leur œuvre patriotique. Tout ce qui restait de blessés et de malades dans les divers postes avait été concentré dans les pavillons de Longchamps, mis à la disposition du Comité par l'Intendance militaire. Là, trois cent soixante-deux victimes du siége de Paris recevaient encore les soins d'une trentaine de médecins et d'une centaine de frères de la Doctrine chrétienne. Le docteur Ricord, ce vétéran de la science et du dévouement professionnel, se reposait, à la campagne, des glorieuses fatigues du siége. En son absence, l'infatigable docteur Demarquay dirigeait tous les services. M. de la Grangerie procédait à une liquidation régulière. Le 4 avril, comme il revenait de Versailles, il fut arrêté à la porte Bineau, conduit à la place, puis définitivement interné à la Roquette comme otage de la Commune, qui, dans l'ivresse d'une victoire inespérée, sévissait avec des violences inouïes contre les réactionnaires. A ce titre, les Ambulances de la Presse avaient tout à redouter. C'est ce dont put se convaincre le docteur Demarquay lorsqu'il fit courageusement des démarches pour obtenir l'élargissement de M. de la Grangerie.

« Le mot de cette révolution, lui fut-il dit par le terrible Raoul Rigault, délégué à la préfecture de police, ce sera : Mort aux prêtres!... Vos principaux instruments sont les *ignorantins*, et à leur tête un monsignor vaniteux et intrigant, complaisant d'Eugénie, un singe de Gondi botté et enguirlandé.... Docteur Demarquay, faites attention.... vous n'êtes pas en sûreté! »

Les choses en étaient là, lorsque M. N. Cotte, ancien attaché de légation, qui pendant le siége avait activement coopéré à l'œuvre des Ambulances de la Presse, informé de ces divers incidents, vint se mettre à la disposition du docteur Demarquay, et, de concert avec lui, tenta de faire tête à l'orage. Les intérêts engagés étaient nombreux et de l'ordre le plus élevé : — obtenir la liberté de M. de la Grangerie, — préserver près de quatre cents soldats réguliers, les uns de l'incorporation dans les rangs fédérés, les autres d'un déplorable abandon; — sauvegarder et faire échapper les malheureux frères, auxquels on réservait les travaux de tranchées, les avant-postes ou les cellules de Mazas; — assurer la sécurité et l'honneur d'un personnel médical convoité pour le service des bataillons de marche, — tel devait être le but multiple des efforts des négociateurs.

M. de la Grangerie fut extrait de la Roquette par M. Cotte. Menacé, le lendemain même de son élargissement, par l'odieux Cluseret, il dut se tenir dans une retraite sûre, d'où il parvint à quitter Paris. — Le matériel des Ambulances fut de divers points amené à Longchamps et échappa tout entier au pillage exercé sous forme de réquisitions absolument arbitraires.

Les frères purent quitter presque tous Paris sous divers déguisements. Un certain nombre d'entre eux resta à Longchamps, à la tête des différents services, grâce aux costumes civils et aux barbes les plus incultes. Aucun soldat ne fut inquiété. Les maladies devinrent absolument rebelles à tous les soins. Les délégués de la Commune rôdant autour du bercail n'y firent aucune victime, et cependant l'exécuteur des hautes œuvres de l'endroit n'était autre que le sinistre et grotesque Napias, la terreur de Passy, et je dois dire que les Ambulances de la Presse n'ont jamais eu à se plaindre de ce misérable. Nous ne pouvons, même sommairement, donner le récit des phases émouvantes à travers lesquelles ces résultats furent obtenus. Nous les avons suivies à travers toutes les péripéties. Nous avons pu apprécier les actes multipliés d'énergie et d'audace, de souplesse et de dignité dont le prix, au milieu d'incessantes angoisses, a été le maintien absolu de l'autonomie des Ambulances de la Presse.

Ces résultats font le plus grand honneur à l'habileté et à la rare intelligence de M. Cotte. C'était chose émouvante et étrange que de voir les pavillons de Longchamps, véritable oasis nationale perdue au milieu des terrains de la Commune, protégés par le drapeau de Genève et décorés à profusion de drapeaux tricolores, alors que partout ailleurs le drapeau rouge flottait sur les édifices et s'étalait sur les balcons. Pour quiconque a habité Paris sous le régime terrifiant de la Commune, ce fait, en apparence si simple, est la plus éclatante expression du succès obtenu par les lutteurs, et ce mot de lutteurs est bien le mot propre, car l'un des deux a dû souvent appuyer sa dialectique d'une exhibition de revolver. Celui-là était le diplomate en fonction perpétuelle, à qui ses habitudes professionnelles n'interdisaient pas la pratique de cet ordre d'argument.

Aux derniers jours de la lutte, Longchamps, enlacé dans un réseau de barricades, a dû être évacué. Déjà, pour sauver la maison des frères de la rue Oudinot, une soixantaine de blessés y avaient été dirigés. Mais un ordre exprès du Comité central avait interdit la prise de possession de cet immeuble, « boîte à calotins, » sur laquelle on avait d'autres vues « pour la défense. » Au mépris de cette injonction, MM. Demarquay et Cotte installèrent en un seul jour tous les services et un énorme matériel dans le local prohibé. Ceci se passait le dimanche 21 mai. Cette audacieuse irruption amenait, le soir même, une compagnie du 122e bataillon fédéré qui prenait possession de la cour principale, réclamant les derniers *frères cachés* dans la maison, et surtout le directeur de l'Ambulance. Par un dernier effort d'énergie, le détachement fut congédié; celui qui le commandait se retira, annonçant son retour avec le bataillon. Mais dans cette même nuit, l'armée entrait dans Paris. Le salut de l'Ambulance était désormais assuré.

(*La France*, 31 mai 1871.)

LES AMBULANCES DE LA PRESSE

ET

LES FRÈRES DES ÉCOLES CHRÉTIENNES

PAR M. DE LA GRANGERIE

SECRÉTAIRE GÉNÉRAL DES AMBULANCES DE LA PRESSE

Lorsque les douloureux événements de la guerre rendirent imminent le siége de Paris, le Comité des Ambulances de la Presse française pensa qu'il ne pouvait mieux utiliser les fonds recueillis par la souscription patriotique, qu'en concentrant dans la capitale transformée en champ de bataille, toutes les ressources dont il disposait. Il s'associait ainsi à l'effort tenté pour opposer, à la marche victorieuse de l'étranger, un puissant obstacle qui permît à la France de reprendre haleine et de reformer des armées.

Le Comité des Ambulances de la Presse fut bientôt en mesure d'offrir au Gouvernement de la défense nationale le concours d'un service d'ambulance tout organisé, et destiné à recueillir les blessés sur le champ de bataille et à les soigner dans des établissements installés et entretenus à ses frais. De savants médecins, des chirurgiens habiles suivis d'élèves nombreux, avaient répondu à l'appel d'un maître vénéré, le docteur Ricord, et se groupaient avec empressement sous ses ordres. Le service administratif fut en quelque sorte improvisé. Le sentiment patriotique qui inspirait ses membres, pris dans le monde des lettres, des sciences, des arts, les rendit, du jour au lendemain, aptes à remplir des fonctions difficiles et nouvelles pour eux.

Il restait à organiser la partie la plus importante peut-être du service hospitalier. A ces salles de malades et de blessés, il fallait des infirmiers attentifs, consciencieux, dévoués. Le Comité des Ambulances de la Presse fut heureusement inspiré en s'adressant aux Frères des Écoles chrétiennes. Il jugea, avec raison, que quelque chose manquerait à l'œuvre humanitaire qu'il se proposait d'accomplir, si le sentiment religieux n'y était associé; et comment pouvait-il y être mieux représenté que par ces hommes instruits et modestes, détachés de toute préoccupation personnelle, qui, sans attendre les décrets d'aucun gouvernement, ont, depuis si longtemps, voué leur existence à l'instruction et à l'éducation de la jeunesse? L'habitude du dévouement donne une aptitude singulière pour faire le bien sous quelque forme qu'il se présente. L'instituteur pouvait presque sans préparation descendre au rôle d'infirmier. Il aurait à déployer les mêmes vertus de patience, de douceur, d'infatigable attention.

Le Comité des Ambulances de la Presse s'adressa donc à l'homme éminent qui dirige l'Institut des Frères des Écoles chrétiennes. Le vénérable Frère Philippe répondit aussitôt à cet appel, en mettant à la disposition de l'œuvre patriotique autant de Frères qu'il en fallait, pour installer le service des différentes ambulances fondées dans les divers quartiers de Paris.

LES FRÈRES-INFIRMIERS.

Je ne veux rien enlever au mérite des hommes qui font profession de soigner les malades. Il en est qui apportent dans l'exercice de ces fonctions une aptitude toute particulière, et je dirai même une certaine science que l'expérience leur fait acquérir. J'appelle seulement l'attention sur l'insurmontable difficulté qui s'offrait aux organisateurs des ambulances pour réunir un personnel de ce genre qui ne renfermât que peu ou point de non-valeurs. Pour l'œuvre de la défense, il fut difficile de transformer, même en plusieurs mois, les citoyens valides en soldats. Combien plus difficultueuse était l'entreprise de rendre, en quelques jours, des hommes arrachés aux occupations les plus diverses, propres à veiller au lit du malade, à l'entourer de soins intelligents, sans lassitude, sans repos, à panser des plaies repoussantes, à vivre enfin dans cette atmosphère de tristesse et de douleur !

Il n'y avait qu'une préparation, une seule, à cette mission ; elle était dans l'abnégation que le sentiment religieux inspire à ceux dont il éclaire la conscience. La vie recueillie, l'habitude sainte de donner à ses actes un autre mobile que les intérêts humains, rendaient, pour le Frère des Écoles chrétiennes, la tâche singulièrement plus facile. Ce dévouement de tous les instants n'avait rien de nouveau pour lui. Il n'avait pas à se plier à ce genre d'existence : il était prêt. La seule chose qui tout d'abord pouvait lui faire défaut, c'était le côté technique de ses fonctions, la pratique des pansements. Quelques leçons du docteur Ricord eurent bientôt mis les frères-infirmiers au courant. Et ici se révèle un autre genre de difficultés que le choix des Frères des Écoles chrétiennes fit disparaître. Les fonctions d'infirmier sont excessivement fatigantes. Elles exigent des hommes fortement constitués. Or, ces conditions physiques s'allient rarement à la douceur de caractère, et surtout à l'intelligence ; à ce point de vue, le frère-infirmier était toujours supérieur aux fonctions pénibles qu'il avait à remplir. En quelques jours, toute la science de cet art, pour lui si nouveau, lui devint familière ; et les savants praticiens qui dirigeaient les Ambulances de la Presse en témoignèrent à plusieurs reprises leur étonnement et leur satisfaction.

La présence des Frères des Écoles chrétiennes dans les Ambulances de la Presse a contribué en grande partie aux bons résultats obtenus. Il faut avoir suivi ces infirmiers improvisés dans les mille détails de leur vie de chaque jour pour apprécier, à leur juste valeur, leur intelligence et leur dévouement chrétien. Prenant à peine à tour de rôle chaque nuit quelques moments de repos, ces hommes, jeunes pour la plupart, vivaient dans leurs salles, y maintenant l'ordre et la propreté, allant d'un chevet à l'autre, toujours attentifs au moindre désir du malade, essuyant parfois de dures paroles arrachées par la douleur. Les moindres prescriptions du médecin étaient scrupuleusement exécutées. Rien ne pouvait distraire le frère-infirmier de son cher malade, dont il s'efforçait d'adoucir les longues souffrances par tous les moyens en son pouvoir. Aux uns, il faisait des lectures amusantes; il donnait aux autres des nouvelles, hélas! rarement favorables à la cause de la patrie! Et comme il entrait vite en communion d'idées avec ces braves mutilés! comme son patriotisme s'exaltait avec celui du soldat à la moindre apparence de victoire! Comme sa tristesse se mêlait aux douleurs qu'il avait sous les yeux, à l'annonce de quelque nouvelle défaite!

Le plus ordinairement, le Frère était animé de cette gaieté sereine qui est l'apanage des consciences en repos et qui accompagne l'accomplissement du devoir. L'Administration des Ambulances de la Presse avait mis, à la disposition de chaque établissement, une certaine quantité de jeux divers, lotos, cartes, dames, échecs, etc. Le Frère faisait gaiement sa partie avec le malade ou le blessé convalescent, dans les rares moments de loisir que lui laissait son service.

Le Comité fonda sur divers points de Paris vingt et une Ambulances plus ou moins importantes, comprenant ensemble plus de deux mille lits. Quelques-uns de ces établissements étaient des locaux offerts par l'État et appropriés, par les soins du Comité, à la destination que leur donnaient provisoirement les nécessités du siége. De ce nombre, furent l'École des Ponts-et-Chaussées, rue des Saints-Pères, et l'hôtel des Phares, situé sur la hauteur du Trocadéro. Les couvents, les colléges se transformèrent aussi en ambulances. Le Comité de la Presse utilisa ainsi le local des Sœurs de la Miséricorde, rue Tournefort, le collége des Irlandais, l'hôtel Lambert et le pensionnat de Mme Leduc, rue du Faubourg-Poissonnière. Les maisons particulières s'ouvrirent, elles aussi, à cette destination philanthropique. Mme Heine donna son hôtel de la rue de Courcelles; Mme Thenard, son habitation de la rue de Sèvres; la compagnie de Fives-Lille avait offert le vaste bâtiment qu'elle possède rue de l'Université; les magasins du Louvre offrirent un vaste local au centre même de Paris. On réunit, dans cette dernière ambulance, les mobiles bretons souvent étrangers à la langue du pays pour lequel ils s'exposaient si courageusement à la mort.

Mais à ce point de vue encore, les Frères des Écoles chrétiennes payèrent un large tribut aux exigences de la situation. Leur institution de la rue Saint-Antoine fut transformée en ambulance. Leur maison mère, rue Oudinot, reçut la même destination et devint, par leurs soins, un hôpital modèle, pourvu d'immenses ressources en personnel et en matériel. Enfin, dans les derniers temps du siége, l'Intendance ayant mis à la disposition des Ambulances de la Presse les baraquements de Passy, comprenant vingt et une salles et environ six cents lits, cet hôpital fut complétement confié à la direction des Frères des Écoles chrétiennes, qui persistèrent à le diriger même après le 18 mars, malgré les dangers incessants que leur caractère religieux leur faisait courir pendant la dictature de la Commune.

Le Comité déléguait, dans chacune des ambulances qu'il installait, un directeur chargé de la haute surveillance et de tout ce qui concerne l'administration. En rapports constants avec le secrétaire général, les économes-directeurs avaient l'initiative de toute réforme indiquée par l'expérience, de toute mesure utile ; ils servaient, en quelque sorte, de lien entre les divers services de l'ambulance : service médical, service pharmaceutique, frères-infirmiers, sœurs-infirmières. Chacun de ces établissements devint ainsi une grande famille dans le sein de laquelle chacun s'efforçait d'atteindre le but généreux qu'on s'était assigné en acceptant ces fonctions toutes de dévouement.

A côté de l'immense ressource que le Comité des Ambulances de la Presse trouva dans l'Institut des Frères des Écoles chrétiennes, il est juste de signaler ici, dans le même ordre d'idées, le concours non moins efficace que lui donnèrent les Sœurs de l'Espérance. Remarquablement instruites dans l'art de soigner les malades et de panser les blessés, les Sœurs de l'Espérance ont été, pour les médecins, de précieux aides-auxiliaires. Elles apportaient en outre, dans les salles, dans la lingerie, dans la cuisine, cette surveillance que la femme seule est capable de bien exercer, et qui a grandement contribué à assurer la bonne tenue des Ambulances de la Presse.

C'est grâce à ce personnel d'élite que le Comité a pu faire donner des soins pendant le siége à plus de trois mille blessés ou malades. Tel est le résultat matériel. Quant à l'influence morale exercée par ce milieu réconfortant sur les soldats hospitalisés, elle a été considérable. Des faits nombreux sont venus durant le siége la mettre en pleine évidence. Je n'en citerai qu'un entre un grand nombre dont ma mémoire a été frappée.

L'éminent prélat qui occupait à cette époque le siége archiépiscopal de Paris, monseigneur Darboy, victime depuis, de l'insurrection du 18 mars, fit aux Ambulances de la Presse l'honneur de les visiter. Il parcourut salle par salle l'Ambulance des Ponts-et-Chaussées, et, comme il entrait dans la première pièce, il s'arrêta au lit qui se trouvait à sa droite et sur lequel était couché un mobile jeune encore, mais déjà père de deux enfants.

L'Archevêque lui adressa quelques paroles de consolation. Mais le blessé, les yeux humides, l'interrompant :

« Monseigneur, dit-il, accordez-moi une faveur.

— Laquelle, mon enfant? dit doucement le saint prélat.

— Bénissez ma pauvre femme et mes pauvres enfants qui sont au pays et qui ne me reverront peut-être plus ! »

Monseigneur Darboy, fort ému, donna sa bénédiction au malade, en l'assurant que le bon Dieu veillerait sur lui et sur les siens.

Que de consolations ont trouvées sur ces lits de douleurs les victimes de la guerre! Combien de blessés qui se sont éteints dans d'atroces souffrances, ont puisé une suprême compensation à leurs maux auprès de ceux qui les veillaient et qui, durant les longues heures d'agonie, à genoux à leur chevet, leur parlaient du revoir final dans cette patrie commune où les ennemis se retrouvent ayant tout oublié, hormis qu'ils sont les enfants d'un même Dieu !

Tel a été, dans les Ambulances de la Presse, le rôle important des Frères de la Doctrine chrétienne. Ils ont secouru moralement et physiquement les victimes de cette lutte sanglante ; ils ont abrégé les longueurs de leur convalescence ; ils ont adouci les derniers moments de ceux que la science n'a pu arracher à la mort. Toujours, à toute heure, ils ont fait abnégation d'eux-mêmes ; et, à ce propos, je me souviens d'un trait qui peint admirablement le caractère de grandeur simple de ces âmes pieuses et charitables.

La variole se déclara chez un malade d'une ambulance dirigée par les Frères. La terrible maladie qui sévissait alors cruellement dans Paris fit de rapides progrès, et le médecin déclara qu'il fallait renoncer à tout espoir de guérison.

« Cet homme est cependant plein de vigueur encore, objecta timidement le frère-infirmier.

— Certainement, répondit le docteur absorbé dans sa pensée. Puis, après avoir mûrement réfléchi, il ajouta : Il y aurait peut-être encore un espoir ; mais non-seulement le moyen qu'il faudrait employer n'est pas infaillible, il est de plus impraticable à cause du danger et des difficultés qu'il présente dans son application.

— Quel est ce moyen ? demanda simplement le Frère.

— Il consiste, reprit le docteur, à percer une à une toutes les pustules du varioleux. Vous le voyez, c'est complétement impraticable. »

Le Frère garda le silence. Le médecin parti, le Frère

se mit à l'œuvre, ouvrit un à un tous les boutons du varioleux.... et le malade fut sauvé.

LES FRÈRES-BRANCARDIERS.

Les ambulances fixes que le Comité de la Presse avait établies dans les divers quartiers de la capitale correspondaient à un système d'ambulances mobiles dont le siége permanent fut installé dans le voisinage des remparts. Cinq grands postes furent ainsi disséminés sur le périmètre de la défense. Ils étaient munis de tout le matériel nécessaire pour opérer le premier pansement, de voitures pour le transport des blessés, de lits provisoires confortables, dans le cas où le transfèrement immédiat du soldat recueilli sur le champ de bataille ne pouvait s'effectuer.

Ces cinq postes étaient établis à Ouest-Ceinture, à la Maison-Blanche, à Bagnolet, à l'avenue Flandrin et à l'avenue Pereire.

A mesure que la ligne de défense s'élargissait, chacune de ces ambulances établissait des avant-postes jusqu'à nos gardes avancées. C'est ainsi que le poste d'Ouest-Ceinture installa une escouade à la gare de Clamart sous une pluie d'obus prussiens, dont les éclats atteignirent, sans les blesser grièvement par bonheur, deux médecins de cet avant-poste.

Chacun de ces services, dirigé par un chirurgien en chef et divisé en escouades, recueillait les blessés de la zone dont il dépendait plus spécialement.

Les premiers soins étaient donnés dans les avant-postes ou au siége même de l'ambulance. Les blessés étaient ensuite dirigés, dans les voitures de la Presse, sur les ambulances fixes situées dans les quartiers les plus rapprochés.

Cette organisation si simple a donné d'excellents résultats : elle abrégeait considérablement le trajet que le blessé devait supporter pour atteindre l'ambulance fixe ou l'hôpital sur lequel il était dirigé ; et, par là, on diminuait ses souffrances et l'on augmentait pour lui les chances du salut.

Les ambulances mobiles ont fonctionné, pendant toute la durée du siége, avec une activité qui fait le plus grand honneur au personnel qui les composait. Plus de quinze mille hommes ont été recueillis, jour par jour, par les postes mobiles et hospitalisés dans Paris.

Cependant, ce personnel des ambulances mobiles, suffisant en temps ordinaire, ne l'était plus les jours de bataille. Il fallait, dans ces occasions, multiplier le nombre des voitures et surtout celui des brancardiers.

En présence de cette nécessité, le Comité de la Presse, qui savait par expérience comment on pouvait compter sur les Frères des Écoles chrétiennes, n'hésita pas à faire de nouveau appel à leur dévouement. Il demanda à leur vénérable supérieur des brancardiers pour le champ de bataille, comme il lui avait demandé des infirmiers pour le service intérieur des ambulances. La réponse du Frère Philippe ne se fit pas attendre : il mettait six cents Frères à la disposition du Comité.

C'est avec ce contingent d'auxiliaires sûrs que le corps médical et le service administratif purent aborder fructueusement les champs de bataille à Champigny, au Bourget, à Buzenval, recueillir et donner les premiers soins à un nombre considérable de blessés.

Les jours de grandes sorties, la légion des Frères était prévenue en temps utile ; deux cents voitures chargées de matelas, de couvertures, de brancards, emmenaient sous le feu ce personnel calme et sans hésitation affrontant la mort sans forfanterie. Jeunes et vieux, le vénérable Frère Baudime au milieu d'eux, ils se répandaient sur le champ de bataille d'un pas si ferme et si assuré, qu'on eût pu croire qu'ils ignoraient le danger. Au Bourget, par un froid des plus rigoureux, et tandis que dans nos tranchées on trouvait les sentinelles gelées à leur poste, le Frère Néthelme eut la poitrine traversée par une balle. Après deux jours d'horribles souffrances, il succomba à sa blessure. Deux autres Frères furent blessés, heureusement d'une manière légère. Le premier, atteint à l'épaule, chancelait, et, comme un brancardier s'élançait vers lui :

« Ce n'est rien, dit-il; secourez les plus pressés. »

Au même moment, des projectiles déchiraient la robe d'un autre Frère sans l'atteindre grièvement.

Dans cette même journée, au moment où l'on se disposait à explorer le champ de bataille, le docteur Demarquay s'adressant au Frère chargé de diriger l'escouade commandée à cet effet :

« Mon Frère, lui dit-il, vous êtes admirables, mais vous n'êtes pas prudents; vous vous exposez trop. Il est bon de se dévouer, mais pourtant il faut garder une mesure. L'un de vous vient encore d'être tué ce matin.

— Mais, monsieur le Docteur, répondit le Frère, est-ce possible d'être prudent à la vue d'un blessé ? Comment résister au bonheur de le secourir? Les balles et les canons prussiens peuvent-ils arrêter l'élan de la charité ?

— C'est vraiment trop beau, mon Frère, » lui dit le Docteur, en l'embrassant devant le corps médical et les ambulanciers réunis.

Ceci se passait sur la route du Bourget à sa jonction avec le chemin qui va de Bondy à Saint-Denis.

La mort de cet héroïque auxiliaire fut un deuil pour tout le personnel des Ambulances de la Presse. Les obsèques du Frère Néthelme eurent lieu à l'église Saint-

Sulpice, au milieu d'une foule émue et sympathique, et des divers services des Ambulances, convoqués par le Comité. Trois officiers assistaient à la cérémonie, et représentaient le général Trochu, le général Ducrot et l'amiral La Roncière. Le curé de Saint-Sulpice prononça quelques paroles sur la « fraternité » telle que la comprennent ceux dont l'ambition consiste à mériter ce nom de « Frère » qu'ils se sont eux-mêmes donné.

C'est encore à eux qu'échut la douloureuse et pénible mission d'ensevelir les victimes de la guerre dans les journées de Champigny et plus tard dans celle de Buzenval.

Le général Ducrot, qui commandait à Champigny, avait vu les Ambulances de la Presse à l'œuvre. Le zèle déployé en cette circonstance par le personnel tout entier, les prodiges d'organisation réalisés dans le brouhaha de la lutte, avaient attiré l'attention du général. Il chargea le docteur Sarrasin, médecin en chef du 2e corps, et le secrétaire général des Ambulances de la Presse, M. de la Grangerie, de négocier une suspension d'armes pour rendre les derniers devoirs à nos soldats tombés sur le champ de bataille, et dont le plus grand nombre gisaient dans les lignes prussiennes. Après des pourparlers et un malentendu qui faillit compromettre la vie de M. de la Grangerie, on parvint à s'entendre, et les Frères commencèrent à creuser les larges fosses destinées aux morts.

Le Gaulois publia à cette époque un récit émouvant de cette lugubre scène. Quelques extraits en donneront une saisissante image.

« Pendant sept heures consécutives, on travailla sans relâche : les soldats prussiens réunissaient les cadavres derrière la ligne du chemin de fer, les posaient dans les fourgons qu'ils nous renvoyaient pleins.

« La plupart des hommes qu'on rendait étaient dépouillés de leur argent et de leurs menus objets; on n'a guère trouvé que ce qui avait échappé à l'avidité de l'ennemi. Le peu de souvenirs recueillis par les Frères a été mis de côté avec soin pour être rendu aux familles.

« La nuit tombait cependant, et la lugubre tâche ne s'achevait que lentement. Il semblait qu'on prolongeât avec intention cette cérémonie. Lorsque cinq heures sonnèrent dans le lointain à l'église d'un village, on n'avait encore enseveli que quatre cent quatre-vingt-cinq morts. L'armistice expirait; on convint de part et d'autre de le reprendre le lendemain; et les voitures chargées de Frères que ces rudes exercices avaient bien fatigués, rentrèrent lentement dans Paris sous les premiers flocons de neige qui présageaient une journée rigoureuse.

« La route qui mène de Vincennes à Champigny, lorsqu'on coupe au plus court, est à travers « bois : » ce mot a quelque chose d'exagéré quand on pense à ce qui reste des arbres de cette magnifique forêt; mais il est nécessaire à l'intelligence de ce qui va suivre.

« La neige était tombée en abondance pendant la nuit, une neige sèche et fine, qui se glissait partout, garnissait tous les coins noirs, élargissait l'horizon et aveuglait le regard.

« Le convoi garni de Frères aux sombres costumes avec les fourgons chargés de pioches et de sacs de chaux vive, traversait ce paysage, éblouissant et morne à la fois, comme un souvenir terrifiant de la campagne de Russie. Des groupes de soldats disséminés çà et là, les campements dont la fumée s'élevait en tournoyant vers le ciel, tout un attirail de guerre, tout un mouvement militaire complétaient cette ressemblance et ce tableau, dont les personnes présentes ne pourront oublier de longtemps la frappante image.

« Quand on arriva à la Fourche, le capitaine Servey disposait ses escouades pour l'enlèvement des derniers cadavres; on déblaya les fosses comblées par la neige de la nuit, et on reprit courageusement l'œuvre interrompue des deux premiers jours. Les morts de Petit-Bry, de Champigny et de Croissy commencèrent à arriver par charretées. On procéda à la vérification des numéros matricules, à défaut d'indications plus précises; chaque rangée, aussitôt après avoir été reconnue, allait prendre sa place à côté des autres.

« Ce pâle linceul qui recouvrait le sol, ces arbres décharnés qui étendaient leurs bras vers le ciel, ces trous béants où les cadavres raidis et blessés dormaient de l'éternel sommeil sur un lit de chaux — neige sur neige! — ces ombres noires qui se profilaient violemment sur le fond blanc : tout dans cette nature et dans ce mouvement concourait à une mise en scène extraordinaire, impossible à oublier pour le petit nombre de ceux qui l'ont vue.

« Les Frères poursuivaient en silence leur épouvantable mission; ces fossoyeurs chrétiens et résignés avaient quelque chose de surnaturel. Les officiers prussiens eux-mêmes s'en montrèrent frappés.

— Nous n'avons rien vu en France, jusqu'ici, de pareil, disait l'un d'eux.

— A l'exception des sœurs grises, reprit un de ses collègues.

— C'est vrai; voilà d'admirables exemples, ajouta-t-il, pour votre population démoralisée.

« On avait beau se hâter; il restait encore des cadavres au bord des fossés, la nuit s'avançait, les pelles retentissaient sur la terre avec un bruit sourd, la fatigue des Frères devenait extrême. Il fallait encore un vigoureux effort, on le donna.

« Les fourgons rentrèrent un à un et se rangèrent le long de la route, le sol fut nivelé ; les Frères rentrèrent leurs outils, baissèrent leurs manches retroussées depuis le matin, reprirent leur sombre chapeau, rejetèrent leur sac sur leurs épaules et remontèrent un à un dans les voitures profondes.

« Une bénédiction suprême tomba sur ces déplorables, humbles et héroïques victimes de la guerre. On dit que nous sommes dans un siècle sans foi : les deux tiers de ces pauvres gens portaient des scapulaires et des médailles ! »

C'est à la suite de ces services multipliés que le Gouvernement de la défense nationale reconnut les Ambulances de la Presse, *annexes du Ministère de la Guerre*, et leur assigna le palais des Tuileries pour quartier général. En même temps, le personnel médical et administratif fut commissionné militairement.

Le siége terminé par l'armistice qui amena la paix définitive, le Comité des Ambulances de la Presse eut la satisfaction de voir le Gouvernement reconnaître dans la personne du Frère Philippe, leur supérieur, les services rendus par les Frères des Écoles chrétiennes. Le docteur Ricord attacha lui-même l'insigne de la Légion d'honneur sur la poitrine du vénérable Frère, qui avait toujours jusque-là refusé d'accepter cette marque de distinction dont il est digne à tant de titres, mais qui, dans cette circonstance, ne pouvait répondre par un refus.

Cependant l'armistice conclu, l'œuvre des Ambulances de la Presse n'était point encore terminée. Les malades, les blessés et les convalescents disséminés dans les diverses ambulances, furent peu à peu évacués sur les *pavillons de Longchamps*.

Ces vastes baraquements, composés de vingt-cinq baraques, dont vingt et une destinées aux malades, formaient, pour ainsi dire, un village qui pouvait désormais réunir tout le personnel hospitalisé dans les divers asiles de la Presse. Le personnel de cet hôpital se composait exclusivement de Frères, et les malades traités ou convalescents étaient encore en assez grand nombre dans cet établissement lorsque éclata l'insurrection du 18 mars.

Les Frères ne changèrent rien à leurs habitudes. Ils reçurent et soignèrent avec le même dévouement les champions de la Commune.

Cependant les « Robes noires » devenaient de plus en plus suspectes. Le secrétaire général des Ambulances de la Presse venait d'être arrêté. Le Frère Exupérien, directeur de l'Ambulance, et sa légion ne bronchèrent pas. A la fin, ce mépris du danger pouvait devenir fatal. M. de la Grangerie, rendu un moment à la liberté, voulut reprendre ses fonctions; mais il dut bientôt céder aux exigences d'une situation qui devenait de jour en jour plus menaçante. Les Frères eux-mêmes, obligés d'abord de se déguiser, mais espionnés par les agents de la Commune, furent contraints d'abandonner *leurs chers ennemis*. On fit alors appel aux militaires surpris à Paris et on les transforma en infirmiers.

On vit dans cette circonstance se produire un fait qui mérite d'être signalé. Dès que les « Robes noires » eurent été remplacées par des militaires, ce furent de toutes parts des plaintes incessantes. Les fédérés regrettaient hautement ces Frères que la Commune poursuivait à outrance.

Les choses allèrent si loin, que le Comité de salut public accusa le personnel de la Presse, resté à la tête de l'Ambulance, de susciter ces regrets; et peu s'en fallut que ce personnel ne subît l'ostracisme qui frappait les Frères eux-mêmes.

L'autorité qui terrifiait alors les Parisiens alla chercher, dans la maison des Frères, le supérieur général ; et, comme il était sorti depuis quelques heures, un vieillard vénérable et inoffensif, le Frère Calixte, fut pris à sa place. Il échappa heureusement aux exécutions de la dernière heure, dans lesquelles les Ambulances de la Presse ont à déplorer la mort d'un de leurs aumôniers, l'abbé Allard, fusillé avec les otages.

On ne saurait mieux compléter ce rapide aperçu qu'en citant les quelques lignes publiées par le secrétaire général des Ambulances de la Presse, la veille de la cérémonie commémorative qui a eu lieu le 2 décembre, à Champigny, en souvenir des morts ensevelis par les Frères des Écoles chrétiennes :

« Au moment où les Ambulances de la Presse offrent l'hospitalité funèbre de la prière aux familles des victimes tombées sur le vaste champ de bataille de Champigny, il n'est pas inutile de rappeler en peu de mots leur œuvre et ses résultats.

« Au moment de l'investissement de Paris, le corps médical, avec un empressement qui l'honore, est accouru à l'appel du docteur Ricord, offrir ses services, son dévouement, son expérience. Deux cents chirurgiens et médecins, et soixante-dix pharmaciens, ont travaillé sans relâche, dans les ambulances et sur le champ de bataille, à secourir les malades et les blessés. Vingt et une ambulances fixes, comprenant douze grands hôpitaux, quarante-trois ambulances de convalescents installées dans des maisons particulières, cinq postes mobiles répartis sur le périmètre de la défense de Paris, onze avant-postes poussés jusqu'aux premières lignes de sentinelles, ont relevé, soigné ou transporté vingt-quatre mille officiers ou soldats. Un baraquement — modèle en bois — comprenant vingt et un petits hôpitaux, a fonctionné à Passy, jusqu'au mois de juillet 1871, sous la direction du docteur Demarquay. Le nombre des journées de traitement dépasse *trois cent mille*. Le personnel général employé de septembre 1870 à juillet 1871 s'élève à plus de trois mille personnes. La somme dépensée est pourtant inférieure à un million !

« Les Ambulances de la Presse ont payé largement leur dette devant l'ennemi : un aumônier militaire et un Frère des Écoles chrétiennes, morts au Bourget, un cocher tué sur son siége, trois élèves en médecine et deux brancardiers blessés, trois volontaires faits prisonniers par les Prussiens et emmenés six mois en Allemagne. Sous la Commune, le matériel pillé, les Frères enfermés à Mazas, le secrétaire général jeté à la Roquette comme otage, l'abbé Allard, aumônier, fusillé avec l'Archevêque [1]. Voilà les services qui ont valu quarante-trois décorations ou promotions dans la Légion d'honneur et neuf médailles militaires, aux plus méritants parmi ces hommes dévoués qui ont tous gagné une récompense, s'ils ne l'ont pas tous obtenue. »

1. Pour leur part, les Frères des Écoles chrétiennes ont perdu, tant à Paris qu'en province, vingt-quatre sujets, par suite des pénibles services rendus aux malades et aux blessés.

EXTRAIT DU MONITEUR BELGE

DU 30 SEPTEMBRE 1871.

(PARTIE NON OFFICIELLE.)

Réception par Sa Majesté le Roi des Belges de la députation du Comité des Ambulances de la Presse française.

Une députation du Comité des Ambulances de la Presse française, annexes du Ministère de la guerre, a été reçue avant-hier par le Roi, en audience officielle. Elle avait à sa tête M. le docteur Ricord, président du Comité; au nombre des personnes qui la composaient, on a remarqué M. le docteur Demarquay, de l'Académie nationale de médecine, M. de la Grangerie, secrétaire général, M. Paul Nanteuil, secrétaire du Comité.

La députation a remis à Sa Majesté une médaille d'or frappée à son intention et un diplôme d'honneur pour remercier la nation belge et son souverain des soins et des secours de toute nature prodigués aux blessés français pendant la campagne de 1870-1871.

Une adresse de remercîments très-chaleureuse a été lue au Roi par le président de la délégation.

Voici cette adresse :

« Sire,

« Nous sommes heureux d'apporter à Votre Majesté, au nom des Ambulances de la Presse française, un témoignage de la reconnaissance inspirée à notre pays tout entier par le dévouement de la Belgique et de son Roi en faveur des victimes de la dernière guerre.

« Ce sera l'éternel honneur de ce temps-ci d'avoir placé à côté d'un fléau de destruction, à défaut du remède, le palliatif de la charité, et d'avoir si largement associé, dans une même œuvre humaine et chrétienne à la fois, les souverains et les peuples. En remerciant Votre Majesté, Sire, nous ne sommes que les humbles interprètes de l'opinion publique en France vis-à-vis de la nation belge, si noblement représentée par son chef.

« En vous offrant ce diplôme d'honneur et cette médaille d'or, frappée à votre intention, Sire, nous traduisons une pensée profonde de gratitude universelle envers les monarques dévoués au bien, dont l'exemple est une semence féconde pour l'avenir, et que leur initiative élève au rang de bienfaiteurs de l'humanité tout entière. »

Sa Majesté a répondu par de bienveillantes paroles en félicitant le corps médical français et la presse du dévouement dont leur œuvre a donné tant de témoignages pendant cette longue guerre.

La médaille d'or, frappée pour Sa Majesté et offerte par les Ambulances de la Presse française, est d'une belle exécution. D'un côté, elle représente les blessés relevés sur le champ de bataille; de l'autre, elle porte cette inscription :

A SA MAJESTÉ LÉOPOLD II, ROI DES BELGES
POUR
SON INTERVENTION PLEINE D'HUMANITÉ EN FAVEUR
DES BLESSÉS FRANÇAIS.
1870-1871.

Le diplôme est une œuvre d'art, gravée au burin par un artiste de talent, et représentant les symboles de la guerre mêlés aux attributs de la science. Deux épisodes du siége : Champigny et Buzenval, à droite et à gauche du parchemin, complètent heureusement ce beau dessin. Le Roi a accepté cet hommage « moins pour lui, a-t-il dit, que pour le peuple belge, qui a montré tant de dévouement pour la souffrance et le malheur dans ces cruelles circonstances. »

La députation s'est retirée, après une conversation assez longue, enchantée de l'accueil qu'elle a reçu.

Il n'est peut-être pas inutile de rappeler comment sont nées et de quelle manière vraiment merveilleuse ont fonctionné, pendant la guerre, les Ambulances de la Presse française dont il a été si souvent parlé à cette époque.

Au mois de juillet 1870, les journaux de Paris et des départements réunis en assemblée générale décidèrent, à l'unanimité, l'ouverture d'une souscription en faveur des victimes de la guerre. On réunit, en trois semaines, plus d'un million, grâce à l'activité, à l'intelligence et au dévouement du secrétaire général élu, M. de la Grangerie.

Après avoir envoyé sur le champ de bataille de Sedan une ambulance mobile, composée d'un grand nombre de médecins et d'un matériel considérable, le Comité de souscription patriotique, prévoyant un long siége dans Paris, préféra concentrer ses ressources au lieu de les éparpiller.

Il fit appel à la haute expérience et au patriotisme si connu de M. le docteur Ricord pour organiser, au double point de vue médical et chirurgical, le service hospitalier, si complexe dans une ville assiégée, investie, livrée à ses propres ressources.

M. le docteur Ricord choisit, pour l'assister, le docteur Demarquay, et tous deux, assistés eux-mêmes de M. de la Grangerie, qui concentra dans ses mains toute la partie administrative de l'œuvre, organisèrent d'août à septembre les Ambulances de la Presse, ainsi composées :

Douze hôpitaux établis dans des monuments publics;

Cinq postes fixes disséminés aux points les plus exposés du périmètre des fortifications; ces postes, servis par des escouades de vingt médecins relayés chaque jour et de brancardiers munis d'appareils spéciaux, étaient reliés avec les postes avancés, placés à la première ligne d'attaque, par un service de voitures suspendues destinées à ramener les blessés ou malades, de la tranchée au poste fixe et de ce dernier point à l'un des hôpitaux du centre de Paris.

Tout le corps médical de Paris avait tenu à honneur de répondre à l'appel de MM. Ricord et Demarquay, plus de 200 chirurgiens et médecins avaient offert leurs services, et 90 pharmaciens, sous une direction intelligente, formèrent le personnel de la pharmacie centrale, spécialement organisée pour les besoins des Ambulances de la Presse.

La règle absolue des services à rendre était la gratuité; il n'a été distribué que des indemnités insignifiantes aux internes et étudiants chargés des gardes si pénibles à l'extrémité des lignes de défense. M. de la Grangerie trouva dans le monde des gens de lettres, des journalistes, du barreau, du notariat, des administrations, un personnel admirable de dévouement qui forma le corps de son intendance. On fut enrôlé militairement, avec un uniforme, des grades et une commission du Ministère de la guerre qui reconnut pour ses annexes les Ambulances de la Presse française, honneur auquel elles ne faillirent point.

Les jours de bataille, 150 voitures et fourgons sortaient avec l'armée, emportant le matériel et le personnel nécessaires à la tâche périlleuse autant que difficile d'enlever du champ de bataille, au fur et à mesure de l'action, les blessés abandonnés.

1200 brancardiers, autant de brancards, 200 médecins et chirurgiens, jeunes et vieux, sous la direction de M. Ricord, le plus jeune et le plus allègre de tous, se dispersaient à la recherche des victimes, ramenées dans Paris après un premier pansement.

On en a sauvé ainsi *vingt-cinq mille*, en six mois, du froid, des hémorragies, des fièvres, des suites de leurs blessures, souvent épouvantables. Plus de *deux cent mille* journées de traitement ont été le résultat de ces soins touchants, si bien appréciés des malades et des blessés, qu'ils ne voulaient plus quitter l'ambulance si maternelle pour finir leur convalescence ailleurs. Les Frères de la Doctrine chrétienne, les Sœurs de l'Espérance ont été l'âme de ces cures étonnantes; l'œuvre a eu aussi son martyrologe : deux aumôniers tués au feu, un autre fusillé avec les otages, son secrétaire général, M. de la Grangerie, jeté à la Roquette avec vingt-trois frères infirmiers, qui n'ont, comme lui, échappé à la mort que par miracle, trois élèves médecins atteints par des éclats d'obus, trois brancardiers tués devant l'ennemi, plusieurs d'entre eux faits prisonniers et gardés six mois en Allemagne dans la plus dure captivité : voilà le bilan des Ambulances de la Presse.

La création à Longchamps d'un vaste lazaret de bois, comprenant seize petits hôpitaux en miniature, avec une tisanerie, une cuisine, une pharmacie, un amphithéâtre, une chapelle, a été le dernier mot de cette tentative d'initiative privée qui fait un si grand honneur au corps médical et à la presse de France.

Vingt-quatre décorations de la Légion d'honneur, du grade de chevalier à celui de grand officier, qui est venu récompenser si justement le président, M. Ricord, attestent, de la part du gouvernement français, une reconnaissance bien rare en même temps qu'un aveu bien précieux des services immenses rendus par les Ambulances de la Presse française à l'armée de ce noble pays.

A MM. LES MEMBRES DE L'ASSEMBLÉE GÉNÉRALE

DE LA PRESSE

RÉUNIS LE 17 JUILLET 1870

POUR OUVRIR UNE SOUSCRIPTION PATRIOTIQUE

EN FAVEUR

DES ARMÉES FRANÇAISES

Paris, 31 décembre 1870.

MESSIEURS ET HONORABLES CONFRÈRES,

L'œuvre dont vous avez jeté les premières assises dans l'Assemblée générale du 17 juillet 1870 est aujourd'hui terminée. La souscription patriotique ouverte par la Presse française en faveur des armées de terre et de mer se trouve définitivement close, et je viens vous rendre compte, au nom de mes collègues du Comité[1], de la manière dont nous avons dirigé cette lon-

1. Le COMITÉ DE LA SOUSCRIPTION PATRIOTIQUE est ainsi composé : M. de Girardin, président honoraire; M. Tarbé, directeur du *Gaulois*,

gue et difficile opération, avant de vous faire connaître l'emploi d'une partie de nos fonds jusqu'à ce jour.

Le chiffre atteint par notre souscription, ainsi que le constate la dernière liste publiée, est de 1 211 187 fr. 91 cent.[1].

Nous avons pu sur cette somme encaisser en espèces, avant le siége, 905 577 fr. 40 cent.

En entravant nos rapports quotidiens avec la province le 18 septembre dernier, l'investissement de Paris a empêché l'encaissement des sommes versées entre les mains de nos correspondants, aux bureaux des feuilles départementales et dans les succursales de la Banque de France.

Nous espérons que la fin du blocus nous permettra de rentrer non-seulement dans les souscriptions annoncées par nos correspondants, mais encore nous procurera des ressources nouvelles qui amélioreront la situation financière de notre œuvre, déjà excellente, comme vous pourrez en juger par l'exposé suivant :

Vous vous souvenez, Messieurs, que nous nous proposions à l'origine d'atteindre un triple but :

Amélioration de la vie du soldat dans sa rude campagne ;

Secours aux blessés sur le champ de bataille;

Indemnité après la guerre aux familles les plus éprouvées.

président; M. de la Grangerie, syndic de la Presse départementale et étrangère, secrétaire général, délégué à l'administration; M. Guéroult, directeur de *l'Opinion nationale;* M. Détroyat, directeur de *la Liberté;* M. Marc, directeur de *l'Illustration;* M. Bullier, de l'*Agence Havas-Bullier;* M. Merson, directeur de *l'Union bretonne.*

1. Cette somme est réduite à 1 111 187 fr. 91 c., par suite du retrait de la souscription de M. Groult, négociant, qui avait versé 100 000 fr. pour organiser une banque de prêt populaire, idée repoussée par le Comité.

De ce programme, la première partie ne put recevoir son exécution. La rapidité de nos désastres ne permit pas à notre Comité de s'entendre avec les Chefs de Corps pour leur adresser utilement les dons en nature qu'il se proposait d'offrir à nos soldats; il abandonna résolûment les traditions de la Souscription pour l'armée de Crimée, et, tournant toute son attention vers la seconde partie de son programme, il s'occupa des secours aux blessés sur le champ de bataille.

Les efforts individuels et collectifs de la charité privée, aussi bien que de la charité publique, commençaient à donner à cette guerre douloureuse un caractère tout particulier que n'avaient jamais eu jusqu'ici les guerres précédentes. La Convention de Genève avait officiellement inscrit dans le code barbare des combattants le droit imprescriptible de l'humanité; tous les dévouements accouraient se ranger sous le drapeau blanc à croix rouge; il ne manquait à cet élan tout national qu'une direction; notre Comité l'a rencontrée dans un illustre maître, avec la science, la fermeté, la haute intelligence nécessaires pour créer ce qui n'existait pas encore et coordonner ce qui existait déjà, les éléments d'une grande œuvre. M. le docteur Ricord organisa rapidement, en vue de la grande lutte qui se préparait sous nos murs, l'armée médicale et chirurgicale volontaire qui devait lutter de courage et de patriotisme jusque sur les champs de bataille avec l'armée de défense.

Une ville assiégée qui livre d'incessants combats, qui expose tous les jours ses troupes aux douloureuses épreuves de la pluie et du froid, a bientôt fait de remplir les établissements officiels de secours : de là le rôle de la charité et de l'initiative privée. L'ambulance s'ouvre au moment où l'hôpital se ferme; une double nécessité apparaît : ramasser aux premiers rangs le soldat qui tombe terrassé par la fièvre ou par le feu de l'ennemi, et le transporter, dans les meilleures conditions possibles, jusqu'au lit qui l'attend pour sa guérison. De là l'ambulance mobile et l'ambulance fixe, la première pourvoyeuse de la seconde. Voilà le point de départ de l'organisation des Ambulances de la Presse telle que son Comité[1] l'a comprise et exécutée.

Sur la ligne d'investissement, cinq postes régulièrement espacés, composés de médecins et de brancardiers en nombre suffisant, munis de tout le matériel nécessaire pour le premier pansement et l'enlèvement des blessés et des malades, garnis de lits provisoires, pourvus de moyens de transports rapides et confortables, ont fonctionné dès le premier jour avec une régularité et un zèle qui ont mérité les plus vifs éloges. A mesure que notre ligne de défense s'étendait davantage, des avant-postes étaient établis jusqu'à nos grand'gardes, à quelques centaines de mètres de l'ennemi[2], si près que plusieurs des nôtres ont été atteints par les projectiles.

Les jours de bataille, deux cents voitures chargées de matelas, de couvertures et de brancards emmenaient, sous le feu même, un nombreux personnel qui a fait trop courageusement ses preuves et compté trop de victimes pour qu'il soit nécessaire de faire ici son éloge.

1. Le Comité des Ambulances de la Presse est ainsi composé : M. le docteur Ricord, président, chirurgien en chef; M. Demarquay, chef des ambulances mobiles; M. Edmond Tarbé; M. de la Grangerie, secrétaire général, chargé de l'administration; Mgr Bauër, aumônier en chef; M. Armand Gouzien, secrétaire du Comité.

2. Nous citerons entre autres les avant-postes de Fontenay, Joinville-le-Pont, Clamart, Rueil, Nanterre, Saint-Denis, Arcueil, Aubervilliers, Romainville, etc.

Douze mille hommes ont été ainsi ramassés jour par jour par nos postes mobiles et par nos escouades, et ramenés dans l'intérieur de Paris; les états nominatifs fournis par nous au Ministère de la guerre en font foi.

Nos hôpitaux-ambulances, au nombre de douze, administrés par des économes-directeurs, dans lesquels les Sœurs de charité et les Frères de la Doctrine chrétienne ont prodigué leurs soins touchants aux victimes de la guerre, et nos trente ambulances annexes, ont hospitalisé jusqu'au 31 décembre, depuis le commencement du siége, plus de deux mille blessés ou malades, représentant au moins trente mille journées de traitement.

Tels sont, Messieurs, les résultats avec lesquels nous nous présentons devant vous à la fin de l'année 1870.

Grâce aux libéralités pratiques de la Commission anglaise, qui a pourvu par des achats généreux au bien-être de nos blessés et de nos malades; grâce à un certain nombre de dons en nature, mis en réserve dès le mois de juillet dans nos magasins et prudemment ménagés; grâce surtout à une économie sévère et à une vigilance de tous les instants, qui a été la règle constante de notre administration et du contrôle du Comité, nous avons pu faire face à toutes nos dépenses avec une somme relativement peu considérable, si l'on examine le bien produit.

J'ai l'honneur de vous soumettre l'état financier des Ambulances de la Presse, arrêté au 31 décembre 1870.

En espèces, au jour de l'investissement de Paris, dans la caisse de la souscription patriotique, 905 577 fr. 40 c.

DÉPENSES DES AMBULANCES POUR LES MOIS DE SEPTEMBRE, OCTOBRE, NOVEMBRE ET DÉCEMBRE.

	fr.	c.
Matériel des ambulances, voitures spéciales, instruments de chirurgie, mobilier des salles, literie, lingerie, vaisselle, etc.	139 667	25
Nourriture des blessés et malades	56 544	25
Boissons	2 564	50
Éclairage	2 454	95
Chauffage	5 788	00
Transports (chevaux et voitures)	22 862	05
Travaux d'installation, etc.	28 772	20
Pharmacie centrale	19 383	90
Indemnité aux médecins de garde et aux infirmiers.	35 760	80
Total	313 797	90

Reste en caisse au Comptoir d'escompte, espèces, la somme de 591 779 fr. 53 c.

Ainsi, après quatre mois de fonctionnement, au moment où il est permis d'entrevoir la fin de cette guerre néfaste, nous n'avons pas dépensé le tiers de nos ressources, et nous disposons encore, sans parler des rentrées à faire, de près de *six cent mille francs* au 1er janvier 1871.

Nous sommes heureux de vous présenter cet état prospère de notre situation et de justifier ainsi la confiance que vous avez bien voulu mettre en nous. L'initiative privée s'est affirmée une fois de plus dans cette circonstance de la manière la plus indiscutable, puisqu'elle met en regard des résultats considérables obtenus le chiffre relativement modique des moyens pécuniaires employés.

Nous espérons que le compte rendu général mettra en relief plus éloquemment encore ce double succès.

Le membre du Comité délégué, secrétaire général,

DE LA GRANGERIE

COMITÉ DES DAMES PATRONNESSES.

NOMS DU PERSONNEL	FONCTIONS	NOTES COMPLÉMENTAIRES
RICORD (Élisa)		
LEVAVASSEUR (Jenny)		
HUGUET (Fanny)		
De BEAULIEU (Marie)		
THÉNARD (Louise)		
HEINE, née FURTADO		
CHAUVOT (Eugénie)		

COMITÉ ARTISTIQUE.

NOMS DU PERSONNEL	FONCTIONS	NOTES COMPLÉMENTAIRES
AUBER, président		
De SAINT-GEORGES		
TAYLOR (baron)		
HEINE (Georges)		
WEY (Francis)		
THOMAS (Ambroise)		
MARMONTEL		
De VAUCORBEIL		
CORDIER		

COMITÉ DE LA SOUSCRIPTION PATRIOTIQUE.

NOMS DU PERSONNEL	FONCTIONS	NOTES COMPLÉMENTAIRES
De GIRARDIN (Émile)	président honoraire	
TARBÉ des SABLONS	président	directeur du *Gaulois*.
De la GRANGERIE	secrétaire général	syndic de la Presse départementale et étrangère.
GUÉROULT	membre	directeur de l'*Opinion nationale*.
DÉTROYAT	id.	directeur de la *Liberté*.
MARC	id.	directeur de l'*Illustration*.
BULLIER	id.	de l'Agence Havas-Bullier.
MERSON	id.	directeur de l'*Union bretonne*.

COMITÉ SUPÉRIEUR.

NOMS DU PERSONNEL	FONCTIONS	NOTES COMPLÉMENTAIRES
Docteur RICORD	président	chirurgien en chef des Ambulances de la Presse.
id. DEMARQUAY	membre	chef des Ambulances mobiles.
DARDENNE de la GRANGERIE	secrétaire général	chargé de l'Administration générale.
Monseigneur BAUËR	aumônier en chef	aumônier en chef.
GOUZIEN (Armand)	secrétaire	secrétaire du Comité.

AUMÔNERIE.

NOMS DU PERSONNEL	FONCTIONS	NOTES COMPLÉMENTAIRES
Monseigneur BAUËR	aumônier en chef	
FEDERMAN	secrétaire	
RAMOND (Paul)	porte-fanion	
BOWER père	estafette	
BOWER fils	id.	
L'abbé DOMENECH	aumônier	

ÉTAT-MAJOR DE LA RUE DE MADAME, 49.

NOMS DU PERSONNEL	FONCTIONS	NOTES COMPLÉMENTAIRES
A. DARDENNE de la GRANGERIE	secrétaire général	
Edmond DARDENNE	chef du personnel	
NANTEUIL (Paul)	chef d'état-major	
MIJOTTE père	aide de camp	
THÉNÉSY	id.	
ESTOR père	id.	
THÉNON	id.	
GAILLARDIN GAGLIARDINI	chef des brancardiers	
BAUDIAU	pourvoyeur	
SULPIS	agent	
POUILLOT (Joseph)	pourvoyeur	

COMPTABILITÉ DE LA RUE DE MADAME, 49.

NOMS DU PERSONNEL	FONCTIONS	NOTES COMPLÉMENTAIRES
Martin Bouty	chef du service	
Génédor (Charles)	comptable	
Dussaut (Victor)	id.	
Masson (Frédéric)	id.	
Caubet (Auguste)	id.	
Michelez (Charles)	id.	
Mijotte (Edmond)	secrétaire	

LINGERIE DE LA RUE DE MADAME, 49.

NOMS DU PERSONNEL	FONCTIONS	NOTES COMPLÉMENTAIRES
Nanteuil [Mme] (Amélie)	directrice générale	
Boussand [Mme]	aide-lingère	

MAGASIN GÉNÉRAL DE LA RUE DE MADAME, 49.

NOMS DU PERSONNEL	FONCTIONS	NOTES COMPLÉMENTAIRES
Geffroy (Auguste)	garde-magasin	
Ravailler (Jules-Aymar)	aide	
Boucher	homme de peine	
Guilbaud	id.	
Boussaud (Jules)	boucher	
Odoul	homme de peine	

SERVICE DE LA RUE DE MADAME, 49.

HOMMES DE SERVICE.

NOMS DU PERSONNEL	FONCTIONS	NOTES COMPLÉMENTAIRES
LEPIN (Constant)	domestique	
MAGNE	id.	
VERREMANS	id.	
COMBADIÈRE	homme de peine	
DORMONT	id.	
PORQUERELLE	cuisinier	

SERVICE DE LA SOUSCRIPTION PATRIOTIQUE.

COMPTABILITÉ, 13, RUE DU HELDER.

NOMS DU PERSONNEL	FONCTIONS	NOTES COMPLÉMENTAIRES
BOURGEOIS (Lucien)	administrateur	
BARBELENET	expéditionnaire	
BOURRET	id.	
GUITTET	id.	
GARCIA	id.	
LEDUC	id.	
DUPIN	id.	
RATEAU	empl. aux recouvrem[ts]	
PAËR	id.	
WAELÈS	id.	
ROYER	id.	
HEYDECK	id.	
DÉSIRÉ	id.	
BILHAUT	id.	
MAISON	id.	
BOINET	garçon de bureau	
LECÈNE	id.	

SERVICE DU PALAIS DES TUILERIES.

ADMINISTRATION.

NOMS DU PERSONNEL	FONCTIONS	NOTES COMPLÉMENTAIRES
BLONDEL (Abel)	agent général	
AVRILLON	comptable	
LAPONTAINE	inspecteur	
BRÛLANT	garde-magasin	
BLOCK	service des fourgons	
WEIL père	sous-intendant	
WEIL fils	service des voitures	

SERVICE DU PALAIS DES TUILERIES.

HOMMES DE CORVÉE.

NOMS DU PERSONNEL	FONCTIONS	NOTES COMPLÉMENTAIRES
NEY	domestique du palais	
LEGRIS	id.	
DUBOIS	volontaire	
CAËN (Édouard)	id.	
DUHAUSSARD	id.	
MONTFORT	id.	
LEJEUNE	id.	
ROBERT (Léon)	id.	

SERVICE DES ÉCONOMATS.

ÉCONOMES.

NOMS DU PERSONNEL	FONCTIONS	NOTES COMPLÉMENTAIRES
THIERS (Henri)	économe	ambulance des ponts et chaus.
BLANC DUQUESNAY	id.	ambulance de l'hôtel Lambert
DESTEZ	id.	ambulance de l'hôtel Pillé
CAMPION	id.	ambulance des Arts et Métiers
COTTE (Narcisse)	id.	ambulance du Trocadéro
THOMAS	id.	ambulance de la Miséricorde
HÉMERY (Émile)	id.	ambulance de Monceau
Frère ERNEST	id.	ambulance de la rue St-Antoine
SCHWARTZ	id.	ambulance du faub. Poissonn.
TÊTEDOUX	id.	ambulance de la Paix
GODEFROY	id.	ambulance des Irlandais
Frère ARCHANGE	id.	ambulance de la rue Oudinot
De BOURGNEUF	id.	ambulance de la Paix
BOUCARNE	id.	ambulance des Irlandais
ROUX	id.	ambulance de l'hôtel Lambert
CORBY	id.	ambulance des Halles
JACQUES	id.	ambulance de Charonne
THÉNON	id.	ambulance des Irlandais
THÉNÉSY	id.	ambulance des Halles
Frère EXUPÉRIEN	id.	ambulance de Longchamps

SERVICE CHIRURGICAL.

CHIRURGIENS CHEFS DE SERVICE.

NOMS DU PERSONNEL	FONCTIONS	NOTES COMPLÉMENTAIRES
Le docteur RICORD	chirurgien en chef	Ponts et Chaussées, Arts et Métiers, rue de l'Arcade
Id. DEMARQUAY	id.	Ponts et Chaussées, rue de l'Arcade, avenue Bosquet
Id. CUSCO	id.	Arts et Métiers
Id. LABBÉ	id.	Arts et Métiers
Id. GUÉRIN	id.	Ponts et Chaussées
Id. NICAISE	id.	24, rue de Monceau
Id. PÉRIER	id.	Trocadéro
Id. HOUEL	id.	Thénard, rue de Sèvres, 17
Id. MALESPINE	id.	27, rue Oudinot
Id. BASTIEN	id.	39, rue de Tournefort, Irlandais
Id. HORTELOUP fils	id.	

MÉDECINS CHEFS DE SERVICE.

NOMS DU PERSONNEL	FONCTIONS	NOTES COMPLÉMENTAIRES
Le docteur BÉHIER	médecin en chef	
Id. HORTELOUP p.	id.	
Id. CAZALIS père	id.	
Id. ORTIGUIER	id.	
Id. HERVEZ de CHÉGOUIN	id.	
Id. BOUCHUT	id.	
Id. FOURNIER	id.	
Id. FAUVEL	id.	
Id. LATOUR (Améd.)	id.	
Id. de RANSE	id.	
Id. LAPEYRIÈRE	id.	
Id. L'ALLOUR	id.	
Id. BOURDON	id.	
Id. BESNIER	id.	
Id. ITVEL	id.	
Id. CHÉREAU	id.	
Id. TART	id.	

SERVICE MÉDICAL.

AMBULANCES FIXES.

NOMS DU PERSONNEL	FONCTIONS	NOTES COMPLÉMENTAIRES
GOUIN	interne résidant	r. de Monceau, 24, puis à Longchamps.
PLATEAU	élève externe	r. de Monceau, 24, puis à Longchamps.
RIVELOT	docteur médecin	r. de Monceau, 24.
ORTIGUIER	id.	» »
CAZALIS fils	élève interne	» »
LITARDIÈRE	id.	r. de Monceau, 24, puis à Longchamps.
COLIGNON	docteur externe	r. de Tournefort, 39, puis à Longchamps.
LARUE	id.	r. de Tournefort, 39, puis à Longchamps.
POTRIN du MOTEL	médecin consultant	r. de Tournefort, 39
BARLEMONT	docteur médecin	Ponts et Chaussées, r. de l'Arcade, 16.
DESTREM	id.	Ponts et Chaussées, puis à Longchamps.
COUSIN	id.	Ponts et Chaussées, puis à Lonchamps.
VOELCHER	id.	Ponts et Chaussées, puis à Longchamps.
DUHOMME	id.	Ponts et Chaussées.
LASCHÉ	interne	» »
DELESTRE	id.	» »
DECAISNE	id.	Ponts et Chaussées, puis à Longchamps.
SICARD	id.	Ponts et Chaussées, puis à Longchamps.
GÉRIN ROZE	docteur médecin	Arts et Métiers.
TOPINARD	id.	» »
BOUCARD	id.	» »
HEMEY	id.	» »
LERICHE	id.	» »
LELION	id.	» »
LALLIOT	id.	» »
GOUGENHEIM	id.	» »
VERDIER	id.	» »
LEVRAT	id.	» »
DELPEUCH	id.	» »
GERMAIN	élève interne	» »
BÉRARD	élève	r. Oudinot, 27.
DELAMOUR	id.	» »
COURTAUX	id.	» »
DAVID	id.	» »
PAUL	id.	r. Oudinot, 27, puis à Longchamps.
LEBOBINEC	id.	r. Oudinot, 27.
COCCIO	id.	r. Oudinot, 27, puis à Longchamps.
SABOURDIN	id.	r. Oudinot, 27.
LAURENT	chirurgien interne	Trocadéro.
GENONVILLE	id.	»
DUFOUR	id.	»

NOMS DU PERSONNEL	FONCTIONS	NOTES COMPLÉMENTAIRES
FISCHER	chirurgien interne	Trocadéro
BOUGAREL	id.	»
LEGROUX	id.	»
REICH	docteur médecin	r. St-Antoine, 212.
MERCIER	chirurgien	» »
ALIX	id.	» »
CHARPENTIER	docteur médecin	hôtel Lambert
JOUANNE	chirurgien	» »
HENSZEL	interne	» »
PETER	médecin consultant	» »
BALLE	id.	» »
TARTIVEL	docteur médecin	faubourg Poissonnière, 106.
CHÉTIEN du SOUCHET	interne	» »
FARGE	élève interne	Irlandais.
BROCHIN	id.	»
CHEVEAU	docteur médecin	hôtel Pilté.
GUIRETTE	id.	»
DENJOY	id.	r. du 4 Septembre.
GRENAT	id.	r. Oberkampf.
DAVENNE	id.	r. Neuve-des-Mathurins, 98.
DUVIVEQUAY	chirurgien	» »
BOTENTUIT	docteur médecin	Thénard, r. de Sèvres, 17.
WALHIER	id.	r. de l'Arcade, 16.
MITIVIÉ	chirurgien	avenue Bosquet, 16.
BARRET	docteur médecin	r. d'Anjou-St-Honoré, 63.
GIBERT	id.	r. Keller, 34.
PAQUELIN	id.	avenue Friedland, 49.
CONTOUR	id.	» »
DUSSART	id.	» »
BILLARD	id.	r. de Bagneux, 14.
GOLDENSTEIN	id.	hôtel de Calais, r. de la Paix.
L'ALLOUR	id.	magasins du Louvre.
MONTARGIS	id.	» »
De BIAGGI	id.	r. Scribe, 15.
DESCROIZILLES	id.	»
De LÉPINE	id.	boulevard de Strasbourg, 15.
BRUYÈRE	id.	faubourg St-Martin.
VIO BONATO	médecin en chef	Théâtre Italien.
BLONDEAU	docteur médecin	»
TACY	id.	»
MATHIEU	id.	»
MEURET	id.	»
GODEFROY	id.	aux pavillons de Longchamps.
MARKEIM	id.	» »

SERVICE MÉDICAL.

AMBULANCES MOBILES. — OUEST-CEINTURE.

NOMS DU PERSONNEL	FONCTIONS	NOTES COMPLÉMENTAIRES
LUNIER (Jules-Joseph)	médecin en chef	Ouest-Ceinture.
FOUCAULT de L'ESPAGNERY (François)	docteur médecin	»
VALDÈS (Carlos)	id.	»
DE COURTYS (Louis).	id.	»
BOUTIGNY (Ch.-Constant)	id.	»
GOLDENSTEIN (Simon)	officier de santé	»
SIMON (François)	élève	»
NOËL (Georges)	id.	Ouest-Ceinture, puis à Longchamps.
PÉRIDE (Aristide)	id.	Ouest-Ceinture.
DARVAVIS (George)	id.	»
HIBON (Lucien)	id.	Ouest-Ceinture, puis à Longchamps.
BARRAULT (Ernest)	id.	Ouest-Ceinture.
JOCKELSON (Marc)	id.	»
KOHLY (Frédéric)	id.	»
MAUVOISIN (Albert)	id.	»
FENEAU (Ferdinand)	id.	»
DURAND (Arthur)	id.	»
BÉVAL (Jean)	docteur en médecine	»
LASKOWSKI (Sigismond)	id.	»
FIGUEROA (Bernard)	id.	»
JOLY (François)	id.	»
CHOPARD (Ernest)	id.	»
VOLONTAIRES		
AUGER		Ouest-Ceinture.
MAX (J. A.)		»
SCHWEGER (Georges)		»
GUYOT-SIONEST		»
ARNOULD (Edmond)		»
JACQUEY (Joseph)		»
DESAVENIÈRES (Claudius)		»
DUPUIS		»
VERRIER (Louis)		»
WEILL		»
GERAY	cocher de la Compagnie de l'Ouest	»

SERVICE MÉDICAL.

AMBULANCES MOBILES.

NOMS DU PERSONNEL	FONCTIONS	NOTES COMPLÉMENTAIRES
NIOX (Henri-Nicolas)	docteur en chef	avenue Flandrin, 17.
GRESTCHER de VALDEBURG (Amédée)	docteur médecin	» »
DUBLANER (Léon)	id.	» »
JOLY (Jean)	id.	» »
PUTET (Pierre)	id.	» »
LELPIP (Charles)	id.	» »
VIVIER (François)	id.	» »
GONNARD (Claude)	id.	» »
DUJEAN (Alfred)	id.	» »
FRESNET (Pierre)	id.	» »
NICHOLSON (Cécil)	élève pharmacien	» »
VACQUERET (Alexandre)	docteur chirurgien	» »
MORA (Armand)	élève	» »
POPESCO (Michel)	id.	» »
DOUDEMENT (Henri)	id.	avenue Flandrin, 17, puis à Longchamps.
MICHON (Auguste)	id	avenue Flandrin, 17, puis à Longchamps.
Docteur CABANELLAS	médecin en chef	boulevard Pereire, 119.
Id. de LONGENHAGEN	docteur médecin	» »
Id. PIEL	id.	» »
Id. BACHELET	id.	» »
Id. MERANDON (Léop.)	id.	» »
Id. CAMPMAS	id.	» »
Id. BARRÉ *	id.	» »
Id. NOBLET *	id.	» »
SOUSTAN	médecin élève	» »
MARTY	id.	» »
TAPRET	id.	» »
GODEBERT	id.	» »
TAFFIN	id.	» »
WAGNER	id.	» »
RABOURDIN	id.	» »
DEBONS	id.	» »
WATELET	id.	» »
VIEILLARD	id.	» »
Le docteur OLIVIERI décédé		
DEVAILLY (Léandre)	médecin en chef	Grande-Rue de Bagnolet, 152.
FLUTIAUX	médecin	» »
GROSJEAN	id.	» »
LOMBARD	id.	» »
LANNOY	id.	» »
GIBERT	docteur	» »
BASSET	id.	» »
RIVALS	id.	» »
BARON	médecin	» »
DEMONY	id.	» »
DARBES	id.	» »
LEDREUX	docteur	» »
LAFAGE	élève	» »

* Ces derniers médecins absents pour la garde nationale mobile.

NOMS DU PERSONNEL	FONCTIONS	NOTES COMPLÉMENTAIRES
HANDVOGEL	élève	Maison-Blanche.
PASSERINI	»	»
BOIZARD	»	»
PINAUD	»	»
NICOD	»	»
GONDOIN	»	»
BERGERON	»	»
De MORANT	»	»
RECH	docteur	»
FENIAU	»	»
BOCQUILLON	médecin en chef	»
ANDRIEU	docteur médecin	»
ISARD	id.	»
ROSIER	id.	»
JACQUEMÉ	id.	»
RABEJAC	id.	»
GADEY	élève	»
IDZITOWIECKI	id.	»
BARTORZEWICZ	id.	»
STAËS	id.	»
JOVITA	id.	»
LEBOUCHER	id.	»
JOUGLA	id.	»
DUBOSQ	id.	»
DORVILLE	id.	»
CHAUVIN	id.	»
POUSSIN	id.	»
MÉGERAND	id.	»
MERCADIER	id.	»
KALBFLEISCH	id.	»
PÉTRINI	id.	»
ULLÉ	id.	»
SAINT-JOSEPH	id.	»
LUPUS	id.	»
DELQUEY	id.	»
BERCARU	id.	»
URSULESCO	id.	»
De ROQUETAILLADE	id.	»
HERCOD	id.	»

SERVICE PHARMACEUTIQUE.

NOMS DU PERSONNEL	FONCTIONS	NOTES COMPLÉMENTAIRES
FERRÉ (Jules)	pharmacien en chef	à la pharmacie centrale.
DURAND-BOIZARD (Paul)	étudiant	» »
CHAPÈS (Numa)	id.	» »
MATRAT (Léger)	id.	» »
LEBEAULT (Paul)	id.	» »
JAMES (Léon)	id.	» »
BOUILLETTE (Paul)	id.	» »
SWIFT (Garcia)	id.	» »
CHEVRIER (Antoine)	pharmacien de 1re cl.	aux Ponts et Chaussées, puis à Longchamps.
MOUYSSET (Charles-Paul)	id.	aux Pavillons de Longchamps.
DAMON (Dominique)	id.	» »
LOUVET (Edgar)	id.	» »
MICHEL (Ferdinand)	id.	» »
DEBONNAIRE (Alphonse)	id.	» »
PEYROULX	id.	» »
FRÉRAULT (Élie)	étudiant	» »
LEBAIGUE (Eugène)	pharmacien de 1re cl.	interne aux Irlandais, puis pharmacien en chef aux Ponts et Chaussées.
LETAILLEUR (Charles)	étudiant	aux Ponts et Chaussées.
CELLIER (Henry)	pharmacien de 1re cl.	aux Arts et Métiers.
TRAVERSE (Émile)	pharmacien	aux Arts et Métiers, mort d'une fluxion de poitrine.
SABATHÉ (Louis)	étudiant	aux Arts et Métiers.
REYNAL (Antoine)	pharmacien de 1re cl.	au Trocadéro, puis à Longchamps.
LORRETTE (Jean)	id.	au Trocadéro.
VAUCHERET (Hippolyte)	étudiant	au Trocadéro.
DETHAN (Adhémar)	pharmacien de 1re cl.	r. de Monceau, 24.
DURIEZ (Émile)	id.	» »
DETHAN (Edmond)	étudiant	r. de Monceau, 24, a contracté la petite vérole dans son service.
ARNAUD (Maurice)	pharmacien de 1re cl.	r. de Sèvres, 17, puis à Longchamps.
GUYOT (Edmond)	id.	r. St-Dominique, 190, puis à Longchamps.
MAHONDEAU (Auguste)	étudiant	r. St-Dominique, 190, puis à Longchamps.
DESNOIX (Charles)	pharmacien de 1re cl.	aux Irlandais.
PELISSE (Claude)	id.	»
MUSSAT (Émile)	id.	r. Tournefort, 39, puis à la Pharmacie centrale.
GIRARD (Maurice)	pharmacien	r. Tournefort, 39.
MASSIGNON (Pierre)	étudiant	»
PETIT (Charles)	pharmacien de 1re cl.	avenue Bosquet, 15 (Mme de Béhagues).
LABORDETTE (François)	id.	avenue Bosquet, 15 (Mme de Béhagues).
MEYNET (Paul)	id.	hôtel de Calais, r. de l'Athénée.
SONNERAR (Émile)	id.	interne, r. Oudinot, puis aux Halles.
JOUANIN (Albert)	id.	r. Oudinot, 27, mort d'une fluxion de poitrine.
GASSELIN (Henri)	id.	r. Oudinot, 27.
SABOURDY (Auguste)	id.	»

NOMS DU PERSONNEL	FONCTIONS	NOTES COMPLÉMENTAIRES
MENTEL (Eugène)	pharmacien de 1re cl.	hôtel Lambert.
BELIN (François)	id	»
LEDANOIS (Xavier)	pharmacien	interne aux Ponts et Chaussées, puis à Charonne.
DUNOD	pharmacien de 1re cl.	aux magasins du Louvre.
ARBELIN (Édouard-Émile)	id.	chez Mme Béhagues, puis r. St-Antoine.
BORDOGNY (Eugène)	étudiant	r. St-Antoine, puis à Longchamps.
CHAMPIGNY (Armand)	pharmacien de 1re cl.	r. du Faub.-Poissonnière, 106.
DÉJARDIN (Eugène)	id.	» »
JANNET (Émile)	id.	1 mois r. de Turbigo, puis aux Arts et Métiers.
VIGROUX (Léon)	id.	7 mois r. de la Paix, puis à la Pharmacie centrale.
COMBARIEU (Pierre-Fortuné)	pharmacien	à l'hôtel Pilté, r. Monsieur, 15.

SERVICE DES MAGASINS.

MAGASIN CENTRAL.

NOMS DU PERSONNEL	FONCTIONS	NOTES COMPLÉMENTAIRES
SCHWATZ	garde-magasin	
TÊTEDOUX	id.	
BESNARD	id.	
BOUCHER	homme de peine	

SERVICE DE LA CHAMBRE DES NOTAIRES.

MAGASIN.

NOMS DU PERSONNEL	FONCTIONS	NOTES COMPLÉMENTAIRES
LABITTE (François)	garde-magasin	
LAVERSIN (Louis)	homme de peine	
Mlle CHAPELLE (Adèle)	ouvrière	
Mme TARTARI (Cécile)	id.	
SONNEY (Pierre)	concierge	
ODOUL (Pierre)	ouvrier	

SERVICE DE LONGCHAMPS.

NOMS DU PERSONNEL	FONCTIONS	NOTES COMPLÉMENTAIRES
Frère EXUPÉRIEN	directeur	
» ABBON-MARIE	sous-directeur	
» ADEOLIEN	comptable	
» LUPIEN	pourvoyeur	

SERVICE DES AMBULANCES PRIVÉES.

PROPRIÉTAIRES DIRECTEURS.

NOMS DU PERSONNEL	FONCTIONS	NOTES COMPLÉMENTAIRES
BONNEFONS		
D'EICHTAL		
THÉNARD		
Veuve DURUFLÉ		
De MONTJOYEUX		
CHESNIER du CHESNE		
De CASTÉJA		
MANGIN père et fils		
HOUSSAYE (Arsène)		
Mme CHARTIER		
HANSER		
ROZAN		
GASSOT		
VAUTIER		
MIRÈS		
Mme LEMKÉ		
Veuve CHAUSSIER		
BOUCHET		
LACAVE LEPLAGGE		
MERCORIALI		
CHAUCHART et HÉRIOT		

SERVICE DES ESTAFETTES.

NOMS DU PERSONNEL	FONCTIONS	NOTES COMPLÉMENTAIRES
MOUSSET	estafette	
BECQUET	id.	
RIVIÈRE	id.	
VIBERT	id.	
CHERRIER	id.	
GILLET	id.	
CALAME	id.	
PERRIN	id.	
GEOFFROY	id.	
LÉGUILLON	id.	
SAUVE	id.	
COUSIN	id.	
BOUTRY	id.	
ARNOULT	id.	
DASTARAC	id.	
CHARBONNEL	id.	
SANFOURCHE	id.	
MALIN	id.	
VARIN	id.	
WEBB	id.	

SERVICE DES VOITURES PARTICULIÈRES.

PROPRIÉTAIRES DES VOITURES.

NOMS DU PERSONNEL	FONCTIONS	NOTES COMPLÉMENTAIRES
BOURUET-AUBERTOT	transport des blessés	
BEURDELEY	service d'état-major	
SULLEROT (Léon)	id.	
ROLLET	transport des blessés	
De MONTGUYON	id.	
PINARD	id.	
LAFONTAINE	id.	
CHARBONNEL	id.	
de CORDEVIOLE	id.	
de VERGEN	id.	
SACHET et DAVID	id.	
THIONNET	id.	
LAVANDIER	id.	
MOISSET-FAYE	service de la pharmacie	
LAVIGNE	transport des blessés	
HARLY-PERRAND	service d'état-major	
BROQUIN	transport des blessés	
CHAUCHART et HÉRIOT	transport de matériel	
GRANDMANGE	service de la pharmacie	
DERNAUX	id. du magasin général	
GADENNE	transport des blessés	
LAPIE	service d'état-major	
DUMONT	id.	
LEPELLETIER	transport des blessés	

SERVICE DES BRANCARDIERS.

VOLONTAIRES.

NOMS DU PERSONNEL	FONCTIONS	NOTES COMPLÉMENTAIRES
GAILLARDIN (Gaston)	chef des volontaires	
MARNÉ		
ANTOINE (Hippolyte)		
ARMINJEON		
ALBOUY		
PIRON		
ALEXANDRE (Lazare)		
BAULÈS		
BOUCREUX		
ADNOT		
BOLLE		
COLLIN (Édouard)		
DONDENÉ		
CONRATH		
THOMAS		
DUBOUCHÉ		
DELAVANDE		
DAUDET		
DESTERBECQ		
FASSIER		
FAGOT		
GUIRBAL		
DOMERGUE		
GALIDRAT		
GUÉRINET		
ARCHENAULT		
GINHAC		
GALLICE		
GARNIER		
GASTALDY		
HINNET		
HORMANN		
HUDRY		
LANGLOIS		
LINEVIEL		
LUZI		
MORAND		
MOREAU		
MOLHER		
MATHRON		
MAGORIA		
MONNIER		
MOULIN		
ODOUL		
PERRÉARD		
PAUTAS		
PELARD		
PAROT		
PINCHENOT		
THOUVENIN		
TARADE		
ANDRÉ		
TRAIM		
BARBIER		

NOMS DU PERSONNEL	FONCTIONS	NOTES COMPLÉMENTAIRES
FOURTON		
FAGOT		
PIQUENOT (Anatole)		
ZANI		
VADON		
MINTARON		
DUMAS		
STEDECKER		
ARMAJER		

SERVICE DES BRANCARDIERS.

CHEMIN DE FER D'ORLÉANS.

NOMS DU PERSONNEL	FONCTIONS	NOTES COMPLÉMENTAIRES
De Paulhac		
Foucher		
Barbès		
Vitry		
Montigny		
Coste		
Tarlet		
Blondeau		
Maujel		
Joubert		
Philibert		
Millet		
Desré		
Dauzier		
Esmery		
Faugeroux		
Legrand		
Gourlot		
Vallette		
Couétil		
Pajet		
Treneule		
Sauvet		
Célerin		
Simon		
Hervé		
Dumas		
Courvoisier		
Charpentier		
Cornebois		
Diébold		
Garnier		
Jacob		
Kuaff		
Denamps		
Guirot		
Bonnet		
Cartier		
Géneau		
Narcisse (Louis)		
Dejean		
Folenfant		
Sagnier		
Michaud		
De Kernisan		
Prévost		
De Reymond		
Lemoine		
Ribens		
Quillebœuf		
Bodeman		
Vialard		
Vernet		

NOMS DU PERSONNEL	FONCTIONS	NOTES COMPLÉMENTAIRES
Sanerteau		
Bourdon		
Moynat		
Merlet		
Guillochin		
Hubert		
Ancel		
Lechenault		
Moger		
Tournier		
Pichom		
Léon		
Devèze		
Magnan		
Rosset (François)		
Clochard		
Minault		
Sabourin		
Lestrade		
Lenoir		
Renard		
Régent		
Bèllet		
Nion		
Plicque		
Villette		
Roblon		
Carimey		
Mallet		
Pillet		
Mallard		
Fayat		
Mignot		
Braivetenne		
Dirson		
François		
Madeleine		
Guillebau		
Giraudeau (Louis)		
Chassang		
Andral		
Barral		
Vaillant		
Marothey		
Pigot		
Valadon		
Piquau		
Centuer		
Rosset (Auguste)		
Robin		
Parau		
Paris		
Vidau		
Goiffon		
Domnens		
Thébault		
Duhamel		
Coffin		
Bouchaudon		
Chantelauze		
Couveau		

NOMS DU PERSONNEL	FONCTIONS	NOTES COMPLÉMENTAIRES
BONNETTI		
JACQUARD		
COGNIAC		
JOLLIN		
GÉRARD		
DELAHAYE		
CHAVANAUD		
HIFLER		
DUCLOS		
BERGER		
LEROUX		
CHAUVIN		
BORNET		
ROBERT		
LAFAYE		
BENOIST		
MAIRE		
ROY		
ROSSET (Eugène)		
VANNIER		
LOUVEROIS		
WISSELLE		
HÉBERT		
BRUÈRE		
GALIEN		
GELLÉE		
MARIO		
ANDINOT		
BONERET		

SERVICE DES BRANCARDIERS.

CHEMIN DE LYON.

NOMS DU PERSONNEL	FONCTIONS	NOTES COMPLÉMENTAIRES
Minot		
Ménard		
Cirié		
Lubin		
Ribeyre		
Gateau		
Wirth		
Coulon		
Lacroix		
Souchet		
Gruau		
Bertrand		
Négron		
Guillon		
Maître		
Badie		
Brigand		
Serouge		
Galfré		
Duc		
Deschamps		
Martin		
Granetti		
Bruni		
Fournier		
Dupont		
Serré		
Boire		
Gambier		
Moureau		
Klein		
Brière		
Deroche		
Fagot		
Tourlonnias		
Tournois		
Pernin		
Étienne		
Hesse		
Janvier		
Tortait		
Chuasereau		
Bénard		
Dankza		
Chellier		
Delmotte		
Collet		
Stiéber		
Faure		
Noël		
Riolo		
Gobert		
Cannerré		

NOMS DU PERSONNEL	FONCTIONS	NOTES COMPLÉMENTAIRES
GASPARD		
MÉNAISSAIRE		
BOUCHÉ		
SERCA		
PERCHETTE		
DESLAURIER		
GUILLARD		
GIROLDI		
TESSIER		
GERMAIN		
BONNEAU		
BLANCHARD		
GELEZ		
DANIEL		
GOSSE		
ZEMENÉ		
LEFEBVRE		
GUILLAUME		
BATICLE		
LAUÇON		
SORDELET		
MILLE		
BEAUDET		
AUBERT		
BUFFET		
BASSET		
MASSEBŒUF		
BOUDREY		
BOULARD		
BLENET		
BLONDAZ (Gérard)		
CORRIEZ		
CAMUS		
MESNIL (Hubert)		
CARADANT		
CARISEY		
CHACHIGNON		
COLOMBIN		
COLLIGNON		
COPPIER		
CRÉCY		
DUPERREY		
DELAGNEAU		
DISSET		
TOUTAN		
DESCHAMPS (Eugène)		
FÉLISAZ (Prosper)		
FÉLISAZ (Lucien)		
ROY		
FONTAINE		
GOULIER		
HOUSSEMENT		
JOLIVET		
LEROY		
VIGIER		
LEBERT (Cyprien)		
LEBERT (Antoine)		
MONTAGNON		
MERMOND		
MARÉCHAL		
PERROUD		

NOMS DU PERSONNEL	FONCTIONS	NOTES COMPLÉMENTAIRES
Poutignat		
Revilliod		
Rivière		
Schanatter		
Vié		

SERVICE DES COCHERS.

CHEMIN DE FER D'ORLÉANS.

NOMS DU PERSONNEL	FONCTIONS	NOTES COMPLÉMENTAIRES
Chanez	inspecteur	
Devis	contrôleur	
Lamblin	cocher	
Chevallier	id.	
Prelle	id.	
Deschamps	id.	
Beaufils	id.	
Richard	id.	
Laviguerie	id.	
Fortier	id.	
Pucet	id.	
Cavé	id.	
Frileux	id.	
Poirotte	id.	
Morlon	id.	
Grand	id.	
Bleing	id.	
Dardart	id.	
Meyer	id.	
Massicot père	id.	
Massicot fils	id.	
Chamalet (Jean)	id.	
Boulanger	id.	
Maricot	id.	
Ducros	id.	
Duguet	id.	
Cosserat	id.	
Vernay	id.	
Tabary	id.	
Culmet	id.	
Fischer	id.	
Barbot	id.	
Bel	id.	
Compagnon	id.	
Delabre	id.	
Salarnier	id.	
Truffaut	id.	
Regnaud	id.	
Chamalet (Guillaume)	id.	
Chamalet (Auguste)	id.	
Romagne	id.	
Werner	id.	

SERVICE DES COCHERS.

CHEMIN DE FER DE LYON.

NOMS DU PERSONNEL	FONCTIONS	NOTES COMPLÉMENTAIRES
DEVICHET (Pierre)	inspecteur	
TURGIS (François)	contrôleur	
BERTHUOT (Charles)	commis principal	
SIMON (Adolphe)	contrôleur d'omnibus	
STÉVENIN (Jean-Baptiste)	id.	
BELLANGER (Émile)	id.	
BOIZARD (Paul)	facteur de ville	
BRIAT (Victor)	id.	
CARLIER (Louis)	id.	
CHAUVETTE (Ignace)	id.	
CORNUA (Edouard)	id.	
DAUVOIS (Jean)	id.	
DELORE (Louis)	id.	
DIÉLAINE (Joseph)	id.	
DOUCHET (Jules)	id.	
DROUHARD (Charles)	id.	
FAVEL (Constant)	id.	
GACONNET (Claude)	id.	
GÉNICOT (Désiré)	id.	
GUILLEMINOT (Antoine)	id.	
GRÉGOIRE (Victor)	id.	
HÉNOCQUE (Charles)	id.	
LEBRUN (Jean)	id.	
LÉCOT (Fridolin)	id.	
MARTIN (Claude)	id.	
PERROUD (François)	id.	
PILLON (Adolphe)	id.	
RENAUD (François)	id.	
SAVARY (Louis)	id.	
SELLIER (Louis)	id.	
VAUGON (Louis)	id.	
VIALARD (Étienne)	id.	
VEYRONNET (Jean)	id.	
BASSALER (François)	cocher d'omnibus	
BOUCHEREAU (Alexis)	id.	
BOURGEOIS (Jean)	id.	
BRETIN (André)	id.	
BROTTET (Jean-Pierre)	id.	
BRILL (Nicolas)	id.	
DÉGLISE (Claude)	id.	
DURAND (Camille)	id.	
FAUVEAU (Jean)	id.	
FIGARD (Pierre)	id.	
MAÎTRIER (François)	id.	
PETIT (Constant)	id.	
REIMBERT (Louis)	id.	
ROUSSEL (Jean-Baptiste)	id.	
TORT (Henry)	id.	
VIELLEFON (Édouard)	id.	
VIGNEAU (Jean)	id.	
VIDENMANN (Jean-Baptiste)	id.	
WIRTH (Jean)	id.	
BERTHIER (Louis)	camionneur	
BOMBARDIER (Dominique)	id.	

NOMS DU PERSONNEL	FONCTIONS	NOTES COMPLÉMENTAIRES
DELABROUILLE (Constant)	camionneur	
DELZANGLE (Guy)	id.	
DUCHER (Jean)	id.	
GILLARD (Picot)	id.	
PICOT (Nicolas)	id.	
TATIGNY (Louis)	id.	
BESSAT (Joseph)	cocher de factage	
BICQUELLE (Jean)	id.	
BLONDAZ (Henri)	id.	
CARROYER (Auguste)	id.	
FOURNIER (Théogène)	id.	
LABIO (Jean)	id.	
MASSON (Alphonse)	id.	
MASSET (François)	id.	
MARTIN (Claude)	id.	
ROBERT (Modeste)	id.	
SAURAT (Jean)	id.	
TROLLIER (Joseph)	id.	
USCLADE (Jacques)	id.	
VEYRONNET (Louis)	id.	

SERVICE DES COCHERS.

SERVICE PÉNICAUT, RIVIÈRE ET COMPAGNIE.

NOMS DU PERSONNEL	FONCTIONS	NOTES COMPLÉMENTAIRES
ROUGERIE	piqueur	
DOSSY	cocher	
GAFFINET	id.	
MOUSSEAU	id.	
DAMAME	id.	
DROUHIN	id.	
ROLLAND	id.	
GRUAU	id.	
GRÉVIN	id.	
BRUNET	id.	
HOUDÉ	id.	
BIRHAMS (Joseph)	id.	
BRAULT (Alphonse)	id.	
BATTENDIER	id.	
VAVASSEUR	id.	
COQUELIN	id.	
BITOT (Charles)	id.	
MODESTE	id.	
RICHARD	id.	blessé le 18 mai ; mort des suites de sa blessure.
GUYOT	id.	
HARCHEUX	id.	
BLANCHÉ	id.	
FRIAND	id.	
LIÉGEOIS	id.	
SALLÉ	id.	
LEPSATRE	id.	
TAHURON	id.	
LÉGER	id.	
REGNAULT	id.	
MASSINGER	id.	
CHAMPION	id.	

SERVICE DES HOMMES DE PEINE

DANS LES AMBULANCES.

NOMS DU PERSONNEL	FONCTIONS	NOTES COMPLÉMENTAIRES
MELCHIOR (Auguste)		Arts-et-Métiers
MÉLION (Cyrille)		» »
BEUCHER (Jean)		» »
ANDRY (Adrien)		» »
PERROT		Hôtel de l'Athénée
VIGOUROUX		» »
MANIGLIER		» »
GRENIER		r. de Clichy, 53.
PIERSON		r. de » 53.
DESLANDE (Louis)		r. du Quatre-Sptembre, 28.
RAVAUD		Magasins du Louvre
BEUSSE		r. Neuve-des-Mathurins, 98.
MORVAN (Yvon)		avenue de la Grande-Armée, 24.
TRUTAS		r. de Monsieur, 15.
JAILLAND		r. de » 15.
LENEVEU		r. de Tournefort, 39.
BERTAULT		r. de » 39.
VALDOIS		r. de Bagneux, 14.
HAVARD		r. de » 14.

SERVICE DES FEMMES

EMPLOYÉES DANS LES AMBULANCES.

NOMS DU PERSONNEL	FONCTIONS	NOTES COMPLÉMENTAIRES
FRESNE [veuve]	garde-malade	Arts-et-Métiers.
MELCHIOR [Mlle]	cuisinière	» »
CONVAL [Mlle]	aide-cuisinière	» »
CURY [Mme]	lingère	» »
SIMONOT [Mlle]	directrice	r. Neuve-des-Mathurins, 37.
BILLOT [Mlle]	cuisinière	r. » 27.
GRENIER [Mme]	directrice	r. de Clichy, 53.
JEAN [Mme]	infirmière	r. de » 53.
LEGRAND [Mme]	directrice	r. Neuve-des-Mathurins, 39.
RABINET [Mlle]	économe	r. Saint-Lazare, 97.
ROYER [Mme]	infirmière	r. du Quatre-Septembre, 28.
DESLANDE [Mme]	aide	r. du » 28.
HUMILTE [veuve]	directrice	r. de Monsieur, 15.
GAVAND [veuve]	infirmière	r. de » 15.
JOLY [veuve]	id.	r. de » 15.
DUBOIS [veuve]	id.	r. de » 15.
BILLAT [veuve]	cuisinière	r. de » 15.
PELFRID [Mme]	id.	r. des Irlandais, 5.
COLIGNON [Mme]	id.	r. des » 5.
BERTAULT [Mme]	id.	r. de Tournefort, 29.
AVENEL [Mme]	sage-femme	r. de Bagneux, 14.

SERVICE DES SŒURS

INFIRMIÈRES DANS LES AMBULANCES.

NOMS DU PERSONNEL	FONCTIONS	NOTES COMPLÉMENTAIRES
CHARLES [Saint-]		Ponts-et-Chaussées.
LAURENT [Saint-]		Arts-et-Métiers.
DOROTHÉE [Sainte-]		» »
ADÈLE [Sainte-]		» »
CÉLINE [Sainte-]		r. du Quatre-Septembre, 28.
GABRIEL [Saint-]		r. du » 28.
JEAN [Saint-]		Magasins du Louvre.
MARCEL [Saint-]		» »
MARIE-CAROLINE		r. de Sèvres, 17.
MARIE-GABRIELLE		» 17.
MÉLANIE		r. des Irlandais, 5.
MARIE LUCIE		r. des » 5.
ENFANT-JÉSUS [l']		r. de Tournefort, 39.
PIERRE [Saint-]		r. de » 39.
MARTHE [Sainte-]		r. de » 39.

SERVICE DES FRÈRES.

AMBULANCIERS.

NOMS DU PERSONNEL	FONCTIONS	NOTES COMPLÉMENTAIRES
Almer-Clément		
Séverin		
Abibion		
Bernard-Siméon		
Baudoin-Bernard		
Natalan		
Berthevin-Noël		
Amon-Joseph		
Abrace		
Naillac-Maurice		
Baudime-Marie		
Alain-Maurice		
Aleaume-Eugène		
Ismaël		
Alcime-de-Jésus		
Agapit-André		
Antonin-Victor		
Barthe		
Baudry-de-Jésus		
Abdonin		
Héliodore		
Idelbertus		
Andéol		
Bercaire-de-Jésus		
Aunaire		
Auguste-Marie		
Nicier-Joseph		
Aniel-Honoré		
Numidicus		
Agnel-Charles		
Alphée-Prosper		
Amand-de-Jésus		
Adole-Vincent		
Bérard-Louis		
Albérinus		
Agapit-Eugène		
Airy-Gabriel		
Béril-Antoine		
Alix		
Alfier-Étienne		
Amos-Constant		
Alexandre-Michel		
Alban-Hilaire		
Antoine-Edmond		
Amand-Bernard		
Abdon-de-Jésus		
Gaudin-de-Jésus		
Mainandin		
Arbogaste-Marie		
Photius		
Agolin		
Angelan		
Agméris		

NOMS DU PERSONNEL	FONCTIONS	NOTES COMPLÉMENTAIRES
IDÉODAT		
AJUT-SÉRAPHIN		
BAUDILLIUS		
NOËL-DE-JÉSUS		
ANGELBERT-LÉON		
NATALIQUE-MARTYR		
BARULAS-URBAIN		
AMANDIEN		
VALTER-MARTYR		
BERTON-VICTOR		
URSMAR		
ADÉOLIEN-MARIE		
ABONDIEN-MARIE		
AGATHANGE-ÉLIE		
ALCUIN-MARIE		
MARIUS-JOSEPH		
AGATHON-MARIE		
DOSITHÉUS		
BÉRIER-DE-LA-CROIX		
JOSEPH		
ERNEST-DE-JÉSUS		
BÉNIGNE-ÉDOUARD		
HÉLIEN		
AUTBERT		
PRIMIUS		
IDELMINUS		
ADELMINIEN		
ANACLÉTIS		
AGATHONIQUE-MARTYR		
BALSÉMIEN-MARIE		
AGILIEN		
AMBROISE-JOSEPH		
AGRÈVE		
ALEXIS-DE-JÉSUS		
JOGOND		
IDEUC-ANTOINE		
ADELPHUS-HECTOR		
ANASTASE		
ALDEMARE		
GERMIER-MARIE		
GÉRARDIEN		
ALMER-GABRIEL		
AMBROISE		
ANDRÉ-MAURICE		
ADIER-MARTYR		
NARSÈTES		
VICTORIN-MARIE		
NICOLAÜS-MARIE		
AUGUSTINIEN		
AMON		
ALMIR-FRANÇOIS		
URBICE-ANTONIN		
ANDRÉ-PHILIPPE		
AIMÉ		
VÉTULE		
BARMEL-AUGUSTE		
AGATHONIQUE-MARCEL		
ADJUTOR-DE-JÉSUS		
ADRIEN-MARIE		
AGRÈVE		
ALLYRE-ANTOINE		

NOMS DU PERSONNEL	FONCTIONS	NOTES COMPLÉMENTAIRES
ALTHELMUS		
ADJUTOR-ÉTIENNE		
VICTORIEN-REMY		
ALCIME-IGNACE		
ABDIAS-MARIE		
AGOLIN-DENIS		
ADRIEN		
ATHANAËL-DE-JÉSUS		
AUMÉLIE		
BERNARDIN		
AUGEBERT-MARIE		
AMATEUR-DE-JÉSUS		
FLOXEL		
HONESTE		
BENOÎT-JEAN		
BASILÉE-PIERRE		
NASSADE-DE-JÉSUS		
GIBRIANUS		
NÉOPOLE-MARIE		
JULIUS-MARIE		
CLÉOPHAS-MARIE		
AMPLIAT-GRÉGOIRE		
NÉPOTIEN-MARIE		
NÉOMÈDE-JUSTIN		
ABRIEL-MARIE		
BAUMER		
ABBON-MARIE		
AMARIN-FRANÇOIS		
LÉOBALDIEN		
EXUPÉRIEN		
ARCHANGE		
RÉDEMPTOR		
ANTOINE-LÉON		
AMÉDÉE-MARIE		
NÉOPHILE		
BASILE-ARMAND		
ABADIR-MARIE		
AGATHON-DE-JÉSUS		
AGBERT-ÉTIENNE		
SÉDOLPHE-MARIE		
ALAIN-DE-JÉSUS		
ABERTUS-MARTYR		
BÉNIGNE-PAUL		
ALEXANDRE-HENRI		
ALARIN-MARIE		
ADJUTORIN		
AGGIAS-ÉTIENNE		
BERNARD-SULPICE		
ABSADE-JOSEPH		
AJUT-MARTYR		
ANDRÉ-LOUIS		
NÉOMÈDE-DE-JÉSUS		
NISTERON-JULES		
ANTIPAS-MARIE		
ADALBÉRON-PIERRE		
AGATHIN-VICTOR		
BASSIEN-PAUL		
ALIX-HENRI		
ISMAËLIEN		
ADONIUS		
BAUMEZ-LOUIS		

NOMS DU PERSONNEL	FONCTIONS	NOTES COMPLÉMENTAIRES
ALCIME-OCTAVE		
ANGELÈME-SIMON		
AMARANTHE-JEAN		
ABIAS-MARIE		
ALBERT-MARIE		
BARSANUPHE		
ADJUTOR-XAVIER		
BERGIS		
NÉONILE-JOSEPH		
AGNAN-JULES		
ABONDINUS		
ADÉOLIEN		
ADOLPHE-ÉLIE		
AUGUSTE-HUBERT		
AGON		
ABIAS		
ANGÉLAN-DE-JÉSUS		
CONSUL		
AUTHIER		
ANDRONIS		
BASILE		
ASCLÉPIODORE		
ABÉLIONIS		
AGOBARDUS		
ALBÉRIC-DE-JÉSUS		
AGGIAS-FRANÇOIS		
ALODE-BENOÎT		
ANDALÈS-JULIEN		
BAPTISTE-MARIE		
AGILBERT-MARIE		
NAVITUS		
AGATHIN-XAVIER		
ANGILBERT-PHILIPPE		
AGBERT		

SERVICE DES FRÈRES.

BRANCARDIERS.

NOMS DU PERSONNEL	FONCTIONS	NOTES COMPLÉMENTAIRES
Alphonse-de-Marie		
Agathinus		
Salvin-de-Jésus		
Baptiste-Étienne		
Abibion-Marie		
Barthe-de la-Croix		
Narsée		
Adamnan		
Adelbert		
Adalbertin		
Aglibert		
Modeste		
Adelbert-de-Jésus		
Adelin		
Adius		
Amé-Frédéric		
Bréval-Marie		
Auctor		
Boudon-de-Jésus		
Agoard		
Norbertus		
Padern-Louis		
Prime		
Photin		
Pélégrin		
Rémiré		
Ricomirus		
Victur		
Adelme-Andre		
Berthaud Florent		
Valère-de-Jésus		
Abdias-des-Anges		
Alfrédis		
Adolphinus		
Aubéry-Louis		
Rion		
Amancis		
Ivergile		
Nistéron		
Baudoin-Marie		
Vacare-Joseph		
Nerlin		
Anobertin		
Anicet-Léon		
Gal-de-la-Croix		
Néonile-Joseph		
Anselme-de-Jésus		
Annolet-Thomas		
Valens-de-Jésus		
Avitien		
Abitien-Marie		
Baudran-Marie		
Adelbertien		
Romualdo		

NOMS DU PERSONNEL	FONCTIONS	NOTES COMPLÉMENTAIRES
ANTHILDE-EDOUARD		
ADALBAUD-MARTYR		
ANTIDE		
ZACHARIE-JOSEPH		4me bataillon de marche de la garde nationale.
BASONIEN		
ABRE-DE-JÉSUS		
BERTULIEN		
BARDOMIR		
NILAMMON-ERNEST		
BERMOND-PAULIN		
BÉNÉZET-LUCIEN		
AGILÉE		
ATHANASE-MARTYR		
ABRE-ALBERT		
AGBERT-MARIE		
BERTULIEN-ABEL		
ALMÉRIDE-LÉONCE		
CLARUS		
LAZARE		
NÉMANUS		
NICÉTIS		
VALENTIEN		
VIVIEN-MARIE		
AUXENCE		
AGILAS-DE-JÉSUS		
NOLASQUE-RÉMI		
FLOUR		
NORBERTIEN		
NINIAS-PAULIN		
NICÉAS-BERTIN		
BÉATRIX-MARTYR		
ALPHANE-JOSEPH		
AUGUSTE-JOSEPH		
NÉPOTIEN-DE-JÉSUS		
AGULIN-JEAN		
ADELARD-AUGUSTE		
ALPHANIS		
ANACLET-JULIEN		
AIBERT-GUSTAVE		
AGILBERTIN		
ABÉLIEN-DE-LA-CROIX		
ABÉLION		
ADIBE-ANTOINE		
ABONDANCIUS		
ALPHONSUS		
AMALBERT-FRANÇOIS		
ACHILLE-JUSTIN		
AUGUSTIEN		
BERTULE		
VALDAN-CAMILLE		
BASILIEN-MARTYR		
ABÉRIUS		
ANATOLIN		
AUBERT-FRANÇOIS		
ALODE-MARIE		
IRÈNE-DE-CYPRE		
NÉOMÉDIUS		
BARONT		
ANATOLE-ARSÈNE		
AÉTIUS		
ABÉLIEN-DE-JÉSUS		

NOMS DU PERSONNEL	FONCTIONS	NOTES COMPLÉMENTAIRES
Hyacinthe-de-Jésus		
Victorius		
Benoît-Constant		
Ansevin-Maurice		
Antoine-Marie		
Gustavien		
Bérard-Constant		
Benoît-Marie		
Antoine-Régis		
Adolphin		
Anicet-François		
Dagobertus		
Ariste		
Poème		
Nof-de-la-Croix		
Baldomer-Joseph		
Amelbert-Henri		
Barmondien		
Ismaël-Abdon		
Adéodat-Maurice		
Berteric-André		
Argymir-de-Jésus		
Nébride-de-Jésus		
Amérius		
Baptiste-de-Jésus		
Liodore		
Nymias-Octave		
Néon-de-Rome		
Jérothée-Honorat		
Bernardin-Maurice		
Néthelme		blessé au Bourget le 21 décembre 1870; décédé le 24 décembre 1870.
Nizier-de-Lyon		
Adrianis		
Néade-Joseph		
Anatole-de-Jésus		
Andoald-Joseph		
Barnabé		
Ananias-Octave		
Anselme-Marie		
Almède-Maurice		
Antide-de-la-Croix		
Alméride		
Etienne-Martyr		
Alfrédus		
Aglibert-Léon		
Zérémis		
Hiéron		
Mainfroy		
Adelvard		
Naile		
Armélien-Marie		
Adolphe-François		
Hilare		
Zalminien		
Jouin		
Venant-des-Anges		
Notker-Marius		

SERVICE DES FRÈRES.

A LA FOIS BRANCARDIERS ET AMBULANCIERS.

NOMS DU PERSONNEL	FONCTIONS	NOTES COMPLÉMENTAIRES
Agathin-Martyr		
Ansbert-Stanislas		
Amaliel-Henri		
Bertrand		
Adjuteur-Ernest		
Adelmar		
Bertrandus		
Adrianite		
Baldomar		
Ninias		
Bérard-Louis		
Adjutor-Michel		
Alard-Ernest		
Isaurien		
Abélien-Marie		
Agrève-Émile		
Agulin-François		
Abibion-Louis		
Bardomius		
Ultin-Amédée		
Romus		
Nectaire		
Ambercien-Louis		
Albéric-Victor		
Baldomar-Vincent		
Ambertin-de-Jésus		
Berthevin-Émile		
Alard-Georges		
Atlatien		
Amélien-Marie		
Amand		
Antonin-Joseph		
Amédée-Jules		
Nil-Marie		
Bernard-Marie		
Andéol-de-Jésus		
Angelbert		
Adelin-Hilaire		
Adolphinien-Marie		
Baldomien		
Bertulien-Martyr		
Bénildien		
Hermire		
Néthelme-Marie		
Amancet-Louis		
Anobert		
Bonosis		
Lazare-de-la-Croix		
Bernardin-Marie		
Abélien-Joseph		
Arsène-Thomas		
Albert-des-Anges		
Anastasien-Marie		

NOMS DU PERSONNEL	FONCTIONS	NOTES COMPLÉMENTAIRES
Abondis-Joseph		
Andéolien-Marie		
Hedwige		
Ambroise-Henri		
Basilisque		
Agathonique-Michel		
Adeolien		
Balin-de-la-Croix		
Achille-Joseph		
Ambroisien		
Abel-Joseph		
Amalbert-Marie		
Navaret-Marie		
Hippolyte-des-Anges		
Anastase-Marie		
Anthilde-Auguste		
Amand-Victor		
Octavien-Victor		
Anselme		
Ainguis-Léon		
Phronyme		
Abdon		
Gillius		
Amalbertin		
Adjutor		Trois blessures à Champigny.
Alphane		
Adelmir		
Adelmar-Louis		
Namos-Joseph		
Anselmus-de-Jésus		
Numat-Calixte		
Angelum-de-Jésus		
Adislas-Joseph		
Abel-de-Jésus		
Bernon-Alfred		
Altigien-Louis		
Aimarien		
Andéolis		
Amelbert-Ignace		
Aglibertis		
Adelbertis		
Béraire-Marie		
Annemond-Jean		
Altigien Pierre		
Absalon-Victor		
Claudien-Marie		
Baronce-Édouard		
Adolius		
Aubert-Antoine		
Berthold-André		
Altin		
Papien-Marie		
Nymphodore-Jules		
Alexien		
Novatus		
Adbert-Quentin		
Émile		
Bonifacius		
Abondancien		
Aldobrand-Jules		
Armin		

NOMS DU PERSONNEL	FONCTIONS	NOTES COMPLÉMENTAIRES
Acaïque		
Andronien		
Amateur-Victor		
Aldric-Jude		
Amandis-Alfred		
Amandis-Émile		
Astier-de-Jésus		
Argée		
Alphée		
Mamertinus		
Uldric-Léonard		
Adelbertis-de-Jésus		
Isidore-de-la-Croix		
Léobaldien		
Audin		
Ansery-Omer		
Ambroisis		
Baudin-François		
Ananias-Léon		
Jean-de-la-Croix		
Ausébien		
Bellin-de-la-Croix		
Baldomar-Hubert		
Balsème-de-Jésus		
Amphiloque-de-Jésus		
Amatorien		
Almir-Émile		
Baldomir-de-Jésus		
Agnelis		
Adbert-Charles		
Anatole		
Abel		
Adam		
Sabirien		
Noly-Augustin		
Angelmis		
Abbain-Joseph		
Aldemare-Éloi		
Agapius Félix		
Alpert		
Amédée-Joseph		
Alfred-de-Jésus		
Amet-Léon		
Bénézet-Philippe		
Alban-Joseph		
Bernard-Louis		
Abdonis-Eugène		
Abondancien-Marie		
Ablébert-de-Jésus		
Abondis-de-la-Croix		
Valoy-Isidore		
Adorateur-Abel		
Abdas-Marie		
Anthime		
Alphonse-Jules		
Amon-Victor		
Agobert-de-Jésus		
Nébride-Louis		
Népotien-de-Clermont		
Gervaud-Léonard		
Anaclétus		

NOMS DU PERSONNEL	FONCTIONS	NOTES COMPLÉMENTAIRES
ARSICE		
ADALBÉRON-PAUL		
ABSADE-EUGÈNE		
BÉLINIEN		
DAUNIS-AUGUSTE		
FERVENTIN		
AMARANTHE		
ANTIPAS		
IGILIEN		
ADELIN-XAVIER		
PROVIN-ANDRÉ		
MILÈS		
LUPIEN		
HÉLIER		
ADÉOL-MARTIN		
ALPHONSE-HENRI		
ACEPSIME		
PAPHNUCIUS		
ADRIASUS		

Voici la conclusion du livre que nous mettons sous presse. C'est le résumé exact de l'expérience acquise pendant la guerre, ce travail se passe de tout commmentaire.

PROJET D'ORGANISATION DU SERVICE MÉDICAL ET DES FONCTIONS CORRESPONDANT A CE SERVICE EN TEMPS DE PAIX ET EN TEMPS DE GUERRE

MESSIEURS,

L'organisation du service sanitaire d'une Société de secours aux blessés est une choses difficile. En effet, pour que cette Société soit utile au moment de la guerre, il faut qu'elle ait été organisée pendant la paix.

Depuis neuf mois votre Commission des études s'est occupée avec activité de créer un matériel utile, commode, qui vous permît, au jour du combat, de rendre de grands services sur le champ de bataille. Malgré son activité, elle a été arrêtée par de grandes difficultés; après avoir étudié et tracé un grand nombre de modèles de voitures, de tentes, d'appareils, et, ne voulant pas s'en rapporter uniquement à ses propres lumières, elle a mis au concours une série d'objets dont l'étude avait déjà longuement occupé son esprit.

La difficulté de la tâche tient à ce que tout est à faire dans la voie où vous êtes entrés; de plus, vous avez à organiser un matériel qui réponde aux conditions nouvelles d'une guerre européenne.

Les chemins de fer permettent de porter sur un point donné, avec une grande rapidité, des masses d'hommes considérables, et de plus, les moyens de destruction sont tellement puissants, qu'en quelques heures vous avez des milliers d'hommes à secourir.

Ces conditions nouvelles expliquent les préoccupations des Sociétés de secours aux blessés et justifient en même temps leur existence.

Quelles que soient l'activité et l'intelligence de l'Intendance, quel que soit le dévouement de la chirurgie militaire, le jour d'une grande bataille, une Société de secours aux blessés bien organisée sera toujours appelée à rendre de grands services, à une condition toutefois, c'est que les membres de cette Société seront protégés par une convention et des règlements reconnus et acceptés de tous, et que les membres des Sociétés de secours n'auront qu'une préoccupation et qu'une pensée, celles d'être utiles, même au prix de leur vie.

Une grande Société dont le premier mobile sera le dévouement aux blessés, et qui prendra son mot d'ordre sur le champ de bataille, de l'autorité militaire supérieure, dont elle sera l'auxiliaire intelligent, sera sûrement acceptée du Ministre de la guerre, et du public, qui verra en elle des hommes de cœur et de dévouement consacrés à l'œuvre la plus méritoire, celle de soulager le blessé, le vaincu qui, partout où il se trouve, perd son drapeau pour n'être plus couvert que par celui de la charité.

Le blessé, qui est une non-valeur dans une armée et un grand embarras pour le général vainqueur, aussi bien que pour le vaincu, vous revient de droit; il rentre en quelque sorte, en tombant entre vos mains, sous le toit de la famille, car une Société de secours, dans son œuvre philanthropique, doit remplacer la famille absente.

Il faut qu'il trouve dans votre sein le secours matériel, scientifique et moral auquel il a droit, et de plus, il faut qu'au besoin, vous puissiez servir d'intermédiaire entre le blessé et sa famille. Mais, pour accomplir une pareille tâche, il faut un matériel considérable, composé: 1° de brancards de même dimension et commodes pour transporter les blessés; 2° d'appareils faciles et ingénieux dans leur application pour contenir les membres fracturés; 3° d'instruments spéciaux pour arrêter les hémorrhagies; 4° de tentes pour abriter provisoirement les blessés; 5° de voitures-cuisines, qui vous permettent de procurer à vos blessés une nourriture suffisante, en attendant qu'ils aient été hospitalisés; de voitures pour les transporter au loin; de trains de chemins de fer pour conduire sans secousses à de grandes distances de nombreux blessés.

Nous ne vous parlerons point de tout le matériel nécessaire à la création d'hôpitaux improvisés: les éléments existent dans le commerce, il vous sera facile de vous les procurer, soit en les achetant, soit en faisant appel au public, dont vous êtes en quelque sorte les délégués. Mais, pour mériter sa confiance et pour vous rendre dignes des misères que vous voulez secourir, et de l'armée dont vous voulez être l'auxiliaire, il faut que le matériel soit à la hauteur de votre mission et qu'il réponde aux nécessités de la science.

Grâce au concours que vous avez ouvert, et grâce à vos efforts, vous arriverez à de bons résultats. Nous n'en voulons pour preuve que ce légitime succès que vous avez obtenu à l'Exposition de Lyon et aux efforts considérables que vous avez faits, concurremment avec les autres Comités de secours aux blessés.

Pendant le siége, malgré vos ressources limitées et malgré le peu de temps qui vous était accordé, vous avez créé une foule de choses qui ont été utiles pendant la guerre, et qui ont montré l'activité et l'intelligence des Comités de secours aux blessés.

Sans doute ces Comités n'ont point toujours réalisé toutes les espérances qu'ils ont fait naître; mais cela tenait bien plus encore au défaut de cohésion et d'instruction spéciale de ceux qui en faisaient partie, qu'au défaut du matériel.

L'organisation matérielle de votre Société étant effectuée, les types de chaque élément ayant été acceptés, il va falloir déterminer l'importance que vous lui donnerez, arrêter, en un mot, le rôle que vous voudrez jouer dans la mission que vous vous imposez. Ce rôle d'ailleurs, on peut le déterminer à l'avance, il sera nécessairement en rapport avec votre organisation matérielle et plus encore en rapport avec la valeur morale et intellectuelle de votre personnel. Celui-ci est l'âme de votre œuvre; c'est par lui que vous vivrez et que vous prendrez dans le public et dans l'armée l'ascendant moral, sans lequel vous ne pouvez exister.

Une fois que vous serez fixés sur le choix des divers éléments qui devront vous servir sur le champ de bataille, avec de l'argent et quelques mois de travail, votre matériel sera au grand complet. En un an d'étude, vous aurez sous ce rapport réalisé une foule de choses utiles; mais il n'en sera point de même du personnel, dont le recrutement va présenter de grandes difficultés, en raison même de l'organisation militaire actuelle.

Plus votre matériel sera grand, plus il vous faudra un personnel nombreux pour le mettre en exécution. Mais où le prendra-t-on? Là est la question.

Mon savant ami le Docteur Mundy avait eu la pensée que nous pourrions avoir recours au Ministre de la guerre lui-même pour nous donner des brancardiers; je ne crois pas la chose réalisable.

D'ailleurs le personnel ne pourrait être commandé que par des supérieurs militaires, et ce rapprochement de l'élément militaire et de l'élément civil ne pourrait avoir que de mauvais résultats : il créerait des luttes et des antagonismes qu'il faut avant tout éviter; tout en reconnaissant notre dépendance du Ministre de la guerre, nous ne pouvons abandonner notre liberté et notre indépendance dans l'accomplissement de l'œuvre de charité que nous aurons créée.

D'un autre côté, il faut bien le reconnaître, il n'y a point de Société de secours aux blessés, sans un corps de brancardiers instruits, disciplinés, sobres et intelligents. Pour M. Ricord et pour moi les Frères des Écoles Chrétiennes sont le type du brancardier. Voilà le personnel auquel nous songerions.

Peut-être pourrait-on obtenir des autorités compétentes que les Frères dans la limite de vingt à quarante ans nous fussent accordés comme brancardiers pendant la guerre.

Nous ne savons si ce personnel serait suffisant. Mais, quel qu'en soit le nombre, ces hommes vous rendraient d'immenses services. Ils seraient acceptés par toute la France avec reconnaissance et donneraient à votre œuvre un cachet de moralité et de dévouement qui vous placerait très-haut dans l'estime publique. S'ils sont insuffisants comme nombre, vous en ferez des chefs d'escouade, instruits, courageux : les Frères, voilà l'ancre du salut, par la raison que ces derniers restent attachés à la communauté et qu'en quelques jours ils peuvent être rangés sous vos drapeaux.

Le séminariste ne présente point le même avantage, il peut devenir l'auxiliaire du Frère et ne saurait le remplacer. Son instruction de brancardier se ferait vite à l'aide d'un ouvrage élémentaire qui est tout entier à créer, « le manuel du brancardier, » lequel contiendrait les éléments d'un enseignement spécial, relatif à la composition et au fonctionnement de votre matériel. Si donc vous aviez un certain nombre de Frères, vous feriez appel au public pour compléter votre personnel. Vous trouveriez facilement daus tous les rangs de la société, et parmi les élèves et les fonctionnaires de nos écoles que la loi militaire n'aurait point atteints, des volontaires en nombre suffisant.

Il faudrait en quelque sorte que les mercenaires fussent exclus de la noble mission de brancardiers.

Si nous tenons compte de toutes les demandes qui nous ont été faites pendant le siége par des hommes distingués pour venir coopérer avec les Frères aux secours à donner aux blessés, nous sommes convaincus que vous arriveriez de la sorte à compléter votre personnel.

Il faut que le brancardier soit conduit par le dévouement à ses semblables ou par le sentiment religieux. Il faut qu'il ait le sentiment du devoir qu'il accomplit et qu'il en soit digne. S'il est payé, ce n'est plus qu'un homme de peine, qui mesure le travail au salaire, pour qui en un mot le blessé est un fardeau, et non un frère qu'il faut secourir.

Et d'ailleurs comment obtenir de ces hommes les paroles de consolation qu'il faut donner aux malheureux blessés ; comment les rendrez-vous attentifs aux plaintes de ces malheureux?

Il y a des consolations qui réconfortent et qui valent un bon pansement : comment les obtiendrez-vous de mercenaires qui ne sauront ja mais s'oublier assez eux-mêmes pour penser aux malheureux qu'ils devront secourir?

Vous le voyez, il y a là une grande difficulté qui mérite de fixer toute votre attention, il faut avant tout s'occuper de former les cadres de vos brancardiers et les instruire, afin qu'au jour du danger ils puissent se compléter par des hommes de dévouement.

Le jour où vous aurez réalisé ce problème, vous tiendrez une grande place dans l'estime publique et dans l'armée.

Il est bien entendu que le corps de vos brancardiers serait conduit par vos médecins, sous la protection de vos délégués ou intendants qui auraient à veiller à ce que rien ne leur manquât des choses qui pourraient leur être utiles, ou être utiles aux blessés.

Quant au recrutement du corps médical, il présente encore plus de difficultés. Vous n'avez que deux moyens de vous créer un corps de chirurgiens militaires : les appels faits au public médical par M. le comte de Flavigny d'un côté, et de l'autre par M. le Dr Ricord, pendant le siége, ont été entendus.

Un grand nombre de médecins instruits se sont groupés autour de ces noms aimés et respectés, et nous avons pu organiser les ambulances de la Société et celles de la Presse qui ont fonctionné pendant le siége à Paris et ailleurs.

L'appel fait au public par la Société de Secours aux blessés serait certainement entendu d'un grand nombre de nos confrères, mais les conditions seraient changées; il ne s'agit plus de secourir le malade ou le blessé tombé sous les murs de Paris ou dans des forteresses, mais d'aller au loin se dévouer à l'armée, dont on serait l'auxiliaire, de quitter sa famille, ses occupations, toutes choses que l'on ne fait que pendant la jeunesse.

Car l'organisation résultant de cet appel, parfaite en 1873, par exemple, pourrait être défectueuse l'année suivante.

Une grande difficulté surgirait encore de ce mode de faire.

Comment arriverez-vous à connaître moralement et scientifiquement votre personnel? Dans le cas d'une guerre lointaine, il lui faut plus que du dévouement, il lui faut une grande instruction, il faut qu'il connaisse toutes les ressources de la chirurgie et surtout de la chirurgie conservatrice.

L'idéal d'une société de secours aux blessés, c'est de conserver aux blessés l'intégrité de leurs membres. Cette chirurgie conservatrice demande de très-grands soins et l'étude consciencieuse de tous les appareils que la science et l'art ont mis à notre disposition. L'histoire de l'amputation des membres est faite et bien faite. Celle de la chirurgie conservatrice n'est qu'ébauchée. Ce n'est pas à dire que les chirurgiens militaires doivent ignorer toutes les ressources de la médecine opératoire. Non, ils doivent la connaître à fond et savoir au besoin l'oublier souvent dans une pensée conservatrice, surtout en présence d'hommes jeunes, vigoureux, et qui après leurs blessures, grâce aux soins dévoués et vigilants de l'Intendance, seraient placés dans de bonnes conditions hygiéniques de traitement.

J'admets enfin que votre appel est entendu et qu'un grand nombre de médecins se rangent sous votre bannière. Où les réunirez-vous ? Où les mettrez-vous en rapport avec vos brancardiers ? et qui sera chargé de leur enseigner vos doctrines et vos idées sur l'hygiène militaire, la chirurgie militaire conservatrice, et la statistique militaire qui doit en être le flambeau ?

Une grande association comme la vôtre, qui renferme tant d'hommes éminents, doit avoir une doctrine à enseigner, des idées de progrès à propager. En dehors de ces conditions, elle n'est plus pendant la paix qu'un bureau de secours chargé en outre de la conservation du matériel.

Le jour du danger, elle fera appel à des éléments hétérogènes que rien ne pourra coordonner ou qui se disperseront au moment du péril; et avec une semblable organisation, presque inutile en temps de paix, défectueuse en temps de guerre, comment inspirerez-vous au public cette confiance salutaire, absolue, sans laquelle vous êtes sans action sur lui ?

Il faut que vous soyez le point de mire en temps de guerre de tous les dévouements et de tous les sacrifices; mais il faut que ce point de mire soit lumineux et projette la lumière au loin. Pour arriver à ce résultat, il faut : 1° le dévouement de chacun des membres de la Société; 2° la science et une cohésion parfaite de tous les éléments que vous aurez groupés autour de vous.

Ce but, vous ne pourrez l'atteindre qu'autant que vous prouverez votre existence en temps de paix. Vous ne pouvez la prouver que de deux façons : 1° en soignant des blessés; et 2° en enseignant les doctrines et la manière de secourir les victimes de la guerre, disons le mot, en créant une école, un hôpital et un enseignement !

Quoi ! nous direz-vous, vous allez créer un enseignement de l'hygiène, de la médecine, de la chirurgie militaires à côté du Val-de-Grâce, et l'enseignement de la statistique militaire à côté de l'intendance !

A ceux de nos collègues qui pourraient s'effrayer de ces idées, nous dirons que ces institutions d'enseignement privé existent en Angleterre.

Vous ne créerez ni docteurs, ni chirurgiens militaires; mais vous donnerez votre diplôme, celui de la Société de secours aux blessés, à ceux qui s'en seront montrés dignes, vous aurez provoqué autour de vous un mouvement scientifique et humanitaire, vous aurez enseigné et propagé de saines doctrines; et qui sait si, avec l'organisation militaire qui va être mise en vigueur, un de vos enfants ne jouira point un jour du bienfait de votre institution?

Songez encore que si ces idées se réalisaient, vous auriez créé en France, un enseignement médical libre (sur une petite échelle, il est vrai), et de plus vous auriez été en France les promoteurs d'une révolution dans nos idées, demandée par beaucoup de grands esprits.

Mais comment arriver à ce résultat? Quelle est la route pratique et économique à suivre pour atteindre ce but?

La première condition, ce serait d'avoir un grand terrain à la porte de Paris, à portée d'un chemin de fer et dans une bonne situation hygiénique. Sur ce terrain on bâtirait : 1° des hangars, pour remiser le matériel de la Société, qui y serait sans cesse surveillé.

2° On élèverait trois hôpitaux de trente à quarante lits chacun : ces hôpitaux seraient construits dans les meilleures conditions hygiéniques. Il ne faut point qu'ils soient dispendieux, afin de pouvoir les remplacer le jour où la science et l'expérience auraient démontré leur insuffisance.

3° Sur le même terrain, on établirait toutes les espèces de tentes les mieux appropriées aux soins des blessés.

4° On aurait un amphithéâtre qui servirait aux réunions du personnel militant de la Société, et où chaque jour un enseignement pratique et théorique démontrerait l'importance de votre matériel et exposerait les doctrines de la Société de Secours aux blessés. Vous seriez une exposition vivante et permanente de tout ce qui pourrait être utile aux armées de terre et de mer. Chaque inventeur voudrait profiter de cette publicité, et vous n'auriez pas besoin d'aller à Vienne (à l'Exposition universelle de 1873), faire constater par l'Europe savante votre existence; l'Europe savante viendrait chez vous étudier la réalisation d'une idée nouvelle, dont la France une fois de plus aurait été l'initiatrice.

Quel est actuellement le meilleur mode d'hospitalisation des malades et des blessés en campagne et dans une ville assiégée? Nul ne peut le dire.

Eh bien, ce grand et beau problème vous auriez au moins l'honneur de vous l'être posé et peut-être de l'avoir résolu.

Vous, simple Société de secours, vous pouvez aborder ce problème et multiplier vos études, ce que ne peuvent faire ni l'Intendance qui est limitée dans l'emploi des dépenses, ni l'Assistance publique dont le revenu est incapable de suffire à toutes les misères qu'elle doit secourir.

De plus, on construirait une habitation pour le personnel employé à l'administration et pour le personnel médical.

Quant à votre enseignement, il ne porterait que sur quelques points : 1° sur les soins à donner aux blessés sur le champ de bataille ; 2° sur l'hygiène du malade et du blessé en temps de guerre, et sur tous les modes d'hospitalisation, comme hôpitaux, tentes, baraques, etc., etc. ; 3° sur la maladie des camps, sur les épidémies dans leurs rapports avec les armées en campagne ; 4° sur la chirurgie militaire. Dans ce cours seraient exposés tous les appareils propres à la conservation des membres et tous les appareils de prothèse destinés à corriger les difformités résultant des blessures causées par les armes de guerre.

5° Sur la statistique dans ses applications à la chirurgie, comme l'a comprise M. le Dr Chenu. En effet, il ne faut point que la statistique militaire se borne à nous dire que dans tel combat il y a eu tant de blessés, tant d'opérés et tant de morts, il faut qu'elle nous apprenne la valeur de telle ou telle méthode opératoire, il faut en un mot qu'elle éclaire la chirurgie opératoire et la chirurgie conservatrice ; c'est à cette condition qu'elle deviendra une science utile à connaître, non-seulement dans ses procédés de recherche, mais aussi dans ses applications.

Quant à l'enseignement lui-même, comme il s'adresserait à un public instruit de tous les éléments des sciences afférentes à la médecine, il devrait être donné par des hommes distingués dont le nombre de leçons serait limité, afin que le professeur eût le temps de les préparer. Cet enseignement serait obligatoire pour vos élèves, et le public médical ou extra-médical pourrait y être admis. Les professeurs seraient choisis par une commission spéciale qui aurait à apprécier le mérite de chacun, en tenant compte du titre et de la valeur professorale des postulants. Ils seraient nommés pour cinq ans. Les élèves, dont le nombre serait limité, seraient admis au concours. Les concurrents devraient être ou médecins, ou internes, ou encore externes, mais sur le point de terminer leurs études. Ils seraient nommés pour un an ou deux ans. Les élèves qui entreraient dans votre établissement médical s'engageraient à passer leur thèse sur un point quelconque de la chirurgie ou de la médecine et de l'hygiène militaires. Ces points seraient déterminés à l'avance par la commission des hautes études prise dans votre sein, et par les professeurs.

Les médecins seraient tenus de rédiger un mémoire sur un point indiqué dès leur entrée en fonction, il en serait de même des sujets de thèse, afin que les élèves eussent le temps de le traiter avec soin.

Tous ces travaux seraient réunis dans votre bibliothèque, et bientôt votre collection de Mémoires et de thèses serait consultée avec fruit ; il va sans dire que vous auriez un musée et une bibliothèque de choix qui seraient ouverts au public dans des conditions déterminées, et qu'ils renfermeraient tous les modèles, dessins et ouvrages ou documents relatifs à la médecine et à la chirurgie militaires.

Vos élèves aideraient les professeurs, qui seraient en même temps chefs de service, avec un certain nombre d'infirmiers et de sœurs de charité

Le public serait admis deux fois par semaine à visiter votre établissement et vos blessés.

Mais, nous direz-vous, comment, en temps de paix, trouverez-vous des blessés en assez grand nombre pour remplir vos salles et servir à l'instruction des élèves à cet égard? Voici ce qu'il y aurait à faire, suivant nous.

Après avoir fixé approximativement la journée de revient de chaque blessé, et en aliénant bien entendu les dépenses nécessitées par les constructions, vous feriez appel à toutes les grandes industries et vous leur diriez :

La Société de secours aux blessés de terre et de mer s'est proposé pour but en temps de paix de venir en aide aux victimes de l'industrie dont les machines sont souvent plus meurtrières que les balles ennemies. Dans sa sollicitude, elle a créé un établissement modèle, où les blessés seront placés dans les meilleures conditions pour guérir; elle met à la disposition de ce public toutes les ressources dont elle dispose. Grâce au matériel dont elle est pourvue, elle se chargera de transporter elle-même les blessés et d'aller les chercher au loin avec un ou plusieurs de ses wagons.

En cas d'accidents graves de chemin de fer, les compagnies trouveraient chez vous un personnel et un matériel roulant à leur disposition.

De plus, vous diriez au Gouvernement : le jour où une grande épidémie viendra à éclater dans une ville ou une province où le personnel médical sera insuffisant, vous trouverez dans notre institut des lumières et des dévouements qui seront tout prêts à seconder l'administration.

En agissant de la sorte, Messieurs, vous aurez trouvé votre raison d'être pendant la paix ; vous serez restés en rapport avec le public, qui chaque jour constatera votre existence et appréciera les résultats obtenus. Le public savant, lui, appréciera vos efforts, le but élevé auquel vous tendez, et la presse, cette puissance si féconde pour le bien, appréciera comme vous le méritez vos sacrifices et les efforts que vous avez tentés pour remplir votre mission.

Et puis, vienne la guerre, vous verrez venir se ranger sous vos drapeaux des hommes distingués qui seront les enfants de la maison.

Ils se connaîtront, ils se seront instruits aux mêmes sources, ils auront les mêmes doctrines et la même pratique, et, en attendant qu'ils servent sous votre drapeau, ils iront porter dans les villes et dans les campagnes les idées qu'ils auront puisées chez vous, et sauveront la vie et les membres à une foule de malheureux qui, en bénissant leurs médecins, béniront l'œuvre que vous aurez fondée. Telle est, Messieurs, l'ensemble des idées que M. Ricord et moi, nous voulions exposer devant vous : elles ont besoin d'être développées et fécondées par la discussion. Mais telles qu'elles sont, elles pourront peut-être servir de préface à un projet mieux conçu au point de vue économique que nous ne pourrions le faire.

Signé : *Les rapporteurs :*

RICORD, DEMARQUAY.

DEUXIÈME RAPPORT

FAIT A LA COMMISSION DES ÉTUDES DE LA SOCIÉTÉ DE SECOURS AUX BLESSÉS SUR LA NÉCESSITÉ DE CRÉER DES AMBULANCES MODÈLES POUR LES BLESSÉS DE L'INDUSTRIE,

PAR MM. LES DOCTEURS RICORD ET DEMARQUAY.

MESSIEURS,

Dans un premier rapport présenté par M. Ricord et par moi, nous avons cherché à vous démontrer l'importance qu'il y avait pour la Société de créer une école d'application ou de perfectionnement, où seraient particulièrement enseignés :

1° La manière de secourir le blessé sur le champ de bataille, et la démonstration de tous les moyens ou appareils qui peuvent servir dans ces circonstances pour éviter les douleurs aux blessés et pour conserver les membres fracturés ;

2° La chirurgie opératoire applicable aux champs de bataille, et surtout toutes les conditions physiques et morales auxquelles il faut avoir recours pour obtenir de la chirurgie conservatrice tout ce qu'elle peut donner ; car il ne suffit point pour conserver un membre blessé de le mettre dans des appareils convenables, il faut encore, pour obtenir un bon résultat, des conditions de milieu indiquées depuis longtemps par l'hygiène.

3° Pour rendre ces deux buts réalisables et pour donner à la Société sa raison d'être pendant la paix et la rendre utile en temps de guerre, nous avons demandé la création d'un établissement à la porte de Paris où seraient enseignées nos doctrines et d'une série de petits hôpitaux où seraient soignés les grands traumatismes déterminés par les grandes industries qui ont Paris pour aboutissant. Nous allons nous efforcer de démontrer l'importance de cette création nosocomiale. Son importance au point de vue de l'instruction de votre personnel n'est point douteuse, il est inutile d'insister sur ce sujet. Au point de vue humanitaire et moral, elle n'est pas moins réelle. Tous les chirurgiens savent et tous les statisticiens ont démontré que les grands traumatismes par armes de guerre se trouvent mal de l'encombrement; il faut au blessé l'air, l'espace et la lumière, et une alimentation convenable; sans ces conditions, il devient pour lui même un véritable empoisonnement, par suite des émanations qu'il exhale.

Les soins les plus dévoués, les plus intelligents ne pourront que bien difficilement conjurer les effets de l'encombrement; si tous ces soins ne peuvent protéger des militaires blessés, jeunes, sains et dans la force de l'âge, que va-t-il arriver à l'ouvrier, ce soldat de l'industrie, qui chaque jour lutte contre les forces de la nature avec des moyens bien autrement puissants que les éléments de destruction usités dans l'armée.

Cet ouvrier, qui dirige souvent une force aveugle effrayante par ses effets, peut en devenir la victime en un instant : des centaines d'hommes peuvent être foudroyés ou mutilés par les engins placés sous leur domination; un instant d'oubli, une inadvertance peuvent amener la disparition d'un grand établissement industriel en laissant un nombre effroyable de morts ou de blessés.

Qu'a fait la société pour secourir ces victimes de l'industrie depuis la création des machines à vapeur? Bien peu de chose.

Les malheureux blessés, dans ces douloureuses circonstances, sont reconduits chez eux; la charité et la science du médecin s'appliquent à soulager et à guérir ces malheureux. Mais, dans ces conditions, souvent les appareils appropriés aux blessures du blessé manquent, les conditions hygiéniques sont insuffisantes.

L'alimentation, par suite de l'interruption du travail, n'est point suffisamment réparatrice.

Pour toutes ces raisons, les forces du malade s'épuisent et il finit par succomber; s'il guérit, il a bien des chances pour conserver des infirmités qui le rendront impropre au travail; c'est la misère pour sa femme et ses enfants.

Mais, me direz-vous, pourquoi ces blessés ne sont-ils pas conduits dans un hôpital? là, du moins, ils seront certains que la science et la charité réuniront leurs efforts pour les sauver. Cela est vrai, et on peut dire avec vérité que nulle part un blessé, quel qu'il soit, ne sera mieux soigné que dans nos hôpitaux de Paris; mais s'il est démontré que l'hôpital des grandes villes est peu favorable aux blessés militaires, à plus forte raison il doit être funeste aux blessés de l'industrie. Ici, ce sont des hommes jeunes, vigoureux et sains de corps; là, nous avons affaire à des individus de tout âge, de toute condition, souvent fatigués par le travail et les excès de tous genres. Eh bien! ces hommes qui résistent mal au traumatisme, comme je l'ai si bien observé pendant la Commune, se trouveront placés dans les mêmes conditions où résistent si mal les soldats blessés. Alors la mortalité devient considérable; je n'en veux pour preuve que ce qui se passe dans les hôpitaux des grandes villes et dont vous trouverez la preuve dans toutes les statistiques. M. Chenu, notre savant collègue, peut vous éclairer à ce sujet.

Si le blessé militaire, victime de son devoir et de son dévouement à la patrie, est l'objet de toute votre sollicitude en temps de guerre, pourquoi le blessé de l'armée industrielle, qui ne défend point la patrie, mais qui l'enrichit par son travail, qui lutte contre les éléments, qui enfante des merveilles, l'honneur et la gloire du pays en temps de paix, pourquoi ce travailleur, cet autre combattant en un mot, ne deviendrait-il point votre préoccupation pendant la paix?

Les petits hôpitaux ou ambulances que nous demandons, construits dans les conditions les meilleures, loin de l'influence parisienne, deviendraient pour l'ouvrier blessé un refuge temporaire où il trouverait réunis tous les soins chirurgicaux et nosocomiaux secondés par l'entente la plus complète de l'hygiène.

Dans de pareilles conditions, tout ce qui serait en situation de guérir guérirait; quant aux mutilés, ils trouveraient près de vous cette même sollicitude que vous avez montrée aux blessés militaires. Vous les protégeriez, et ceux qui pourraient encore rendre des services, grâce à votre influence, s'ils s'en montraient dignes, vous pourriez les aider à trouver des emplois; ces infirmes ne sont pas moins intéressants que ceux de la guerre, sur lesquels notre éminent collègue, M. de Riencourt, appelait récemment l'attention et la bienveillance du Gouvernement. Quant à ceux qui seraient incapables de travailler pour vivre, pourquoi la Société de secours aux blessés ne créerait-elle point une série de pensions viagères comme elle l'a fait pour les blessés militaires de terre et de mer?

En agissant de la sorte, la Société étendrait son action bienfaisante et justifierait pleinement sa raison d'être pendant la paix. De plus, elle rendrait un immense service aux grandes industries; elle sauverait un grand nombre de malheureux blessés, dont la mort entraine la ruine de leur famille et crée aux industriels ou aux grandes compagnies industrielles une foule de difficultés.

Souvent, en effet, ces morts font condamner les industriels ou les compagnies industrielles à des dommages considérables, qui profitent seulement aux hommes d'affaires qui exploitent les veuves et les orphelins à leur profit.

Les idées que nous venons d'émettre ne sont point neuves. Dans ma première jeunesse, je les ai souvent entendu professer par plusieurs grands économistes dans l'intimité desquels j'ai vécu. Les machines ont créé avec les grandes industries des armées de travailleurs; qu'est-il arrivé? Le travailleur se perd dans la masse, il devient un numéro, il n'a plus aucun rapport avec les patrons, ou plutôt avec cet être anonyme qu'on appelle la société en commandite. Autrefois, l'ouvrier n'était point séparé du patron, il vivait de sa vie, comme l'ouvrier agricole. Aujourd'hui, livré à lui-même, à toutes les mauvaises influences qui l'entourent, il s'insurge contre une société dans laquelle il vit isolé.

J'aborde là, à la vérité, une question sociale; mais, si le seul fait de signaler une misère sociale et de travailler à la faire disparaître me transforme en socialiste, alors je dirai : tous les bienfaiteurs de l'humanité ont été des socialistes comme moi, et saint Vincent de Paul mériterait plus que personne cette épithète.

L'industrie moderne a créé des misères et des infortunes que la société doit s'efforcer de secourir, elle ne doit pas laisser à la charge de l'État des responsabilités qu'il ne peut accepter. Les socialistes modernes ont bien créé des associations ouvrières; mais ces associations, il faut le dire, n'ont le plus souvent qu'un but, c'est de renverser la société organisée sous l'influence de l'idée chrétienne, et d'y substituer une collectivité qui ne serait plus régie que par ses passions et ses appétits; d'où le nom de Dieu serait effacé, et avec lui la famille et la propriété. La Commune a tenté de réaliser ce rêve monstrueux, et elle a péri dans le sang et dans la boue, comme périront toutes ces tentatives monstrueuses contre la famille et contre l'ordre moral. Mais si la Commune n'a rien détruit, il faut bien le reconnaître, la société n'a rien organisé d'efficace pour améliorer les conditions défavorables dans lesquelles se meut le travailleur. L'instruction publique et obligatoire, défendue avec tant de chaleur par ses partisans, n'aura point résolu le problème. Si elle avait pour résultat de faire comprendre aux ouvriers que les idées enseignées par les socialistes matérialistes ne peuvent que les mener à leur ruine eux et leurs chefs, qui ignorent les conditions d'existence de toute société prospère et régulière, on aurait atteint là un grand point; mais l'instruction pour la diffusion des lumières amenât-elle l'amélioration dans l'état du travailleur, ce temps sera encore bien long.

En attendant qu'il arrive, pourquoi la Société de secours aux blessés de terre et de mer n'aborderait-elle point la question sociale, comme on l'appelle, par son côté le plus tangible, par les souffrances, et surtout par celles du blessé de l'industrie?

Si nous avions le bonheur de réussir dans notre tentative parisienne, notre exemple serait suivi par d'autres grandes villes; vous auriez alors à vous applaudir de l'œuvre que vous auriez fondée; votre exemple serait suivi par d'autres cœurs généreux, des donations vous seraient faites afin de multiplier vos pensions, et bientôt d'autres bienfaiteurs suivraient vos traces.

Ils se diraient : puisque la Société de secours aux blessés a su se créer des ressources et fonder des pensions pour les infirmes des armées de terre, de mer et de l'industrie, pourquoi ne nous associerions-nous pas pour venir en aide aux travailleurs honnêtes que leurs forces abandonnent ou trahissent avant le temps? Il serait facile, dans un pays riche et généreux comme le nôtre, d'arriver à un grand résultat. Ce qui manque, c'est l'initiative. La souscription d'un journal comme le *Figaro* en faveur des inondés le prouve jusqu'à l'évidence.

Quiconque a étudié les conditions hygiéniques de certaines professions est frappé de ce fait, qu'il en est de meurtrières et de fatales.

Ces travailleurs en général sont voués à une mort précoce ou à une incapacité de travail hâtive. Que se passe-t-il alors? Ces malheureux deviennent une non-valeur pour l'industrie qui les rejette, et une charge pour la famille qui ne voit plus dans son chef qu'un fardeau. Que deviendra cet homme? Lui et les siens passeront dans les rangs des insurgés contre la société; il n'a même plus comme autrefois un refuge dans la mendicité, car la loi qui va nous donner l'instruction publique et obligatoire a, depuis longtemps, interdit la mendicité.

Sans doute, l'ouvrier instruit, sage, sobre, pourra, grâce à l'assurance sur la vie et à l'épargne, s'abriter dans ses vieux jours contre la misère et laisser une petite fortune à sa famille; mais il faut bien le reconnaître, la classe ouvrière n'en est point encore là; toutes les caisses d'épargne créées jusqu'ici ont bien plus profité à la petite bourgeoisie et à la domesticité qu'aux ouvriers eux-mêmes.

J'arrive maintenant aux moyens de réaliser nos espérances et nos vœux.

La première condition, c'est l'argent.

Avec cet élément, toutes les difficultés s'aplaniront.

Mais comment se le procurer?

Là est la question.

Une souscription qui n'aurait pour but que de nous préparer à une guerre future ne produirait pas beaucoup. Le public se passionne exclusivement pour les choses d'actualité. Vous l'avez vu au début de la guerre : toutes les bourses s'ouvraient; elles s'ouvriraient encore dans les mêmes circonstances; mais s'organiser, dépenser pour l'avenir est une opération accessible à un petit nombre d'esprits réfléchis et de cœur généreux.

Le seul tableau qui pourrait émouvoir le public serait une peinture exacte et saisissante des misères de l'ouvrier blessé, livré à lui-même dans sa pauvre chambre, sans soins intelligents, ou exposé à de graves complications dans un hôpital où il meurt souvent en laissant après lui une femme et des enfants sans pain.

Venir en aide à ces infortunes imméritées par la création d'hôpitaux ou d'ambulances, où toutes les lois de l'hygiène seraient observées, où seraient soignés, guéris un grand nombre de blessés, livrés autrement à l'abandon et à la mort; assurer à l'infirme et aux enfants orphelins des secours efficaces; voilà le but à atteindre, il est impossible qu'une foule d'intelligences élevées n'en soient pas saisies. Notre pays est trop généreux pour rester muet à cet appel, il trouverait pour auxiliaires la presse et le clergé. Mais il faudrait que tout le monde se mît à l'œuvre ; la population industrielle ne restera pas muette à cet appel. Amenons d'abord à nous les grandes industries. Provoquons des dons; l'État nous donnera un terrain suffisant pour créer notre œuvre ; nous frapperons à la porte des grands de ce monde et des riches; nous ferons briller à leurs yeux l'honneur impérissable d'avoir fondé à la fois une œuvre de charité et une institution qui manque à notre civilisation.

Une bonne œuvre porte avec elle ses fruits et sa récompense, votre création ne guérira donc pas seulement le corps, elle répandra dans l'âme de ceux qui auront reçu vos bienfaits des idées plus justes.

Le blessé sortira de là meilleur et désarmé; il comprendra que les vrais socialistes ne sont pas ceux qui veulent une société sans famille, sans propriété et sans Dieu, mais bien ceux qui sont animés d'une foi vive, d'une foi qui les porte à créer ces associations fécondes pour le bien; ils ne les confondront plus avec celles qui se proposent de tout détruire pour édifier sur des ruines une société nouvelle avec Épicure pour grand prêtre.

Je sais, par mon expérience personnelle, que l'ouvrier est plutôt égaré que méchant. Pendant la Commune, à la suite de l'échauffourée du Mont-Valérien, je reçus l'ordre de secourir les blessés fédérés. Je dus obéir, et le lendemain, les Frères de la Doctrine chrétienne qui les soignaient et moi-même nous fûmes en butte à mille dénonciations. Eh bien ! ces fiers communards, au bout de quelques jours, étaient convertis, et lorsque Cluseret m'intima l'ordre de chasser les Frères, ces mêmes hommes intercédaient près de la Commune pour que leurs modestes infirmiers en robe noire leur fussent laissés.

Ils avaient été désarmés par la douceur et le dévouement de ces nobles volontaires.

Telles sont, Messieurs, les idées que je voulais exposer à la Commission des Etudes.

Il vous reste maintenant à les étudier et à les discuter, et à les rejeter si vous ne les croyez pas réalisables.

Si vous les jugez dignes d'attention, la Commission des Etudes aurait alors à s'occuper des voies et moyens pour arriver à la réalisation de l'idée.

RICORD, DEMARQUAY.

Au très-honoré Frère Philippe, supérieur des Communautés des Frères des Écoles chrétiennes.

Très-Honoré,

Vous voilà désormais tranquille; après tant de fatigues et après avoir couru tant de dangers, vous et les bons Frères de vos Communautés, vous êtes enfin rendus à votre vie calme et toute de charité.

Vous avez retrouvé vos enfants, les enfants du peuple, que vous instruisez si patiemment.

Allez, continuez votre belle mission; vous ne ferez pas toujours des ingrats, beaucoup se souviendront que vous leur avez appris la première lettre, le premier mot correct et honnête de leur langue, et la première prière qu'ils doivent adresser à Dieu!

A vous toujours!

Signé : Ricord.

Paris, le 1er janvier 1872.

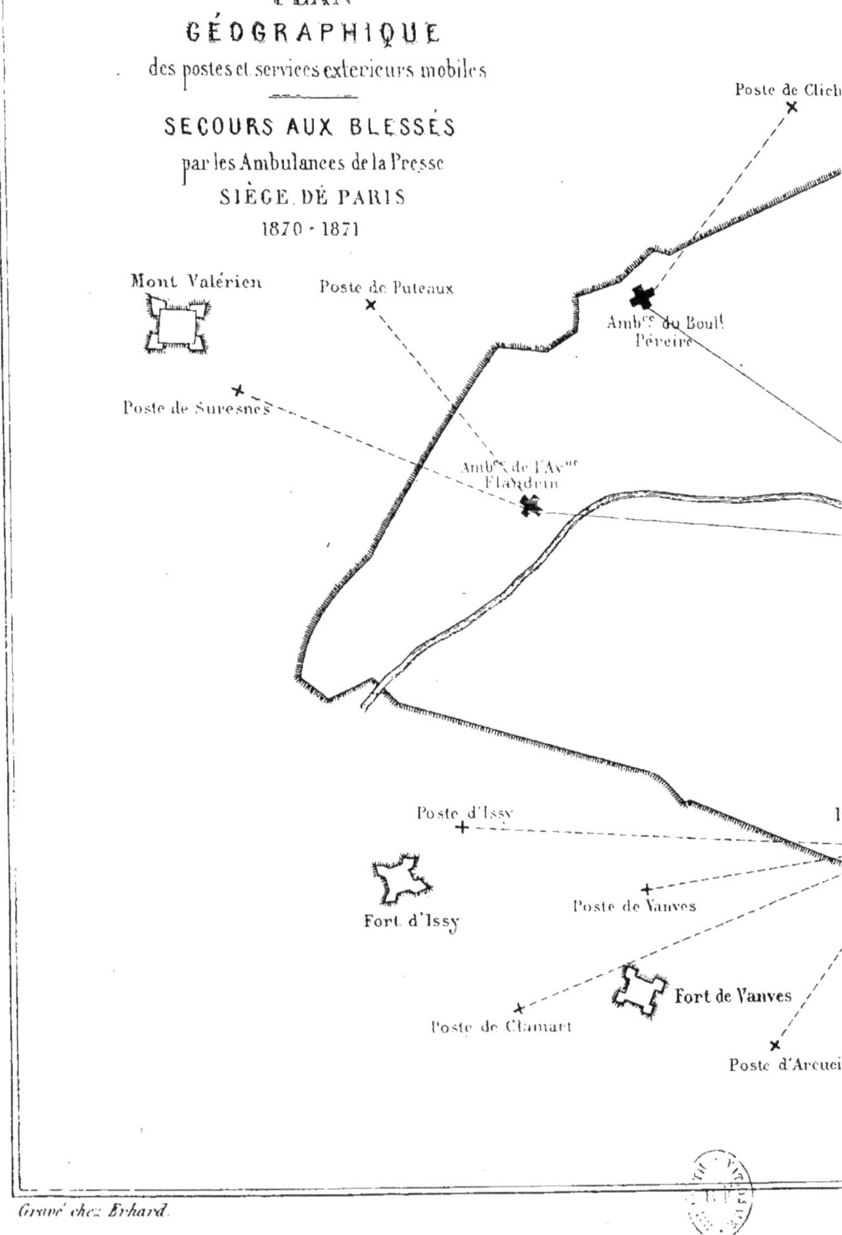

Gravé chez Erhard.

Fort de l'Est
Poste du Bourget
Poste d'Aubervillers
de St Denis
Fort d'Aubervillers
Fort de Romainville
Poste de Rosny
Poste de Romainville
Fort de Noisy
Fort de Rosny
Ambce de Bagnolet
Poste de Bagnolet
Poste de Neuilly
Fort de Nogent
Poste de Vincennes
Poste de Nogent
Poste de Joinville
Poste de Villiers
Ambce de la Maison Blanche
Fort de Charenton
Fort d'Ivry
Poste d'Ivry
Fort de Bicêtre
Poste de l'Hay
Poste de Villejuif

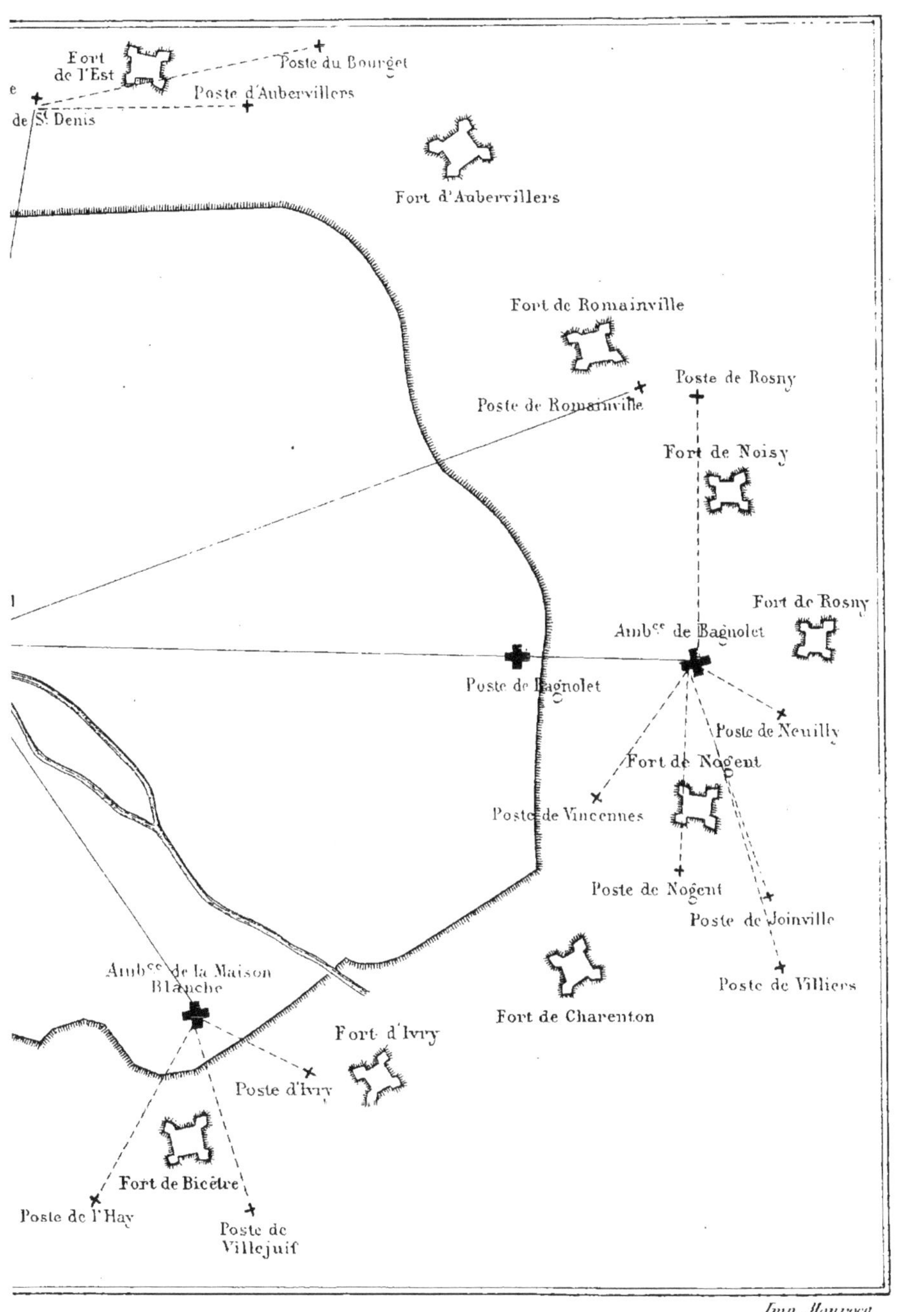

Imp. Monrocq.

TABLE DES MATIÈRES.

AMBULANCES FIXES.

24

AMBULANCES MOBILES.

PARTIE SCIENTIFIQUE.

APPENDICE.

FIN DE LA TABLE DES MATIÈRES.

PARIS. — TYPOGRAPHIE LAHURE
Rue de Fleurus, 9

PARIS. — TYPOGRAPHIE LAHURE
Rue de Fleurus, 9

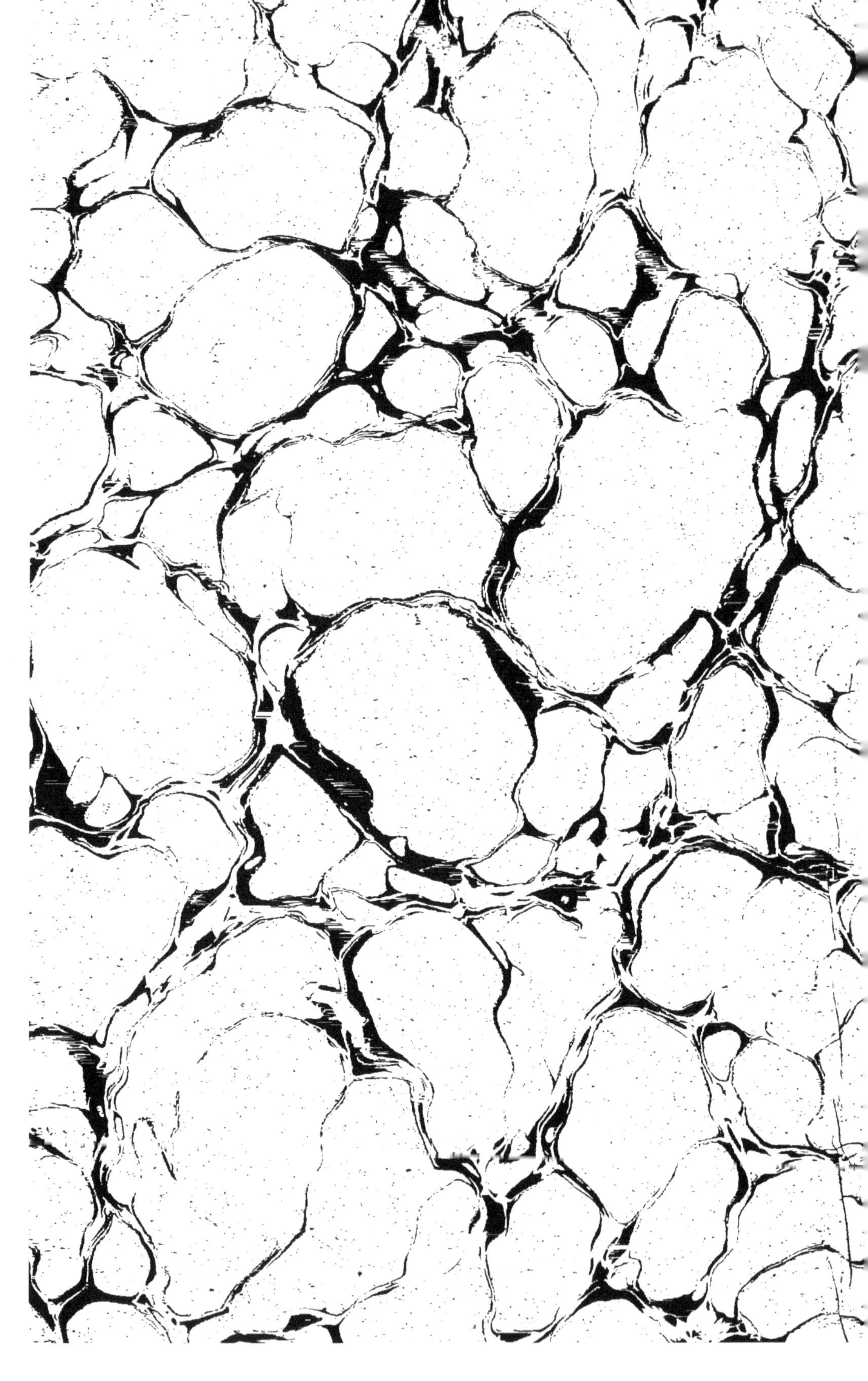

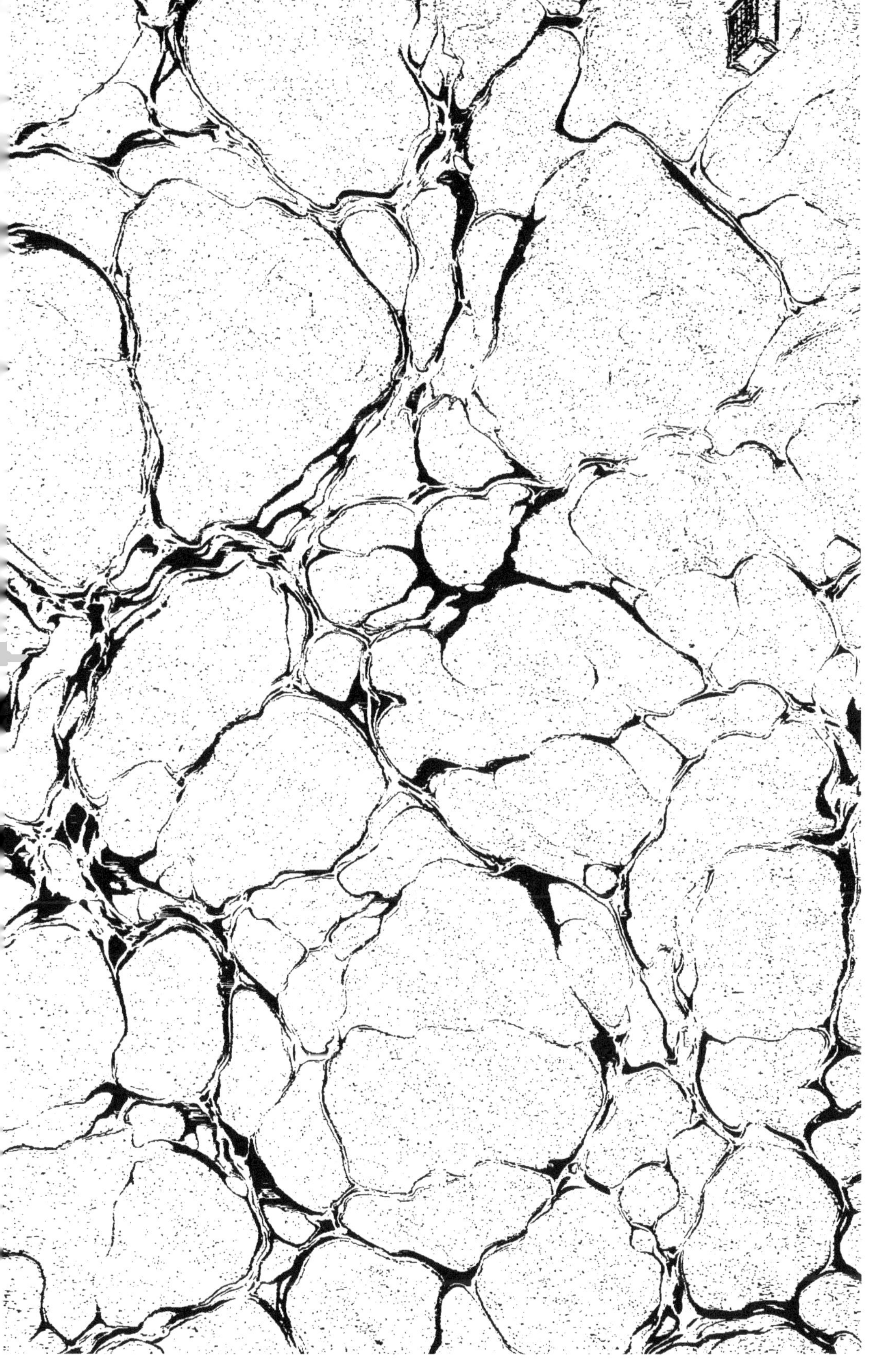

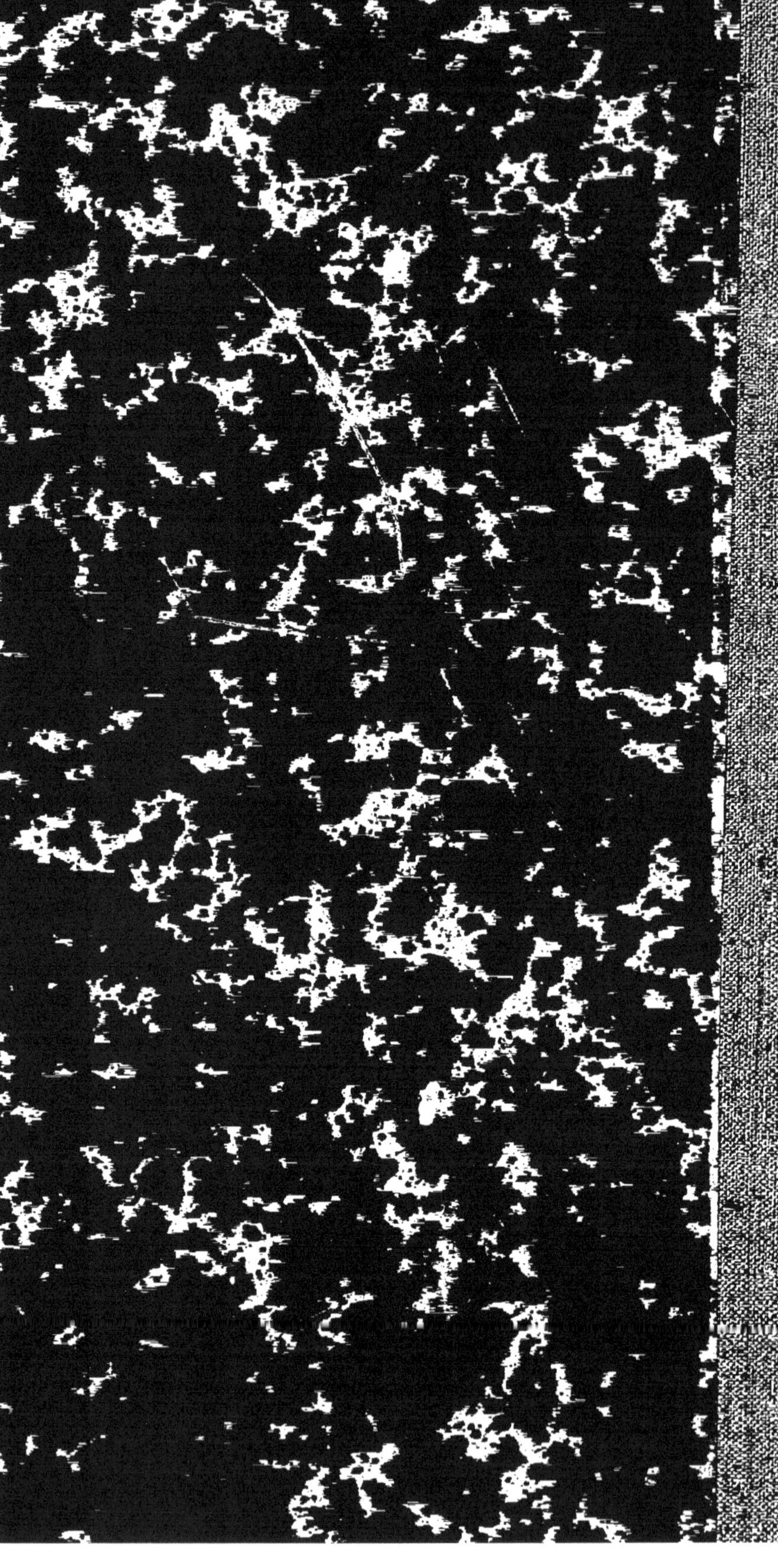

www.ingramcontent.com/pod-product-compliance
Ingram Content Group UK Ltd.
Pitfield, Milton Keynes, MK11 3LW, UK
UKHW021844190726
13855UKWH00001B/133

9 782012 949799